RECONOCIMIENTOS
CREANDO UNICORNIOS

"El libro de Paola es una guía completa para cualquier persona que decida adentrarse al ecosistema del emprendimiento del país. Las charlas con *founders* sientan las bases para los futuros *founders* del país que necesiten impulso e inspiración".
—FERNANDA PINTLE, periodista especializada en *startups*

"En el ecosistema emprendedor que cada vez toma más fuerza y relevancia en México y América Latina. No hay nada más inspirador y útil que tener las historias de éxito y esfuerzo increíblemente narradas y enriquecidas por cómo opera el mundo de las startups y el *venture capital* en nuestro país".
—CLAUDIO SCHLEGEL, ángel inversionista mexicano

"La evolución del emprendimiento en México ha sido fascinante en los últimos 15 años: de no existir el *venture capital* a tener varias empresas de tecnología valuadas en miles de millones de dólares. En DILA hemos sido jueces de esta evolución y del impacto que ha tenido la industria en nuestro país, la innovación y el desarrollo. El hecho de que se esté escribiendo un libro sobre la historia y el futuro del emprendimiento en nuestro país es importantísimo, no solo para contar historias de éxito, sino para fomentar la innovación y la tecnología, si no para que siga creciendo la industria en nuestro país".
—ALEJANDRO DIEZ BARROSO, socio fundador de DILA Capital

"En momentos en el que un término obtenido por una valuación económica se antoja desgastado, el libro de Paola ofrece —con un estilo claro, sencillo y digerido— una propuesta alternativa para representar la innovación, perseverancia y resiliencia de los fundadores y sus equipos mientras navegan la incertidumbre y ejecutan la toma de decisiones estratégicas, al tiempo que humaniza los riesgos personales como la reputación, los miedos, sueños, motivadores y el compromiso con la misión que se asumen en el proceso. Paola consolida una enciclopedia de conocimiento sobre el ecosistema y el emprendimiento. ¡Qué manera de ofrecer inspiración directamente de algunos de los mejores *founders* del ecosistema local!".

—José Manuel Aguirre, fundador y editor de Techla, y gerente Marketing y Alianzas en Promotora Social México

"Las cosas tienen que ser creídas para ser vistas. Esta es una de mis frases favoritas y resalta la importancia de este gran libro *Creando unicornios*, en el que Paola Villarreal hace un gran trabajo narrando las historias de éxito de estos grandes emprendedores y proyectos de la región. El ecosistema emprendedor viene en pleno despegue en las últimas décadas, los fondos de capital de riesgo y de capital privado cada vez tienen más profundidad y los emprendedores son cada vez más talentosos. Pero aún hace falta el ingrediente más importante para que el ecosistema cumpla su máximo potencial: las historias. Este componente es instrumental en el desarrollo de cualquier industria, las historias son fundamentales para cambiar la percepción y con ello la mentalidad que catapulte a todo el entorno. Si quieres invertir, emprender o unirte a una de estas *startups*, este libro es para ti".

—Javier Morodo, inversionista, líder de opinión y empresario

"Esta obra es un reflejo de la autora: intrépida, perspicaz y profundamente conectada con su humanidad. Paola no solo captura la esencia del emprendimiento, sino que nos brinda inspiración y guía para aquellos que aspiran a innovar y transformar. Con cada página, Paola celebra la fortaleza y el ingenio de estos líderes empresariales, animando a una nueva generación a soñar sin límites y actuar con convicción".

—Jorge Lerdo de Tejada, gerente editorial en Forbes México (zona norte), embajador de Singularity University, futurista

CREANDO
UNICORNIOS

CREANDO
UNICORNIOS

El futuro del emprendimiento está en México

PAOLA VILLARREAL CARVAJAL

CONECTA

Creando unicornios
El futuro del emprendimiento está en México

Primera edición: julio, 2024

D. R. © 2024, Paola Villarreal Carvajal

D. R. © 2024, derechos de edición mundiales en lengua castellana:
Penguin Random House Grupo Editorial, S. A. de C. V.
Blvd. Miguel de Cervantes Saavedra núm. 301, 1er piso,
colonia Granada, alcaldía Miguel Hidalgo, C. P. 11520,
Ciudad de México

penguinlibros.com

ISBN: 978-607-384-650-9

Impreso en México – *Printed in Mexico*

DEDICATORIA

A mi familia. Ustedes que me han apoyado y acompañado en este camino que me ha traído hasta aquí. Solamente ustedes saben lo mágico y difícil que ha sido al mismo tiempo, pero decidimos quedarnos siempre con la magia.

A mis clientes y personas con las que he colaborado, los que decidieron confiar en la primera Entrepreneur Agent® de México y Latinoamérica.

A los valientes emprendedores mexicanos que convirtieron sus empresas no solo en una elección, sino en la esencia de su ser, su forma de vida y el lienzo donde plasman el alma de sus proyectos; que decidieron dejar atrás el miedo y aventurarse a crear desde cero y desafiaron los límites de la innovación; que comprenden que el llanto y la soledad son un destino frecuente y cierta parte del viaje, pero también encuentran en la risa y la celebración una fuente de inspiración.

A los tercos que les dijeron que no, que fueron criticados alguna vez o experimentaron momentos de incertidumbre, pero siguieron tocando y abriendo puertas en su camino, solo para volver a levantarse con más fuerza a construir de nuevo.

A todas las personas e instituciones que hacen que este ecosistema exista y habitemos en él; a quienes dedican su vida a enseñar, educar y crear más oportunidades para otros; a los que comparten, conectan y motivan a otros, en su búsqueda del éxito.

Pero, sobre todo, a aquellos que están por emprender y crear su propio camino; a los curiosos incansables que hacen preguntas sin temor y exploran nuevos horizontes.

Para los que emprendieron, los que emprenden y los que están por comenzar.

ÍNDICE

INTRODUCCIÓN

Todo lo que dices y haces son relaciones públicas

Nunca sabes qué te está siguiendo para que sea tuyo. Casi siempre los tiempos de ciertos proyectos y personas que llegarán a tu vida están destinados a tomar otro tiempo y otra forma para existir.
—PAOLA VILLARREAL

Siempre supe que haría esto, pero no sabía de qué manera ni cómo llegaría a mi vida: escribir. Sí, escribir un libro. Recuerdo que cuando era más joven y esa idea cruzaba mi mente siempre se me presentaba esa pregunta incómoda: ¿de qué voy a escribir un libro? Esta idea se mantuvo guardada durante mucho tiempo en mis anhelos, en ese cajón de sueños que nos da miedo e incomodidad abrir y después la olvidé por mucho tiempo.

Nunca me imaginé que unos años después mi trabajo y la carrera que he desarrollado como publirrelacionista me llevarían hasta aquí. Y lo más importante de todo es que he aprendido que absolutamente todo lo que dices y haces son relaciones públicas. Más ahora con la huella e identidad digital que estamos dejando en el mundo. Si no me hubiera atrevido a emprender y compartir mi camino desde el día uno en redes sociales, probablemente esta oportunidad nunca hubiera llegado y este libro no existiría.

"¿Hacemos magia juntas?", decía el asunto del correo de mi editora cuando me invitó a escribir este libro. La propuesta era plasmar la historia de los unicornios mexicanos de viva voz de sus fundadores, estas compañías que comenzaron como *startups* y terminaron alcanzando un valor de mil millones de dólares o más. Una tarea ambiciosa y poco viable. La editorial llevaba tiempo buscando la manera de hacer realidad esa idea, pero no había encontrado a la persona adecuada para concretarla. Conseguir los contactos de los fundadores de dichas *startups* parecía una tarea bastante difícil; pensar en lograr entrevistas era casi imposible.

Sin embargo, como Entrepreneur Agent®, mi misión es conectar a las personas al interior y exterior del ecosistema del emprendimiento en México. Si bien no tenía contacto directo con los *founders*, pensé que podría hallar el camino hacia ellos. Ya había hecho ese trabajo cientos de veces para otras personas. Era cuestión de hacerlo esta vez para mí misma y para trascender con este libro.

Tras graduarme de la licenciatura en Ciencias de la Comunicación en la Universidad Autónoma de Nuevo León fui editora web de *PRO Magazine* durante casi cuatro años, una revista de negocios y emprendimiento regiomontana, fundada por Arturo Villarreal. Fue el momento adecuado porque la bomba del ecosistema emprendedor —*startups, venture capital*, aceleradoras, *hubs* de emprendimiento, empresas unicornio, ángeles inversionistas, eventos, premiaciones, rondas de inversión, nuevos medios de comunicación sobre *startups*, entre otros— estaba por llegar. Cuando recién entré no lo entendía, no conocía nada de este mundo y mucho menos en Monterrey, pero Arturo ya lo sabía, y vaya que lo sabía desde mucho tiempo antes.

Me tocó aprender y vivir en carne propia absolutamente todo lo que abarca el emprendimiento hoy en día. Asistí a los eventos de emprendimiento más grandes e importantes de Monterrey; entrevisté a más de 600 emprendedores mexicanos, desde los que iban empezando hasta los más destacados; conté sus historias en decenas de artículos. Me sentía como Miranda Presly en *El diablo viste a la moda*, pero en temas de emprendimiento y *startups*. Además, contaba con la libertad y el control absoluto de crear, innovar, desarrollar ideas y nuevos proyectos.

Poco tiempo después me tocó la apertura de las oficinas de la revista en la Ciudad de México, con lo que el alcance se amplió a nivel nacional, e incluso llegué a buscar casos de éxito en Latinoamérica. *PRO Magazine* fue creciendo hasta convertirse en *PRO Network*, una plataforma que destaca a emprendedores de México y Latinoamérica, y organiza el evento anual Las 100 PRO, en el cual selecciona las 100 *startups* de México más relevantes y disruptivas del momento.

Entre los encuentros más destacados que tuve están las entrevistas con Mike Michalowicz, autor bestseller de *La ganancia es primero*; Chris Yeh y Jeff Abbott, coautores de *Blitzscaling*, libro que comparten con Reid Hoffman, cofundador de LinkedIn; María Teresa Arnal, ex-CEO de Google México; María Ariza, CEO de BIVA; el *shark* regiomontano Carlos Bremer (qepd); el actor y empresario Luis Gerardo Méndez. También a muchas personalidades de la *creator economy* como Lety Sahagún y Ashley Frangie, cofundadoras de Dudas Media y hosts del pódcast *Se Regalan Dudas*, Diego Barrazas de Dementes Podcast, Roberto Martínez de Creativo, entre otros. Me tocó ver nacer en portadas increíbles a unicornios como Konfío y Clara, que en ese momento apenas entraban a jugar fuerte en México. Mi trabajo consistía en conocer y conectar con las personalidades más relevantes y destacadas del mundo empresarial en México y Latinoamérica.

Un día confirmé en carne y hueso que el emprendimiento se contagia. Imagínense tener el privilegio de sentarse cinco días a la semana con al menos cuatro emprendedores de diferentes nichos, ciudades, proyectos e ideologías, todos con el mismo objetivo: dejar su huella en el mundo. En mí empezó a crecer la chispa de crear sin importar los sacrificios que haría en el camino. Seguí el instinto, como muchos emprendedores y emprendedoras hacen, y me lancé sin pensarlo tanto, o quizá, sin pensarlo en realidad.

Si bien mi trabajo se resumía en dos palabras, *conectar* y *vincular*, todo ese tiempo fue un arduo entrenamiento de creación de relaciones personales y públicas en el ecosistema emprendedor, conexiones de valor que mantengo vigentes hasta el día de hoy. En las entrevistas, aquellos emprendedores y emprendedoras me regalaban información que podía usar para mí misma: cómo comenzaron a emprender, cómo despegaron su negocio, qué había sido lo más difícil, cómo habían conseguido la inversión, qué errores no cometerían de nuevo. Era literalmente sentarme a absorber sus máximos conocimientos y experiencias, que fueron de amplio apoyo para el desarrollo de mi historia propia. Yo pensaba: *si estoy entrevistando a tantos emprendedores, no debe de ser tan difícil.* Por primera vez estaba pensando en voz alta mi impulso de atreverme a dejar todo y comenzar a emprender. Y justo al mismo tiempo llegó la pandemia de covid-19.

Cuando entrevisté a María Teresa Arnal, que en ese momento había dejado de ser CEO de Google México para liderar la parte de Latinoamérica en Stripe, durante la pandemia, le dije que soñaba con ser la persona que está del otro lado de la silla, la que cuenta cómo comenzó a emprender, pero no sabía por dónde empezar y tenía miedo. Ella me respondió: "No hay un camino equivocado, si tú sientes eso en tu corazón, si sientes esas ganas de querer hacer algo por tu cuenta, hazlo". Con mucha sinceridad me contó la realidad de emprender: que sería difícil, que mi personalidad y la de mi emprendimiento se convertirían en una misma, que lloraría, que sacrificaría absolutamente todo por alcanzar mis objetivos. Me compartió algunos consejos más.

A María Teresa, una de las mujeres más influyentes y reconocidas en el mundo *tech*, tengo que agradecerle por su impulso a "atreverme", porque sus palabras las llevo conmigo desde aquel día en esa entrevista porque era lo que necesitaba escuchar. Aunque quizá ella no lo sepa ahora, pero sé que algún día lo sabrá, Mariate fue la persona que me impulsó a dar el siguiente paso: emprender. Como buena editora, escogí las siguientes palabras y las llevé conmigo durante un tiempo: "Hay ciclos en la vida que a veces se nos vienen encima y tenemos que cerrar con orgullo y con valor".

Era justo lo que necesitaba escuchar. En 2021 decidí rendirles honor a esas palabras que escribí y me atreví a dejar mi trabajo, no sin miedo, ni sin lágrimas, ni despedidas dolorosas. Sin embargo, mi jefe Arturo me sorprendió al preguntarme: "¿En qué te ayudo? ¿Cuáles son tus siguientes pasos para emprender?". De nuevo, la magia. Quizá no sea en todos los casos, pero algo que he notado es que, en su gran mayoría, las personas que viven y habitan en este ecosistema están abiertas a apoyarte y tenderte la mano. Nunca olvidaré mi primera escuela y experiencia real dentro del emprendimiento, tuve que vivir y escribir las historias de otras personas para comenzar a escribir la mía.

A mi salida estaba en ceros, no tenía nada claro, pero de pronto empezaron a buscarme muchos de los emprendedores que había entrevistado anteriormente para que les hiciera estrategias de comunicación para sus negocios, para dirigir sus áreas de comunicación y para conectarlos con personas clave del ecosistema. Comencé un programa piloto en el cual ofrecí más de 50 consultorías por medio de un taller llamado The Story Lab Telling, enfocado a crecimiento de marcas con estrategias de comunicación y esencia digital. Ahí de pronto todo comenzó a hacerme sentido, pero aún no lograba ver el panorama completo.

Fue hasta que las redes sociales hicieron su trabajo y me presentaron con Humberto Herrera, CEO de Blackwell Strategy, una reconocida agencia de medios de comunicación y manejo de crisis. Este empresario enfocado en crear marcas personales y negocios me invitó a comer para conocernos. Durante la charla que tuvimos, me formuló preguntas que me hicieron cuestionarme mis talentos, objetivos, alcance, imagen profesional y cómo me presentaría ante el mundo para estar en el *top of mind* de mi sector. En ese momento sentía que no tenía las respuestas y me sentía muy abrumada, pero Humberto me obligó a contestarlas y hoy en día se lo agradezco. De pronto todo comenzó a hacer sentido: quería ser la persona que abriera las puertas a los emprendedores, *founders*, *startups* y creadores digitales. Mi misión sería vincular y trazar las líneas de conexión entre los tomadores de decisiones más importantes del ecosistema de emprendimiento en México y, ¿quién sabe?, quizá en un futuro en Latinoamérica. Y las conexiones que habría cultivado en ese momento serían mi sustento y mi apoyo, serían mi principal *asset*.

A través de estrategias de relaciones públicas personalizadas mi trabajo sería llevar a mis clientes a los lugares en donde deben estar; establecer alianzas y conexiones personales y comerciales; hacer brillar a las increíbles personas con las que he trabajado y colaborado. Es importante hacerles saber que emprender es un constante sube y baja de emociones, nadie te dice cómo hacerlo y la realidad es que muchas veces puede ser un camino solitario. La clave está en ir encontrando a las personas adecuadas durante el trayecto. Es por eso que sin una comunidad de emprendedores que te rodeen todo el tiempo, sinceramente considero que es imposible hacerlo.

Las relaciones son cruciales en nuestra vida, pero aún más crucial es la calidad de esas relaciones que forjamos a lo largo de nuestro camino. Aprender a ser selectivos en este aspecto es fundamental. Federico Alatorre, expresidente de Jóvenes Coparmex en Nuevo León y fundador de Empowermind, además de ser un gran amigo es un *superconnector*, una persona con habilidad nata de conectar y vincular a personas sin esperar recibir nada a cambio. Desde muy temprana edad él organizaba carnes asadas con emprendedores que no nos conocíamos entre nosotros, pero con un objetivo: "Ahora somos emprendedores, nos vamos a equivocar más de lo que creemos, vamos a tener dudas y miedos, pero somos esta generación, la siguiente que va a traer oportunidades a más familias y a crear nuevas líneas de negocios, así que es mejor que nos vayamos conociendo desde ahora".

Abrí un Excel que bauticé "Un café con Paola", donde enlisté a mis amigos cercanos, a los emprendedores con los que había tenido contacto y otras personalidades de las relaciones públicas. De los emprendedores, podría destacar a Diego Roel, fundador de Strap Tech, y Oscar de la Garza, fundador de Medpacom, entre muchos más. Me reuní con más de 20 personas para preguntarles cómo me visualizaban en esta nueva etapa profesional. Confieso que llevé esta conversación hasta grupos de emprendimiento que existen en WhatsApp, y los que tenían el perfil ideal de futuros clientes me brindaban las respuestas que tanto necesitaba. De pronto surgió mi nuevo *tagline* profesional: Entrepreneur Agent®. Porque no era una simple publirrelacionista, era una agente de emprendedores.

Con el tiempo he ido conectando a decenas de clientes, entre los que destacan: Alluxi, una empresa tecnológica que construye apps para *startups* y emprendedores; el pódcast de Álvaro Rodríguez, fundador de ALED Consulting; el pódcast *Titanes* de Eliud Izguerra y Raúl Muñoz; Bullground, *startup* enfocada en educación financiera; Alfonso Aguirre, autor, conferencista y emprendedor; Claudio Schlegel, ángel inversionista y mentor de *startups*; Javier Morodo, inversionista creador del movimiento Revolución de la Riqueza, con una amplia trayectoria en el mundo *FinTech*; Héctor de la Hoya "Benshorts", pionero de la *creator economy*; Denisse García, CEO de iRiviera Maya; Cristian Arens, autor, conferencista e inversionista originario de Perú; Mariana Fresnedo, fundadora de Quantum Quip; Mariano González Vasconcelos, *general partner* de MGV Capital; Carlos López de Casaez, una empresa líder en importación y exportación; Andrés Garza, pionero en creación de contenido de finanzas; Eduardo Haros, fundador y CEO de Racing Cargo; Hector Sauza, fundador y CEO de Intellectia Academy, Andrés Oliveros y Oscar Ramírez, cofundadores de astrolab, entre muchos más.

Lo más increíble de esta trayectoria es que la voz comenzó a correrse de boca en boca y a través de mis canales digitales, los cuales han sido de suma importancia para cada paso que he dado en mi vida profesional. Mi misión constaba en revolucionar las relaciones públicas tradicionales, un poco burocráticas y con una pinta *aburrida*, hacia algo que fuera totalmente digital y poco convencional. Así como los artistas tienen un mánager, los emprendedores también lo necesitan, uno que cubra otro tipo de necesidades.

Este camino de persistencia, creer en mí misma y muchas horas de trabajo se resume en entender que absolutamente todo lo que decimos y hacemos es una manera de crear nuestras propias relaciones públicas y ser el *top of mind* de la industria que sea. Pero, sobre todo, las relaciones que vamos cultivando a lo largo de los años no deben de estar estancadas como un contacto más en tu celular; como cualquier tipo de relación, las profesionales también se alimentan. Puede haber muchas definiciones de *relaciones públicas*, pero yo les diría que lo es *todo*.

Las relaciones públicas son clave en mi vida y lo fueron para abrir las puertas a las personas indicadas, que dieron forma a este libro. Tuve que pensar cautelosamente la manera de acercarme a cada uno de los unicornios y a las personas que forman parte de este libro. Tuve que recopilar información, experiencias, entrevistas y sentimientos que he experimentado en los últimos años para pensar estratégicamente en un plan personalizado para abrir puertas con cada uno de ellos. Hasta que las cosas suceden por arte de magia; a esa magia yo la llamo el poder de crear y cultivar relaciones, lo cual prácticamente es mi trabajo de cada día y del cual sigo aprendiendo enormemente. Los proyectos que decidí emprender, las personas con las que decidí trabajar y las conexiones que logré hacer durante muchos años dieron al maravilloso resultado de que todo —y más en el mundo del emprendimiento y negocios— es una cadenita y que absolutamente todo lo que digas, hagas y publiques es relaciones públicas.

Cuando la editorial me ofreció el proyecto y me contó que querían reunir la historia de los unicornios mexicanos me fui a una de las librerías más importantes en México y pregunté por libros de emprendimiento. Tanto las historias y los *insights* de primera mano como el contexto de los unicornios en el ecosistema emprendedor son un diferenciador entre el mar de libros de emprendimiento e historias de empresas que abundan en sus libreros. Es común encontrar desde los más clásicos, como *El método Lean Startup* de Eric Ries, *De cero a uno* de Peter Thiel y *Mide lo que importa* de John Doerr; hasta los más novedosos como *Spotify. Cómo una* startup *sueca ganó la batalla por el dominio del audio a Apple, Google y Amazon* de Jonas Leijonhufvud y Sven Carlson; *Repensar la ventaja competitiva* de Ram Charan; *Empieza con el por qué* de Simon Sinek; *El sistema Clockwork* de Mike Michalowicz, entre muchos más, casi todos escritos por autores extranjeros, mayormente estadounidenses. Sobre este tema en América Latina hay pocos: *Viva The Entrepreneur* de Brian Requarth y *Emprender a trancazos* de Tuto Assad. En el caso de México, voces locales como Arturo Elias Ayub con *El negociador,* Juan del Cerro con *¿Qué es el emprendimiento social?,* e incluso Salvador Alva, un reconocido empresario mexicano, exrector del Tecnológico de Monterrey, con varias obras publicadas.

Este proyecto es un tanto diferente. Este libro no es una guía sobre cómo emprender ni construir una *startup,* aunque abordo los conceptos desde lo más básico; tampoco es de motivación empresarial, por fascinantes e inspiradoras que puedan ser las historias. Además, lo escribo como periodista y emprendedora en relaciones públicas, un perfil atípico pero que brinda un ángulo diferente.

En primer lugar, delinearé el panorama del ecosistema emprendedor mexicano por medio de sus voces, cuya experiencia es tan relevante como la de los fundadores de dichas empresas: ángeles inversionistas, firmas de *venture capital*, académicos, incubadoras y aceleradoras, emprendedores, instituciones enfocadas al emprendimiento y hasta bolsas de valores. Recuerdo haberle comentado a mi editora Ana: "me encanta la idea de crear un libro sobre los unicornios mexicanos, pero eso no lo es todo, es solamente la punta del iceberg. Lo que vemos en los medios de comunicación y las historias que nos venden como *inalcanzables* son apenas el inicio de lo que en realidad es e involucra el ecosistema en nuestro país". No podía hablar de unicornios sin contar lo que ha pasado en el país en temas de emprendimiento enfocado a *startups*. Hablar de *startups* no es nada más poner sobre la mesa temas de valuaciones, de premiaciones, de métricas denominadas "de vanidad", esto va mucho más allá; es hablar de los ecosistemas de emprendimiento. Ahí me di cuenta de que los puentes que se crean en las relaciones públicas no solo conectan a dos polos, sino que permiten una visión sistémica y panorámica de los ecosistemas.

Es clave entender cómo es que México se convirtió en tierra de unicornios en apenas una década. Mientras que países con larga tradición de emprendimiento como Estados Unidos, con aproximadamente 712 unicornios, y China con 357 para finales de 2022, lideran la Hurun Global Unicorn List 2023 publicada por el Instituto de Investigación Hurun; o India e Israel que solo en 2022 crearon 45 y 89 unicornios, respectivamente (Banerjee y Sayed, 2024; United States-Israel Business Alliance, 2023). ¿Cómo es posible que de países latinoamericanos como México, Brasil, Perú y Argentina surjan también unicornios? De hecho, hay una serie de factores que han dado como consecuencia un terreno fértil para las *startups* y conocerlos sin duda hará una diferencia para aquel que esté interesado en este ecosistema, pero más aún para aquel que quiera entrar en él.

La intención es dar a conocer lo que ha sucedido en el ecosistema de emprendimiento y las *startups* desde sus inicios, porque, como lo comentaba con la mayoría de las personas con las que tuve entrevistas, "nosotros somos afortunados de conocer los términos, los significados, las redes y de pertenecer a este mundo". Hay todo un mundo que no es accesible para el público en general y que vale la pena compartir para que entienda cómo funciona y pueda ver cómo contribuir a él. En ese sentido, este es un esfuerzo por democratizar el ecosistema con información e *insights*.

En segundo lugar, nos sumergiremos en cada una de las historias de la primera generación de *startups* mexicanas que han adquirido el estatus de unicornio, de viva voz de sus fundadores, con información inédita, de una manera honesta y real. No solo de cómo se convirtieron en unicornio, sino ¿qué es lo que tuvo que pasar para que llegaran hasta ahí? ¿Cuáles han sido sus retos más importantes y que hoy en día siguen atravesando? ¿Hasta dónde quieren llegar?

De hecho, el reto más grande de este libro fue dar con los *founders* de los unicornios y las personas clave del emprendimiento en México, y luego conseguir que aceptaran las entrevistas para poder armar el contenido de primera mano. En ese sentido, el libro no solo detonaría sino que pondría a prueba el superpoder que he estado practicando los últimos años: las relaciones públicas. Siempre he sido creyente de que uno puede llegar a donde se lo proponga y llevar su mensaje a cualquier persona en el mundo, por más inalcanzable que parezca.

Sin embargo, este tipo de perfiles tan públicos y privados al mismo tiempo suelen ser difíciles de contactar. Para ello, fue necesario desarrollar un buen estudio de la red, mantenerme al tanto de las tendencias y pertenecer a diferentes canales digitales. Esto me brindó la oportunidad de escalar mis contactos de primer grado y segundo grado, hasta llegar al "tercer grado", a los cuales es un poco más difícil de acceder. Al final, por la naturaleza del mundo en el que habito como profesional y emprendedora, con los años he hecho amistad con grandes seres humanos que, además, son fundadores o cofundadores de *startups*. Saber cómo llegar hacia los equipos correctos y tocar las puertas indicadas también fue de mucha utilidad. Algunas veces hubo procesos lentos y largas esperas por cuestiones de agenda, pero valió la pena. En otras ocasiones tuve que pasar por más de cuatro equipos, antes de llegar a hablar con los CEO y fundadores.

Como ya había tenido acercamientos previos con algunos *founders*, lo primero que hice fue invitar a los más cercanos que tenía dentro de mi círculo (mis relaciones de primer grado), lo cual me facilitaría ganarle tiempo al tiempo y preparar las primeras entrevistas. Por ejemplo, Alfonso de los Ríos de Nowports fue una de las primeras personas que conoció el proyecto cuando le conté aprovechando una llamada que tuvimos para otros temas. A pesar de que nuestra entrevista concluiría mucho tiempo después, desde el día uno me dijo que siempre podía contar con él.

Lissy Giacomán, cofundadora y CEO de Vinco, una plataforma que conecta las fuerzas laborales con el mundo educativo, me acercó a su hermano Gerry, fundador de Clara. El refuerzo fue la comunidad Cabrito Valley, un grupo de WhatsApp de fundadores de *startups* y tecnología, originario de Monterrey, del que Gerry forma parte, así que prácticamente estaba al alcance de un WhatsApp, pero tuve que reforzar con alguien de confianza, en este caso, su hermana. Él de inmediato me puso en contacto con su equipo de comunicación, específicamente con Maximiliano Cervantes, quien hizo que la entrevista fuera un éxito desde su planeación hasta su realización.

Asimismo, recurrí a las redes sociales. Ahí comprobé que tener mis perfiles sociales estructurados y haber documentado mi carrera los últimos años de manera digital me ayudó mucho a contar con credibilidad. También el hecho de pertenecer a esos espacios en donde la conversación va más allá de un simple chat en WhatsApp y tener un rol activo —no solo ser un oyente— fue útil para que terceros que supieran de mi proyecto me contactaran.

Así, al momento de tocar puertas, era visible a lo que me dedico y por qué estoy elaborando este proyecto. Por ejemplo, para contactar a Marlene Garayzar, de Stori, utilicé LinkedIn y decidí escribirle de manera personal, aprovechando que ya la tenía dentro de mis contactos en esta red (un recordatorio de que tienes que cuidarla muy bien). Fue una de las primeras en contestar que estaba interesada en participar. Ella me guio con Rodolfo Melin, quien se hacía cargo de las relaciones públicas de Stori y me apoyó en todo momento.

Las comunidades digitales fueron de mucha utilidad. Por ejemplo, un querido amigo llamado Oscar Jiménez, cofundador de Evervolve, un *fractional copilot* para innovación y *growth*, así como una *EdTech* para *corporate training*, una consultora de *growth* para *scaleups* y una *EdTech*, me conectó con un emprendedor cuya empresa fue adquirida por Merama. Esta persona y alguien más que empujó a través de un mensaje directo por LinkedIn me vinculó con Laura Gladys Cárdenas, del equipo de comunicación y relaciones públicas de dicho unicornio. Ella me guio hacia Felipe Delgado, su cofundador, presidente y CFO.

En el caso de Bitso, a pesar de preguntar en diferentes comunidades y tratar de conseguir el correo personal de Daniel Vogel, no tuve suerte. El tiempo se me acababa, así que tuve que ser un poco más atrevida con mi mensaje y enfrentar el miedo al rechazo público. Decidí arrobar a Daniel Vogel en un tuit público contándole sobre este proyecto de la siguiente manera:

¡Hola! @vogelbit soy creyente de buscar a las personas incansablemente por todos los medios porque es mi trabajo de todos los días. Me interesa contactarte para hacerte llegar una invitación, que estoy 99.9% segura será atractiva para ustedes en @Bitso.

Pequeña pista: Es para un proyecto editorial en conjunto con _@penguinlibrosmx.

¡Un abrazo!

Pao

Para mi sorpresa, luego de unos días él contestó: "¿En dónde?", y de ahí surgió la primera conversación, había logrado lo que tanto esperaba, que se visibilizara mi mensaje.

En el caso de que seas tú quien quiere contactar a una persona particular, LinkedIn te ofrece la posibilidad de buscar a colaboradores de una empresa. No es lo mismo escribirle a una sola persona, que a 20 que trabajan dentro de la misma empresa; alguien te leerá y te conectará. Por ejemplo, para llegar a Adolfo Babatz busqué directamente su contacto en LinkedIn, pero, como sabía que sería difícil captar su atención, recurrí a Valeria Pineda (2023), quien desempeña la parte de comunicación corporativa y relaciones públicas dentro de Clip. Fue su enlace el que me llevó a concretar mi entrevista con Adolfo. Le agradezco mucho las atenciones y el ojo de publirrelacionista para darle prioridad a mi solicitud.

Lo mismo hice con Kavak. Primero me acerqué a su equipo de comunicación, pues había conocido a al menos tres contactos durante mi visita a sus primeras oficinas en Monterrey. El equipo de relaciones públicas me comentó que harían lo posible, pero percibí que el mensaje quedaría en ese chat, así que no me detuve ahí. Busqué personalmente también a Lorraine y a Carlos, cofundadores de Kavak; a la primera logré compartirle el proyecto y me contestó personalmente que me vincularía con el equipo adecuado. Desafortunadamente, en una llamada telefónica posterior Kavak anunció que no tenía disponibilidad ni interés en participar en este libro. Para ser sincera, la respuesta fue desilusionante, pues fue el primer "no" que había recibido hasta ese momento. Sin embargo, respeté su decisión y dejé de intentar. Aunque sea frustrante, hay que saber la diferencia entre ser persistente e insistente, y cuándo dejar de insistir. Me hubiera encantado platicar con los fundadores que formaron los cimientos, pero en su lugar he logrado complementar y entretejer la historia a través de diferentes fuentes de información como entrevistas, estudios especializados, información publicada en los principales medios de emprendimiento y entidades del ecosistema emprendedor.

Fue a unas pocas semanas del cierre editorial de mi libro que comencé a caer un poco en la desesperación. Tras la negativa de Kavak, no iba a permitir que la historia de Incode y Konfío quedaran sin entrevistas a sus fundadores, por no haber logrado llegar a ellos de la manera correcta. Durante casi un mes me dediqué a buscar en mis bases de datos, pero no encontré nada. Pregunté en grupos de WhatsApp quién podía vincularme y, a pesar de que muchas personas compartieron un contacto directo, la respuesta seguía en blanco. Entonces le sugerí a mi editora: "Ana, sé que esto es muy atrevido y la verdad me da mucha pena, pero ¿qué tal si escribo en LinkedIn públicamente que deseo llegar a David Arana (Konfío) y Ricardo Amper (Incode) y pido a mis contactos que lo viralicen?". Ana, como siempre, creando magia conmigo desde el día uno, estuvo de acuerdo con esta locura. Fue gracias a ese post que Konfío comentó que me harían llegar hasta David. Más tarde me vincularon con quien atendería mi solicitud. Desde ese momento reforcé el lema que me ha acompañado durante los últimos años: "Nunca tengas miedo de mandar ese mensaje".

Así, tuve una llamada con Cristina Valero Ruedas, VP de marketing en Konfío, para que conociera un poco más acerca del proyecto. "De verdad quiero ayudarte a que sea posible. Necesito que me envíes un *pitch* sobre todo esto que me acabas de contar en un máximo de 20 minutos porque tengo llamada con David", dijo. Mi estrategia fue reunir la amplia lista de nombres reconocidos que ya había entrevistado para que él sintiera confianza al saber que habían colaborado, para lo cual estudié detalladamente con quiénes pudo haber tenido relación o a quiénes reconocería del ecosistema dentro de dicha lista, lo cual le generaría un sentimiento de confianza. Es decir, hice todo lo posible por reunirle la información que él necesitaba para obtener su sí. Al poco tiempo Cristina volvió con la noticia: tenía cita para su entrevista.

En cuanto a Incode, tan solo unas horas después de mi publicación recibí un mensaje directo de LinkedIn de Raquel Castañeza Sauza, *people senior director* en este unicornio, quien tenía toda la intención de apoyarme a llegar a las personas correctas. Me puso en contacto con Elizabeth Morett, del equipo de marketing para América, que en conjunto con Miriam González e Inés Moreno hicieron que la entrevista fuera posible en tiempos para la entrega de mi manuscrito y teniendo la complicada agenda de Ricardo en contra. A diferencia de las anteriores, la comunicación se llevó a cabo por correo electrónico. Sin embargo sucedió e incluso me brindó información exclusiva que me emociona mucho presentar aquí por primera vez.

El ecosistema del emprendimiento en México es grande, me atrevería a decir enorme, y cada vez está creciendo mucho más. Son tantos personajes, empresas, entidades y personas dentro del ecosistema, que sería imposible abarcarlos a todos. Sin embargo, he hecho lo posible por reunir fuentes confiables, que poseen gran conocimiento y experiencia para complementar algunas historias.

Lo que más me ilusiona de este proyecto son los "sí" que obtuve y el alto interés por participar. En mucho de esto contribuyeron personas que iban siguiendo mi proceso en mis redes y me enviaban estudios, recomendaciones de libros, información que debía tener a la mano. Cuando les contaba a todos los fundadores de empresas unicornio acerca de este proyecto, reconocían que hacía falta visibilidad a través de un proyecto más grande, pues hasta el momento solo los medios digitales o tradicionales le habían dado cobertura.

Por otro lado, mi misión profesional de crear conexiones y dar a conocer el talento mexicano me ha llevado a humanizar el mundo en el que habito, donde predominan las valuaciones, las rondas de levantamiento de capital, flujos de dinero, mercados y datos duros. Por ello les pido que, antes de sumergirnos en las historias de los unicornios mexicanos, nos despojemos de las percepciones preconcebidas que podríamos tener sobre ellos, influenciadas por lo que leemos en los medios de comunicación o escuchamos en pódcast. En lugar de simplemente consumir la información superficial sobre sus éxitos y desafíos invito a que nos pongamos en los zapatos de estos emprendedores, comprendiéndolos como personas comunes y corrientes que, con su arduo trabajo y dedicación, han logrado forjar empresas destacadas. Al conocer sus historias desde una perspectiva más humana podemos apreciar mejor el impacto que tienen no solo en el mundo empresarial, sino también en la sociedad en general.

Estos fundadores no solo son protagonistas en los titulares de noticias y en los escenarios internacionales, sino que también representan el motor detrás del crecimiento del ecosistema emprendedor en México. Su valentía, perseverancia y visión han contribuido de manera significativa al desarrollo de nuevas *startups* y al surgimiento de una cultura de emprendimiento en nuestro país. Sin su presencia en los medios, en los foros internacionales y en otros espacios importantes, quizá no se estaría hablando tanto de México como un semillero de emprendedores y un referente en el panorama global de la innovación y el emprendimiento. Nos guste o no.

Cuando conversé con cada uno, tuve que quitarme la venda de los ojos sobre todas las cosas que había escuchado y leído sobre ellos. Incluso el equipo de Incode me recomendó escuchar una entrevista de un pódcast muy conocido en el habla hispana. Cuando entré con Ricardo Amper lo primero que me preguntó fue: "¿Escuchaste la entrevista?". Le respondí que no, que quería escuchar su historia y la de Incode de su viva voz, como si no la hubiera escuchado antes. Es mi misión transmitir ese mismo sentimiento al leer cada una de sus historias.

Creando unicornios muestra no solo qué es un unicornio, sino todo lo que hay detrás de serlo. Para ello hay que conocer las historias verdaderas y los matices grises que conllevan. De hecho, mucho del contenido de este libro busca desmentir y dejar a un lado lo que muchos medios, blogs, pódcast y plataformas digitales nos han tratado de vender durante mucho tiempo: que el tener una empresa valuada en mil millones de dólares o más es a lo que todo emprendedor debe aspirar. Que si construyes una *startup* la única misión que debes de tener es llevarla al estatus de unicornio. Incluso me atrevería a decir que busco dar un giro inesperado al concepto de *éxito* asociado a la categoría *unicornio*.

Estoy segura de que muchos de mis lectores se adentrarán en estas historias por primera vez y descubrirán todo un mundo fascinante, donde si hay algo que reconocer es el talento mexicano. Espero que les contagie las ganas de involucrarse en este ecosistema y sumar su talento, ya sea colaborando con las *startups* o atreviéndose a emprender. A los que ya están ahí, deseo que esta lectura les dé luz sobre el funcionamiento del ecosistema, *insights* y aprendizajes que puedan incorporar a su proyecto. De igual manera, si bien ese no es su llamado, ojalá que este libro les brinde conocimiento e inspiración, pero también que detone entre ustedes conversaciones.

Cuando estaba terminando el manuscrito y empezó la lluvia de ideas sobre el título y subtítulo vino a mi mente un recuerdo. En 2019 tuve el grandísimo privilegio de convivir y platicar con Carlos Bremer para la edición #60 de *PRO Magazine*. En nuestra conversación dijo que "tenemos una oportunidad increíble. En México no existe la competencia que hay en Estados Unidos, entonces aquel que de veras tiene ganas de trabajar y hacer las cosas con un valor agregado, tiene mucho potencial. En Estados Unidos solo 5% puede lograr el éxito, en México cerca de 50% de los emprendedores prospera". Luego añadió: "Van a decir que estoy loco, pero *veo un futuro prometedor para los emprendedores de nuestro país*". Esa última frase se me quedó en la mente y cada poco volvía a hacerse presente mientras escribía, y es que no podría estar más de acuerdo. Así que quise retomarla como inspiración para el subtítulo de este libro con un afán de rendirle homenaje a una gran persona, querida por todos, y que fue una de las figuras más reconocidas del emprendimiento en México.

PARTE 1

EL ECOSISTEMA *STARTUP*

1
DESCIFRANDO LAS *STARTUPS*

"Una *startup* es una máquina creada para resolver problemas".
—Adolfo Babatz, fundador y ceo de Clip

Cuando escuchamos la palabra *emprender*, quizá lo primero que viene a nuestra mente es renunciar a algo para comenzar un negocio. Según el diccionario de la Real Academia Española *emprender* se define como "acometer y comenzar una obra, un negocio, un empeño, especialmente si encierran dificultad o peligro" (Aparicio, 2021), y vaya que creo que es una definición justa. Es comenzar algo nuevo, en la mayoría de los casos apuntando a seguir una pasión, trazar el camino de una curiosidad con resiliencia y la resolución de un problema.

El emprendimiento, según Palacios y Ruiz (2020), es el "proceso llevado a cabo por un individuo para crear algo nuevo que agregue valor, asignando el tiempo y el esfuerzo necesarios, asumiendo los riesgos financieros, sociales e incluso psicológicos recibiendo la recompensa resultante en términos monetarios, de satisfacción personal y de independencia".

Sin embargo, más allá de la teoría, con el fin de buscar definiciones más pragmáticas, les pregunté a los emprendedores e inversionistas que entrevisté qué entendían y sentían por *emprender*, y esto es lo que me contestaron:

"El emprendimiento es para mí la oportunidad de cambiar cómo vivimos el hoy".

—RENÉ LOMELÍ, Partner en 500 Global

"Emprender es tener la ingenuidad (o ignorancia porque si supieras todo lo que hay que hacer te paralizarías y no empezarías) y arrogancia para creer en la forma en que tú quieres resolver un problema, pese a que todos te dicen que no se puede resolver así o que alguien más ya lo intentó".

—ENZO CAVALIE, fundador y CEO de Startupeable, e inversionista de *venture capital*

"Emprender es perderle el miedo a todo, confiar mucho en tu capacidad, tener energía para buscar crecer todos los días, es un sentido de inconformismo, es ser obsesivo para solucionar un problema importante".

—GABY PINO, cofundadora de la comunidad Cabrito Valley Army y Socia de Invomex

"Emprender es aprender a hacer algo que no sabes hacer".

—NACHO ÁLVAREZ, cofundador y CEO de Moneypool, inversionista, mentor y consejero de múltiples *startups*

"Emprender es romperte y tener que volver a reconstruirte todo el tiempo".

—CARLOS SALINAS, fundador de Mayorea

"Emprender para mí es crear para otros mexicanos y latinos las oportunidades profesionales que creía que solo podíamos buscar en el extranjero. Es atreverte a soñar, ponerte a trabajar y darte cuenta de que muchos comparten tu sueño".

—KARINA DERBEZ, cofundadora y CTO de Monto

"Emprender es tomar riesgos y vivir en la incertidumbre para crear valor para el mundo".

—ÓSCAR JIMÉNEZ, *venture partner* de Lotux VC y cofundador de Evervolve

"Mezcla constancia, tenacidad y pasión y tu emprendimiento tiene garantía de ir bien".

—Helle Jepson, fundadora y CEO de Scape

"Emprender es tener la intención de plasmar tus ideas en el mundo real, convencer a otros de que son ideas que valen la pena, mejorar la sociedad con esas ideas, tomar buenas decisiones con información incompleta y empujar hasta materializar tu intención".

—Paula Enei, cofundadora y partner de Platanus Ventures

"Emprender es la mejor forma de aprender cosas nuevas, superar miedos y conocer gente increíble".

—Javier Larragoiti, creador de Xilinat y fundador de Creative Food Labs

Para mí, emprender es como cambiar de piel constantemente, siempre en búsqueda de retos más grandes. Es aprender a priorizar en la vida, a decir más "no" que "sí", descubrir tus límites y capacidades, comprender el verdadero significado de los sacrificios y de las recompensas, y dejar que la pasión te consuma en cuerpo y alma. Es un remar contra la corriente. Algunas veces se puede sentir como un camino solitario e incluso egoísta en ciertas ocasiones, pero en el cual también se encuentran otras personas que brindan su apoyo y empatía. Es el salto más valiente que he dado en mi vida hasta ahora.

Tipos de emprendimiento

Ahora bien, existen diferentes tipos de emprendimiento. Uno de los más comunes es el *emprendimiento tradicional* o *emprendimientos de pequeñas empresas*, que se basa en el lanzamiento de productos o servicios. Son organizaciones que no cuentan con una alta cantidad de empleados y son fundadas por personas que buscan salir adelante por su cuenta, para mantenerse y apoyar a su familia. Aquí encontramos a las mipymes (microempresas) y a las pymes (pequeñas y medianas empresas) (ASEM, 2023).

Luego están los *emprendimientos sociales*, los cuales están enfocados en la generación de productos o servicios que resuelvan una problemática social, ya sea sin fines de lucro o que generen beneficios económicos (ASEM, 2023). Lo que buscan estos proyectos es encontrar soluciones y existen en todos los continentes, abarcan temáticas como agricultura, microfinanciación, salud, cuidado y conservación del agua, entre otros.

Después encontramos a los *emprendimientos digitales*. Son aquellos que nacen y necesitan de la tecnología e internet como sus principales herramientas para ofrecer servicios o productos. Engloban desarrollos amplios y complejos, centrándose en plataformas y servicios directamente relacionados con el espacio virtual. Es un tipo de emprendimiento en México que ha escalado progresivamente gracias al acceso a internet y el uso de smartphones (ASEM, 2023). Se estima que en México 26% de los emprendimientos son 100% digitales, según un estudio realizado por GoDaddy (Ramírez, 2022).

Otro tipo de emprendimiento que podemos identificar es un concepto que ha ido tomando fuerza a lo largo de los últimos años, que es el *emprendimiento corporativo* o *intraemprendimiento*. El término *intrapreneur* fue acuñado en 1978 por Gifford y Elizabeth Pinchot en sus notas y reflexiones sobre el emprendimiento intracorporativo mientras acudían a la Escuela para Emprendedores en Tarrytown, en Nueva York. "Se refiere a la nueva clase de *intracorporate-entrepreneurs*" (Paz, 2016); es decir, esas personas que trabajan en empresas, que pueden proponer y crear líneas nuevas de negocio dentro de la misma. Los intraemprendedores comparten estas mismas características con los emprendedores: pasión, visión, resiliencia, ganas de construir algo verdaderamente significativo, y sobre todo, la amplia capacidad de convencer a las personas que sean necesarias en el camino para materializar sus proyectos.

Por ejemplo, Cemex, compañía mexicana de materiales para la industria de la construcción, es líder del intraemprendimiento en México con proyectos y programas como Growing Platform, Patrimonio Hoy —ofrece asistencia técnica y materiales de construcción de alta calidad para que familias de bajos recursos puedan tener un hogar—, y Cemex Ventures —fondo de capital de riesgo corporativo y unidad de innovación— (Eduardo de la Garza; Rodríguez, 2020). En 2017 Cemex formó una alianza con Barclays y Pearson; juntos trabajaron para Business Fights Poverty y Be Inspired Films para intentar acabar con la brecha de capacidades dentro del intraemprendimiento (Expok, 2018). Fueron reconocidos por su labor como empresa que fomenta el intraemprendimiento en el artículo "Block by Block", publicado por el *Standford Social Innovation Review* (Sandoval, 2005).

Ahora sí, hablemos de *startups*. Son *emprendimientos tecnológicos de alto impacto* que se encuentran en sus primeras etapas o empresas emergentes que nacen de la combinación entre la innovación y la tecnología. Se centran en la creación y comercialización de productos o servicios tecnológicos. Buscan revolucionar industrias, crear nuevas y cambiar al mundo.

Cuando estas han avanzado tanto en la ejecución como en el crecimiento de su modelo de negocio y han alcanzado una trayectoria suficiente para consolidar este crecimiento exponencial en cantidad de colaboradores y en ingresos se les comienza a llamar *scaleups* (ASEM, 2023). De igual manera, se caracterizan por los avances tecnológicos, pero el crecimiento y la inversión es diferente a su etapa anterior. Según la definición del ScaleUp Institute de Reino Unido y la Organización para la Cooperación y el Desarrollo Económicos (OCDE), para que una compañía sea considerada una *scaleup* esta debió de haber crecido durante los tres anteriores ejercicios a un ritmo anual superior a 20%, tanto en número de empleados como en facturación (BBVA, 2019).

Las *startups* se han convertido en el corazón de la economía, innovación y creación de tecnologías de muchas partes del mundo. Se han ganado por méritos propios un papel decisivo en el actual ecosistema, sobre todo en los países más desarrollados.

Desde las *FinTech* que siguen revolucionando la manera en que manejamos nuestras finanzas, hasta las *HealthTech*, que buscan cambiar por completo el esquema de la atención médica, las *startups* han sido disruptivas en su enfoque y ágiles en su adaptación al cambio. Para entender un poco el concepto de lo que es una *startup* están los siguientes ejemplos: Airbnb no posee hoteles propios, pero ofrece alojamientos como si fuese su propia red de hospedaje; Uber no tiene carros, pero brinda servicios de transporte como si fuera dueño de la flota automotriz; TikTok tiene todas las noticias, pero no tiene presentadores propios como si fuera un canal de televisión. Si nos damos cuenta, la gran mayoría de las veces vienen a suplir o crear algo desde cero, siempre basándose en la tecnología.

Las *startups* vienen a innovar en sectores y nichos completamente abandonados o en algunos casos sin explorar. Han demostrado que la creatividad y la agudeza pueden superar barreras que antes parecían insalvables, abrir nuevos horizontes y generar oportunidades en sectores tradicionalmente estancados. Llegaron para abordar desafíos que permanecían sin resolver por parte de administraciones gubernamentales, empresas convencionales y cualquier otra institución hasta ese momento. Pisaron terreno fuerte en diferentes industrias y desafiaron las normas establecidas. Con su mentalidad innovadora, estas empresas están remodelando no solo industrias, sino también nuestra percepción de lo que es posible.

No hay *startups* sin Silicon Valley

El origen de las *startups* comienza en Silicon Valley. La historia inicia en la zona sur de la Bahía de San Francisco, en el norte de California, Estados Unidos. Mucha de la historia de Silicon Valley tiene conexiones significativas con figuras clave como el premio Nobel de Física 1956 William Shockley y Frederick Terman. Shockley, conocido por su trabajo pionero en semiconductores y la invención del transistor, fue una figura influyente en el desarrollo temprano de la región.

En 1956 fundó el Shockley Semiconductor Laboratory en Mountain View, California, el cual atrajo a un grupo de talentosos científicos e ingenieros, incluido Frederick Terman, quien era profesor en la Universidad Stanford y un defensor clave del emprendimiento tecnológico (Mallaby, 2022). Llamado el padre de Silicon Valley, Terman desempeñó un papel crucial en el desarrollo de la región al fomentar la colaboración entre la universidad y la industria. Alentaba a sus estudiantes a iniciar sus propias empresas y apoyaba a los recién graduados que querían emprender en el campo de la tecnología. Muchos de los estudiantes de los que fue su mentor se convirtieron en líderes clave para seguir impulsando el desarrollo tecnológico en ese entonces. Entre ellos, destacan William Hewlett y David Packard, a quienes tomó bajo su protección y les brindó consejo y conexiones esenciales que los harían crecer. Su ayuda fue crucial para la creación y el éxito de Hewlett-Packard Company (HP). Asimismo, fue una figura esencial en el establecimiento del Parque de Investigación de Stanford, donde Hewlett-Packard posteriormente construiría su sede (HPCA, 2021).

Aunque el Shockley Semiconductor Laboratory no logró el éxito esperado, ocho de sus empleados, conocidos como los "ocho traidores", dejaron la compañía para formar Fairchild Semiconductor en 1957. La famosa deserción fue posible gracias a una nueva forma de financiación de aproximadamente 1.4 millones de dólares, originalmente denominada *capital de aventura*, que ahora conocemos más como *venture capital* o *capital de riesgo*. La idea era respaldar a los tecnólogos que eran demasiado arriesgados y mezquinos para obtener un préstamo bancario convencional, pero que prometían la posibilidad de una rentabilidad rotunda a los inversores con gusto por inventos audaces.

Este movimiento no solo marcó el inicio de una nueva era en la fabricación de semiconductores, sino que también sentó las bases para la cultura emprendedora y colaborativa que definió a la región. La influencia de Shockley y la visión de Terman para transformar la investigación académica en aplicaciones prácticas fueron fundamentales.

Así, el Valle de Santa Clara, California, concentró a las empresas relacionadas con la tecnología y con el tiempo se ha expandido para referirse también a áreas circundantes con una alta densidad de industrias tecnológicas. Haciendo referencia al material fundamental en la fabricación de semiconductores, el silicón, al valle se le comenzó a llamar Silicon Valley, el cual se volvería el hogar de una serie de empresas innovadoras, desde las pioneras en semiconductores hasta las compañías de software, hardware y servicios en la era de la informática personal (Segal, 2023).

Fue en los años noventa cuando las *startups* adquirieron una mayor popularidad, impulsadas por la expansión de la industria de las tecnologías de la información, comunicación y el *boom* de las puntocom. La creencia en la tecnología y la posibilidad de que internet pudiera cambiar el mundo creció a niveles sin precedentes. Las historias de las *startups* que iniciaron en garajes como Apple y cómo crecieron a partir de la entrada de sus primeros inversionistas fomentaron la aspiración en torno a las *startups*.

Gigantes tecnológicos como el famoso Big Five, que incluye a Apple, Alphabet (Google), Facebook, Amazon y Microsoft, surgieron y se expandieron desde esta región. Por citar un ejemplo, el primero, Apple Inc., fue la primera firma estadounidense en alcanzar una valoración en bolsa de tres billones de dólares en 2023 y es una de las más rentables, con 394 300 millones de dólares de ingresos en 2022 (Apple, 2022; BBC News Mundo, 2022). Cuenta con alrededor de 25 mil colaboradores en Silicon valley, incluidos 12 mil en su icónica sede en Apple Park, mientras a nivel mundial, según datos de Statista (Fernández, 2023), en 2022 su plantilla contaba con 164 mil trabajadores de tiempo completo.

Por su parte, empresas como Amazon y Netscape estaban allanando el camino y crearon la sensación de que el éxito esperaba a todos los que supieran cómo registrar un dominio. Sin embargo, las cosas se salieron de control y la burbuja de las puntocom estalló, provocando una de las mayores crisis de la economía mundial en las últimas décadas (Startup History, s. f.).

Burbujas económicas

A lo largo de la historia han surgido tecnologías completamente nuevas que llegaron para cambiar de forma radical al mundo. En estos momentos de avances tecnológicos los inversores suelen sentirse atraídos y estudian constantemente las tendencias, anticipando una posible rentabilidad masiva. Sin embargo, esto a veces puede suceder a la inversa, en ocasiones estas inversiones se realizan demasiado pronto, antes de que la tecnología comience a desarrollarse y demostrar que es capaz de ser viable. Esta apuesta prematura puede llevar a lo que se conoce como especulación o *burbuja* en el mercado de acciones relacionadas con estas tecnologías disruptivas (Ávila, 2023).

Han existido múltiples burbujas en diferentes periodos. Algunos ejemplos serían las empresas de telecomunicaciones en 1990, las energías renovables entre 2005 y 2008, así como la fiebre de *blockchain* y las criptomonedas en 2018. Una de las burbujas más conocidas son las dotcom (puntocom), considerada como una de las más grandes de la historia, la cual se desarrolló entre 1997 y 2001. Esta fue causada por una excesiva especulación en el precio de las acciones de empresas de internet, llamadas en aquella época puntocom —empresa con un dominio de internet .com, que es utilizado sobre todo por empresas comerciales—. La mayoría de los negocios de estas empresas se realizan a través de internet (Sevilla, 2020).

Durante la Guerra Fría, en los años sesenta, el Departamento de Defensa de Estados Unidos creó Arpanet como precursor de internet. Su popularización en los años noventa con la World Wide Web despertó un gran interés en su potencial revolucionario. Millones de emprendedores lanzaron sitios web, mientras que inversores vieron una oportunidad única para grandes ganancias al entrar temprano en este mercado emergente.

Presenciamos el ascenso de *startups* que, nacidas en modestos garajes, se transformaron en gigantes corporativos, alimentando así la fiebre del oro digital. De repente, cualquier *oferta pública inicial* (IPO, por sus siglas en inglés) de una empresa de internet se convertía en un éxito, con muchas de ellas duplicando o triplicando su valor en cuestión de días.

Entre 1995 y 2000 el índice tecnológico NASDAQ (National Association of Securities Dealers Automated Quotation), que es la segunda bolsa de valores electrónica automatizada más grande de Estados Unidos (Santander, s. f.), creció de 600 a 5000 puntos, impulsado por empresas puntocom con valoraciones bursátiles exageradas y planes de negocios poco viables. Mientras tanto, el Dow Jones cayó un 13%. La burbuja de las puntocom alcanzó su punto máximo en 1999, caracterizada por especulación desenfrenada y la creencia de que en Silicon Valley surgía un nuevo millonario cada minuto. Ejemplos como Pets.com o Boo.com reflejan la irracionalidad del mercado en ese momento.

Un ejemplo emblemático de esto fue la IPO de Netscape en 1995, la cual fue un rotundo éxito. Netscape fue uno de los primeros navegadores web, permitió a los usuarios experimentar la World Wide Web por primera vez y abrió la puerta al mundo del software de código abierto; sin embargo, no pudo contra el imperio de Microsoft, que presentaba Internet Explorer. Aproximadamente un año después de la fundación de la empresa Netscape celebró su IPO en agosto de 1995; algunos ven el entusiasmo que rodeó dicha salida a bolsa como uno de los primeros indicadores de la manía de las puntocom. Sin que la compañía demostrara ni un atisbo de rentabilidad, las acciones de Netscape se dispararon hasta 74.75 dólares por acción en su primer día de negociación antes de terminar el día en 58.25 dólares. El precio de cierre valoró el navegador web en unos 3 mil millones de dólares (Duggan, 2018).

En 1999 AOL adquirió Netscape por 4 200 millones de dólares durante el apogeo de la burbuja en un acuerdo que valoraba la empresa en 10 mil millones de dólares. En aquel momento la cuota de navegadores de Netscape ya había disminuido hasta alrededor de 50%. El código fuente de Netscape sirvió de base para el navegador Firefox de Mozilla, que todavía se utiliza en la actualidad (Duggan, 2018).

La narrativa generó un *fear of missing out* entre los inversores, quienes temían perderse el auge del mundo tecnológico. Se priorizaba la captación de usuarios sobre la rentabilidad real o la viabilidad a largo plazo. En un contexto económico favorable, con bajos tipos de interés, el dinero fluía sin restricciones y los inversores financiaban *startups* solo por tener una extensión .com, lo que resultó en valoraciones extremadamente altas e infladas.

Si bien la burbuja puntocom tuvo denominación de origen bursátil, y no económica, las repercusiones del estallido de la burbuja fueron más allá de Silicon Valley, las bolsas acabaron sufriendo en todo el mundo y en casi todos los sectores, con lo cual se disminuyó la confianza de los inversores en la tecnología. Tanto inversores como analistas se dejaron llevar por el amplio abanico de oportunidades que ofrecían internet y las empresas tecnológicas.

En los años posteriores los fondos de *venture capital* experimentaron un rendimiento negativo durante 10 años, lo que llevó a estos inversores a tratar de recuperar el equilibrio perdido. La sobrecapitalización de la industria aceleró a un rápido aumento en el número de empresas respaldadas por inversiones de riesgo, pero muchas de estas resultaron ser de baja calidad. Como resultado, aproximadamente 40% de las empresas financiadas entre 2004 y 2007 quebró. Sin embargo, algunas empresas limitaron su necesidad de financiamiento externo y lograron sobrevivir y crecer hasta el día de hoy (Tejedor y Fernández, 2012).

Algunas empresas surgidas durante la fiebre puntocom no solo sobrevivieron, sino que prosperaron hasta el día de hoy. Por ejemplo, Amazon, fundada en 1994 por Jeff Bezos como una librería online, superó el escepticismo y las pérdidas operativas para convertirse en un gigante del comercio electrónico mundial. Otro ejemplo es Google, fundada en 1998 por Larry Page y Sergey Brin, que revolucionó la búsqueda en internet y se convirtió en una de las empresas más valiosas del mundo (Tejedor y Fernández, 2012).

Silicon Valley emergió y se consolidó como un epicentro mundial de innovación gracias a su base académica sólida, abundante capital de riesgo, brillantes mentes y una cultura empresarial singular. Su historia destaca la colaboración, riesgos calculados y una visión audaz, siendo una fuente de inspiración para emprendedores y empresas en todo el mundo.

En la actualidad es improbable dar una cantidad exacta de empresas establecidas en el valle, debido a la naturaleza dinámica del ecosistema empresarial, donde surgen nuevas empresas constantemente, a la par que suceden fusiones, adquisiciones y cierres. Sin embargo, se estima que hay más de un millar. Lo maravilloso es que el mundo de las *startups*, ya no se limita solamente a Silicon Valley. Se han apoderado del mundo entero y México es parte de esa estadística.

Para comprender un poco sobre cómo nace y sobrevive una *startup*, y recibe inyección de capital en un campo de batalla, literalmente, recomiendo mucho la serie *Silicon Valley*, creada por Mike Judge y lanzada para HBO en 2014. No es una serie educativa ni relata la historia del valle como tal, es una comedia que, además de entretener, te permite adentrarte un poco en una parte del ecosistema *startup*.

Anatomía de una *startup*

Con frecuencia las *startups* se confunden con las pymes (pequeñas y medianas empresas). Hay que comprender que son totalmente diferentes y funcionan de manera distinta. Cuando escuchamos la palabra *startup* suena a algo más innovador, tecnológico y relacionado con el futuro, que cualquier otra pequeña empresa. Las empresas emergentes o *startups* son participantes económicos cruciales porque impulsan el crecimiento económico. Hay algo novedoso en la palabra, pero la mayoría de la gente, en realidad, no sabe por qué son diferentes. Sobre todo no comprende lo que existe detrás de la creación de una; ahí está la magia.

Es difícil identificar quién utilizó por primera vez el término *startup*. Según el Diccionario de Oxford (edición 1989) la palabra *start-up* se refería al "sentido empresarial" como empresa de creciente creación y se registró por primera vez en un artículo publicado en *Forbes* en 1976. El término *startup* tal y como lo conocemos hoy llegó un año después, en 1977, cuando *Businessweek* se refería a las incubadoras de las empresas conocidas como *startups*, especialmente enfocadas en rápido crecimiento y uso de tecnologías (Subira, 2019; Yarema y Tarasenko, 2017).

Incluso, hoy en día, no existe una definición universal, pero diferentes autores muy importantes y con gran experiencia en el mundo de la creación de *startups* y ecosistema en general han dado su explicación particular, y todas ellas comparten varios elementos comunes. Por ejemplo, Paul Graham (2012), inversionista, ensayista, conocido por su trabajo en Lisp y por ser cofundador de Viaweb y de Y Combinator —una de las aceleradoras más prestigiosas del mundo, la cual ha invertido en Airbnb y Dropbox—, en su aclamado artículo "Startup = Growth" (2012) enfatiza el crecimiento rápido como la característica principal: "Una *startup* es una empresa diseñada para crecer rápidamente. El hecho de ser de nueva creación no convierte por sí solo a una empresa en una *startup*. Tampoco es necesario que una *startup* trabaje en tecnología, o acepte financiación de riesgo, o tenga algún tipo de 'salida'. Lo único esencial es el crecimiento. Todo lo demás que asociamos con las *startups* se deriva del crecimiento".

La definición de Steve Blank y Bob Dorf en *The Startup Owner's Manual* (2012) por primera vez no considera la escalabilidad, sino que se plantea como una organización temporal en busca de un modelo de negocio rentable y escalable, que puede repetirse: "Una *startup* no es una versión reducida de una gran empresa. Al principio, el modelo de una *startup* es un lienzo con ideas y suposiciones, sin clientes y con muy pocos conocimientos sobre esos clientes". Y es que estas empresas emergentes nacen de una idea que se gesta en la cabeza de una o más personas: una determinada tecnología puede brindar una solución efectiva a un problema de la sociedad. Esta idea tiene que germinar, convertirse en una empresa y terminar por ser rentable, que es cuando realmente se puede considerar un éxito. Comenzar, crecer y sostenerse es lo más difícil.

Por su parte, Eric Ries, emprendedor de Silicon Valley, en su obra clave de la literatura empresarial *El método Lean Startup* dice que "una *startup* es una institución humana diseñada para crear un nuevo producto o servicio bajo condiciones de incertidumbre extrema". Asimismo, propone una metodología de *management* empresarial cuyo objetivo fundamental es crear un modelo de negocio escalable de forma ágil y segura, acortando los ciclos de desarrollo, eliminando prácticas innecesarias y estableciendo procesos de innovación continua.

A estas definiciones podría sumar que se trata de organizaciones temporales, pues están constantemente en modo de "búsqueda" e intentan encontrar un modelo de negocio que sea rentable. Nacen de un conjunto de ideas de los cofundadores o *solo founders* (un solo fundador) que abordan un problema o una necesidad del mercado mediante productos o servicios. Si bien aún no saben cuál es la definición de su cliente final y pasan por diferentes etapas, prueban para definir y darle fin a esa solución que tanto buscan dentro de un mercado.

Como su naturaleza es cambiante y está en constante evolución, puede que hacer una lista de las características principales de una *startup* (cuadro 1.1) sea la forma más fácil de identificarlas y diferenciarlas de las pymes. Sin embargo, se trataría de una lista que también puede cambiar con el tiempo.

Cuadro 1.1. Características de las *startups* y las pymes

CARACTERÍSTICAS	*STARTUPS*	PYMES
Objetivo principal	Una empresa emergente con capacidad para experimentar un rápido crecimiento.	Compañías de tamaño reducido, con un volumen de negocios moderado y un menor acceso a recursos o herramientas.
Innovación	Están bajo innovación todo el tiempo. Es su alta prioridad.	No basan sus modelos de negocio en la innovación.
Escalabilidad	Crecimiento exponencial y escalabilidad enfocada hacia lo global. Penetración de mercados a gran escala.	Crecimiento lineal, gradual y constante. Cuentan con visiones más tradicionales y generalmente están enfocadas en mercados locales o regionales. Suelen enfocarse en nichos o segmentos específicos.
Financiamiento	Se apoyan principalmente en el capital de los inversionistas.	Financiamiento propio o créditos.
Base tecnológica	La tecnología es el núcleo de su propuesta de valor y es esencial para la escalabilidad.	Pueden contar con tecnologías de última generación, pero como herramientas, no como pieza central de su modelo de negocio.

Por otra parte, para comprender cómo funcionan las *startups* y, sobre todo, a quiénes pueden ofrecer servicios, hay que tener muy en claro los modelos de negocio que les permiten monetizar sus productos o servicios. Según Gonzalez (2023), son los siguientes:

B2B (*Business to Business*). Empresa que vende a otras empresas, en lugar de a un consumidor final.
B2C (*Business to Consumer*). Empresa que vende al consumidor final.
B2B2C (*Business to Business to Consumer*). Empresa que vende al consumidor final através de una empresa intermediaria.
B2G (*Business to Government*). Empresa que vende directamente al gobierno.
P2P (*Peer to Peer*) o C2C. Empresa diseñada para facilitar la transacción entre dos usuarios personas. Normalmente en modelo de marketplace.

Es importante reconocer también que las *startups* han rebautizado diferentes sectores con la terminación *-tech*. En el caso de la tecnología y los negocios, es habitual combinar términos en inglés para crear nuevas palabras. Estos términos nuevos —como *InsurTech, LegalTech, PropTech, FinTech, WealthTech, HealthTech, EdTech, FoodTech* entre otras— surgen de la necesidad de relacionar los diferentes tipos de sectores en los que están centrados con la tecnología.

Por poner un ejemplo, *PropTech* (*Property + Technology*) se refiere a compañías que utilizan la tecnología para innovar el sector inmobiliario. En México tenemos a Kolonus, originaria de Monterrey, cofundada por Francisco Macedo. Kolonus inició con un modelo de negocio B2B SaaS (*Software as a Service*), pero ha evolucionado conforme la sociedad lo requiere y es por ello que en 2023 ha lanzado productos que lo consolidan como una *PropTech-FinTech* por tener su propia pasarela de pagos KolonusPay y Marketplace, convirtiendo su negocio en B2B2C. Kolonus fue nombrada como "la mejor solución IT *PropTech* de Latam" en 2022 por la Asociación Proptech Latam, al ser la primera en su ramo con este grado de integración, pero sigue evolucionando para continuar siendo referente en la industria. Así, las *startups* pueden aumentar su fuerza con varias verticales (Macedo, 2023).

En particular, la palabra *fintech* es la más conocida en México. Pareciera una moda que se asocia a las nuevas tarjetas de crédito que ofrecen entidades financieras no tradicionales, pero va mucho más allá. Es una industria naciente en la que las empresas utilizan la tecnología para brindar servicios financieros de manera eficiente, ágil, cómoda y confiable en diferentes verticales (Financial Stability Board, 2023). Algunos ejemplos podrían ser: medios de pagos y transferencias digitales, infraestructura para servicios financieros (*FinTech as a service*), finanzas personales y asesoría financiera, criptomonedas y blockchain, préstamos, pagos y remesas, plataformas de *crowdfunding*, neobancos, seguros y mercado de capitales, entre otros (Hayaux, 2023).

Desafortunadamente, las *startups* también fracasan

Si bien cada año surgen miles de *startups* alrededor del mundo, desafortunadamente muchas de ellas fracasarán. No lo digo yo, lo dicen los datos: según indica el Banco Interamericano de Desarrollo (BID) es una realidad que más de 50% de las *startups* fracasa en sus primeros cuatro años y solo una de cada 10 sobrevive al tercer año (iProUP, 2023). Alrededor de 70% de las startups fracasa antes de cumplir los tres años y solo 10% de estas supera los cinco años de vida (MFG, 2021).

De acuerdo con CB Insights (2021), 29% de las *startups* fracasa porque se queda sin dinero. Ahí es donde entra en juego la importancia del *cash burn rate*. Es una medida del flujo de caja negativo de una *startup* que permite medir la cantidad de capital que consumen para financiar sus operaciones. En pocas palabras, es un término para decir qué tanto "están quemando el dinero". Otras razones son: no tener bien definido al mercado al que van —como comenzar a darle solución a algo que realmente no lo necesita—, la falta de recursos o capital, no contar con un equipo adecuado, problemas entre los socios, no llegar al *product market fit* —cuando un producto o servicio resuelve de manera efectiva un problema o necesidad específica—, entre muchas otras más.

Algo que por lo general sucede después de que las *startups* o empresas comienzan a quedarse sin liquidez son los famosos *layoffs* o despidos masivos. En 2022 se vivió una etapa crítica de *layoffs* en el mundo entero: Google, Meta, Microsoft y Amazon protagonizaron una de las peores y más agresivas olas de despidos. Cerca de 70 mil personas perdieron su trabajo y a la fecha la cifra sigue creciendo. En consecuencia y para el apoyo del ecosistema tecnológico y de *startups* el sitio web layoffs.fyi ayudaba —y hasta el día de hoy— a identificar de qué puestos y de qué empresas habían salido grandes personas que se quedaron sin empleo. Esta iniciativa nació desde que comenzaron los despidos a raíz de la pandemia por el covid-19. Hablando específicamente de América Latina, en un estudio de McKinsey & Company, en el cual entrevistaron a más de 200 *startups*, se reveló que 40% de las firmas tecnológicas de la región tuvo que despedir entre 20 y 30% de su personal en 2022 (*Diario Financiero*, 2023).

Desde su perspectiva de emprendedor, en el libro El método Lean Startup Eric Ries comenta sobre el fracaso en la siguiente frase que encuentro muy verdadera y valiente (2011):

> Si nunca ha experimentado un fracaso como este [ver fracasar una compañía], es difícil describir el sentimiento que provoca. Es como si el mundo se derrumbara ante ti. Te das cuenta de que te han engañado. Las historias de las revistas son mentira: el trabajo duro y la perseverancia no llevan al éxito. Aún peor, las muchas, muchas, muchas promesas que has hecho a tus trabajadores, amigos y familia no van a convertirse en realidad. Todos los que pensaban que eras un estúpido por ir por tu cuenta demostrarían que tenían razón.

No obstante, esta estadística, más que desalentar, motiva a muchos emprendedores. Un estudio de Rockstart Latam (2023), una aceleradora global que invierte en *startups* de etapa temprana, comenta lo siguiente, que me parece acertado: "El fracaso no solo es cuestión de estadística y numérica, sino que tiene muchos matices cualitativos, historias que no se han contado y vivencias personales que dejan muchos aprendizajes. No es un tema de crítica, pues en una industria de alto riesgo como lo es el *venture capital* lo natural y lógico es que fracasen, el fracaso no es algo que uno deba esconder de su *track record* como emprendedor".

Un caso mundialmente conocido es Uber, pues la pandemia golpeó con fuerza su negocio principal y se vio superado por el segmento de entrega de comida a domicilio. En 2017 tenían alrededor de 10 millones de viajes, sin embargo, seguían sin ser rentables. En 2021 la compañía hizo públicos sus resultados en donde se observaron pérdidas netas de 1 388 millones de dólares entre enero y septiembre, así como la poca rentabilidad que tenía la empresa. Por primera vez en su historia, en 2023, Uber se volvió rentable, casi con 1.9 millones de dólares en beneficios netos gracias a un cambio de enfoque hacia la eficiencia operativa. Estamos hablando de que nació en 2009 y publicó un reporte de rentabilidad hasta casi 10 años después (Cuofano, 2024).

En México, podemos hablar de una *startup ProTech* llamada Casai, la cual está enfocada en alquiler de viviendas, fundada por Nico Barawid y María del Carmen Herrerías Salazar. Nacida en 2019, se dio a conocer porque tenía un modelo similar al de Airbnb. Contaba con inversionistas como Andreessen Horowitz (a16z), moonashes, DST Global, Kaszek, el fondo para *startups* de Google. Incluso había obtenido inversión a través de ángeles inversionistas como Carlos García Ottati y Roger Laughlin de Kavak. Su primera inversión en etapa semilla fue de 5 millones de dólares, una cantidad que en ese entonces era superior a la etapa en la que se encontraban. Los medios de comunicación la presentaban como una futura promesa unicornio en México.

¿Qué venía después? El crecimiento, el famoso *growth*. Para 2020 Casai contaba con alrededor de 200 ubicaciones, un punto a favor para que a16z y TriplePoint Capital pudieran liderar su Serie A por 48 millones de dólares. Gracias a esta ronda continuó la expansión y llegaron a Brasil (Faria, 2022), donde adquirió dos *startups* brasileñas, la operación de Q Apartments y seguido a esto adquirió a Roomin. Tuvo otra adquisición: un proveedor de tecnología con sede en São Paulo, llamado Loopkey.

En abril de 2022 Casai intentó extender su ronda Serie A, que había recaudado por 48 millones de dólares en noviembre de 2020, para recaudar más capital, pero no lo lograron. Según el artículo "Casai: análisis de la *startup* que truncó su sueño de ser unicornio" (Alfaro, 2023) del medio especializado en *startups* y *venture capital* llamado *Contxto*, en Latinoamérica solo 39.8% de las *startups* que han obtenido una Serie A pasa a una Serie B y Casai fue una de esas que no logró concretar otra ronda de inversión. Entonces comenzó a despedir empleados y se fusionó con Nomah, una unidad de Loft, el unicornio brasileño de venta y renta de propiedades, noticia que recibió como buena el ecosistema.

Sin embargo, en un periodo de cuatro meses comenzó nuevamente con pérdidas, por lo que cerró algunos alojamientos y vino una nueva ola de despidos. A inicios de 2023, Casai anunció su salida definitiva de Brasil, seguido de diversas acciones, pero en ese mismo año lanzó un comunicado sobre su cierre definitivo de operaciones, tras cuatro años de haber iniciado.

Nico Barawid, cofundador y CEO de Casai, publicó un artículo en LinkedIn (2023) sobre este acontecimiento. A pesar de estar bajo el ojo público y de encontrarse en una posición de vulnerabilidad compartió sus aprendizajes más grandes de esta experiencia. Una impresionante aportación para los emprendedores que resumo a continuación junto con *insights* de la entrevista "Lo que salió mal en Casai, según su CEO", publicada en Bloomberg Línea (2023):

1. *Ojalá* hubiéramos invertido en una mejor infraestructura financiera y herramientas desde el principio.
2. *Ojalá* hubiera invertido más en nuestro equipo de personas (haciendo referencia a que en su momento veía el departamento de Recursos Humanos como algo innecesario. Improvisar no es realmente una forma productiva de dirigir una organización).
3. *Ojalá* hubiera actuado como si tuviera menos capital y como si no se fuera a recibir más dinero, haber cuidado más la

parte de contratación y posponer acuerdos que quizás no eran necesarios. Como fundador con un producto adecuado para el mercado, fue fácil justificar inversiones que tenían sentido asumiendo que Casai existiría en dos años. Un emprendedor que inicia sin capital no tiene ese lujo y toma decisiones diferentes. Bueno, Casai ya no existe y esas inversiones no importan, pero muchas más empresas que se autofinancian siguen prosperando.

4. La falacia del CEO (y honestamente la arrogancia) es la firme creencia de que "nadie más puede entender o empatizar". Durante demasiado tiempo, vi a Casai como otro examen para obtener una calificación perfecta, si simplemente estudiaba más o pensaba más, tendría las respuestas. Casai podría haber tenido un resultado diferente si hubiera pedido apoyo para los problemas de la empresa y mi salud mental.

Independientemente de los titulares o comentarios vertidos en los artículos amarillistas que se encuentran en internet, la historia de Casai y la de sus fundadores es una muestra del riesgo que se corre todos los días en el mundo de las *startups* y *venture capital*. Por algo le llaman *capital de riesgo*, y nadie está exento. Me parece favorecedor para el ecosistema que su CEO, Nico, en medio de una batalla personal y profesional, se haya atrevido no solo a hablar públicamente sobre esto, sino a compartir los hechos y su propio aprendizaje con otros emprendedores. De hecho, es un ejemplo de cómo el fracaso no detiene ni define a los emprendedores: Nico Barawid es ahora cofundador de Tunic Pay, una *startup* de Londres, la cual busca proteger y crear una capa de condicionalidad en pagos globales.

En el ecosistema de emprendimiento, la palabra *fracaso* para muchos puede llegar a dar miedo, sin embargo, debemos reconocer que es una realidad con la que todos los que emprendemos debemos enfrentarnos alguna vez en nuestra trayectoria. Esto no tiene relación con que los fundadores den absolutamente todo de sí mismos. Sin embargo, es cierto que el fracaso siempre está ahí, a la vuelta de la esquina, y no lo digo por sonar pesimista, sino porque emprender es un riesgo constante. Los emprendedores que han fracasado tanto en privado como en público, pero que logran integrar esas experiencias, son los que en lugar de temerle lo aceptan como un proceso natural, e incluso después de esas experiencias abrumadoras se atreven a construir de nuevo.

Por último, me gustaría cerrar con esta cita de Eduardo de la Garza, CEO y fundador de Data Rebels, *general partner* de Blue Zone Ventures: "He aprendido que el mundo tecnológico y de *startups*, las comunidades que se crean dentro de los que habitan en él, te ofrecen tres cosas: No importa tu *background*, mientras tengas algo que aportar a la mesa, serás bienvenido. Es una comunidad ambiciosa, con ganas de crear, cambiar, hacer una distinción y siempre pone al centro el aprendizaje".

Ciclo de vida de una *startup*

Etapa de semilla (pre seed [presemilla] y seed [semilla])

La etapa inicial del ciclo de vida de una *startup* es cuando todavía es solo un pensamiento o una idea. Imagínense a un emprendedor que tiene que elegir una semilla. Está un poco indeciso sobre si elegir una de limón, de mango o de aguacate, pero sabe que una de ellas puede crecer y que dará beneficios a todas las personas con las que busca compartir. Siente la presión de tomar la decisión correcta, pues esa semilla no solo representa un árbol fructífero, sino la esencia misma de su visión emprendedora. Una vez que se decida, necesitará que alguien la riegue hasta que germine…

La etapa *pre seed* es cuando el emprendedor empieza a dar forma a una idea, para desarrollarla y convertirla en un producto o servicio que está buscando solucionar una problemática existente. Para ello necesita un socio que aporte capital y experiencia para desarrollar la idea. Aquí se crea un *producto mínimo viable* (MVP, por sus siglas en inglés) para comenzar a hacer pruebas dentro de un mercado y recopilar información sobre si es viable emprender en ese camino. En esta etapa por lo general no hay clientes, solo inversiones, gastos y pagos. Es como una apuesta hacia el equipo que comienza a germinar la idea. Por ello es importante siempre contar con un *pitch deck*, una breve introducción o presentación de lo que es el negocio, enfocado a los inversores.

La etapa *seed* o *semilla* es la fase más crítica del ciclo de vida de una *startup*, pues es cuando inicia sus operaciones con el lanzamiento del producto o servicio al mercado con el fin de validar tanto el interés de los usuarios como el modelo de negocio. En este momento se consiguen los primeros clientes. En esta etapa aparece el *product market fit* (PMF), en el cual la *startup* deberá comenzar a demostrar que la idea puede validarse en el mercado que desea ingresar.

Las características que definen bien a estas dos etapas iniciales son la incertidumbre, la falta de ingresos y el análisis para delinear perspectivas de éxito de la compañía. De ahí que se le llame *valley of the death* o *valle de la muerte*. Por ello es importante hablar de los actores que abrazan este periodo en primera instancia, es decir, las primeras personas que confían y creen en que tu proyecto puede despegar y apuestan por ellas con inversión. Pueden ser *friends, family and fools* (FFF), ángeles inversionistas, incubadoras, aceleradoras y plataformas de *crowdfunding*.

Ellos formarán parte del crecimiento esencial de la *startup*, ya que generalmente suelen ser más que inversionistas de capital. Es decir, aportan mucho más que dinero a la mesa, ponen sobre ella conocimientos previos, experiencia para compartir, relaciones personales o una gran disposición para crear alianzas y proyecciones para acelerar y ayudar a crecer un poco esa inversión que ya han realizado. En esta etapa, de acuerdo con Gompers y Lemer (2004) y Failory (2020), 90% de las *startups* que no han acudido a financiación profesional fracasa (Kotashey, 2022), de ahí la relevancia del mentoreo y financiamiento desde el inicio del desarrollo de la idea. Seguido a esto, las *startups* pasan por una etapa postsemilla llamada Pre Serie A, en donde se están preparando para la siguiente ronda, la Serie A.

Etapa temprana (early stage) (Series A y Series B)

Una vez que el emprendedor tiene ya la semilla germinada de su *startup* con la ayuda de su ángel o ángeles inversionistas o sus FFF, pasa a la etapa temprana o *early stage*. Aquí las *startups* ya tienen un producto que funciona y se están acercando a la adecuación del producto al mercado (si aún no lo han encontrado). Es posible que tengan algunos clientes satisfechos e ingresos iniciales, pero aún queda trabajo por hacer para validar y escalar el negocio (Y Combinator, s. f.). Están enfocadas en desarrollar y validar el producto, crear y crecer bases de datos, establecer relaciones con inversionistas y crear un equipo fuerte que haga crecer a la *startup*.

Durante esta fase ya se pueden comenzar a realizar algunas aproximaciones sobre cuál será la capacidad futura de generación de recursos de la *startup*. Por lo general es cuando suelen entrar en escena actores como los fondos de *venture capital* y comienza la ronda de financiación Serie A, cuyo objetivo es obtener el empujón definitivo necesario para acelerar exponencialmente la curva de crecimiento de la empresa. Esto significa que la semilla ha comenzado a crecer, pero necesita un fuerte impulso por parte de un *jardinero* que aplique los fertilizantes que el emprendedor necesita y solo ellos saben cuál es. Todo ello para que a la larga la semilla dé muchos frutos que le permitan pagar al jardinero.

Una Serie B es considerada como la segunda ronda de financiamiento con *venture capital*, con la diferencia de que el capital debe ser mayor al recaudado en la Serie A. Aquí ya se comienza a ver la validación del negocio.

Etapa de expansión o crecimiento (growth) (Series C, D, E...)

Según Y Combinator, en esta etapa las *startups* ya saben qué ofrecer y a quién, y ya están listas para escalar. Ahora están enfocadas en aumentar el número de usuarios a tantos como sea posible y en expandir sus recursos y equipo para atender a una base de clientes en crecimiento. Su objetivo es ser capaces de crecer fácilmente. Por ello ya sus estructuras empiezan a volverse más complejas con áreas como ingeniería, producción, operaciones, ventas, marketing, cadena de suministro, etc., y los salarios empiezan a subir hasta acercarse a los de las grandes empresas tecnológicas.

Ahora las *startups* comienzan a planear en una escala más grande por medio de adquisiciones, el desarrollo de nuevos productos o incluso delinear planes de expansión a otros mercados. Aquí el financiamiento de las Series B, C, D y las que se necesiten son clave porque han validado y continúan en un crecimiento agresivo. Algunos ejemplos de Latinoamérica que han alcanzado estas series son: Bitso (Serie C), Clip (Serie D), Konfío (Serie E), Rappi (Serie F), nubank (Serie G), en su caso, hasta llegar a su aclamado IPO.

Etapa de expansión

Durante la etapa de expansión, el enfoque se dirige hacia la búsqueda de nuevos horizontes comerciales, lo cual es fundamental para asegurar la evolución del negocio. En términos generales, se aspira a incursionar en mercados más amplios, lo que conlleva considerar la opción de expandirse a nivel internacional. Además, existe la posibilidad de ampliar la presencia dentro de la misma región, explorando diferentes nichos que podrían incluir la introducción de nuevos productos o servicios complementarios a la oferta existente.

Etapa de salida (exit stage)

Cuando una *startup* alcanza verdadera rentabilidad, genera ingresos por sus propios medios, cubre sus gastos operativos y crece sin depender completamente de financiamiento externo, entonces llegan a la fase del *exit*, es decir, el proceso por el que los fundadores e inversores se retiran y venden sus participaciones, idealmente por un precio mayor al que las adquirieron para obtener retorno de su inversión. De hecho, es ese el momento en que los inversionistas ganan dinero de verdad (Fabrice *et al.*, 2023), de ahí que el *venture capital* sea verdaderamente el arte de tomar riesgos calculados, de medir los tiempos y de apostar por inversiones.

Sin embargo, alcanzar la rentabilidad total es un hito que requiere estrategia, eficiencia en la gestión de recursos y, sobre todo, un modelo de negocio sólido que permita ingresos sostenibles sin estar buscando constantemente financiamiento adicional. Una de las vías de *exit* es la salida a bolsa, que es cuando los fundadores e inversores obtienen beneficios a través de la venta de las acciones de la *startup* en el mercado bursátil. Esta opción es la que siguen los emprendedores que esperan convertir su proyecto en una gran empresa dentro del mercado, pero lamentablemente muy pocas *startups* lo consiguen.

La bolsa de valores es un mercado organizado en donde se venden y compran los valores emitidos por compañías, entre otro tipo de activos. Aquí es donde las empresas pueden *hacer magia* a partir de la emisión de acciones, que básicamente son pequeñas partes de propiedad de la empresa. Al vender estas acciones, las empresas pueden recaudar dinero, que luego pueden usar para crecer, expandirse o financiar nuevos proyectos emocionantes (NU, 2023).

Ahora, ¿quién compra esas acciones? Bueno, ahí es donde entran en juego los inversores. Estos individuos o instituciones que están dispuestos a apostar por el éxito futuro de una empresa compran esas acciones en lo que llamamos el *mercado secundario*, donde las acciones ya no son nuevas, sino que están siendo revendidas por otros inversores. Para facilitar estas transacciones entre compradores y vendedores entran en escena los intermediarios financieros, como los corredores de bolsa. Piénsalos como los *matchmakers* del mundo financiero, pues hacen coincidir a quienes quieren comprar con quienes quieren vender (NU, 2023).

La razón por la que las bolsas de valores son tan importantes es porque son una especie de termómetro económico. Los movimientos en los precios de las acciones y otros valores en la bolsa pueden decirnos mucho sobre cómo está yendo la economía en general. Si los precios están subiendo, puede indicar una economía saludable, mientras que, si están cayendo, podría significar que las cosas no van tan bien (NU, 2023).

Otro tipo de salida es la venta de la empresa a otra por medio de una adquisición. Por ejemplo, Hi Ventures, antes ALLVP, un fondo mexicano de *venture capital* confió en Cornershop e invirtió un primer cheque institucional de 8 millones de dólares, justo cuando la compañía apenas se lanzaba en la Ciudad de México y Santiago de Chile, en 2015. Más tarde, esta *startup* chilena tuvo una exitosa asociación estratégica que le invirtió 250 millones de dólares. Por último, Uber Technologies adquirió 100% de las acciones para que formara parte de su apuesta a largo plazo por el comercio electrónico. Con ello, Cornershop alcanzó una valuación reportada de 3 mil millones de dólares, lo que convirtió la suya en una de las salidas de capital de riesgo más grandes a través de fusiones y adquisiciones en la historia de América Latina (LAVCA, 2021). Hi Ventures recibió por primera vez un retorno de aproximadamente 5× —es decir, cinco veces más de lo que invirtieron—. En palabras de Jimena Pardo (2024), cofundadora y *managing partner* de Hi Ventures:

> ALLVP realizó esta inversión en su Fondo II, es uno de los fondos más exitosos de *private equity*, probablemente el fondo que más ha regresado dinero de *venture capital;* su Cecade (los certificados de capital de desarrollo) ha regresado más de 3.7 veces el valor de lo que han invertido. Es muy importante porque cuando nosotros vemos unicornios y demás, realmente son valuaciones que se ven en papel, que se dan en algunas épocas más buenas y otras en épocas más malas, pero a la hora de que tú hablas de ya regresarle el dinero a tus inversionistas, ya son ganancias realizadas. Este fenómeno pudo suceder gracias a la venta de Cornershop hacia Uber, un gran éxito de México, *este si es un unicornio de verdad*, porque ya lo pagaron a 3 mil millones de dólares, es decir, tres veces un unicornio, los inversionistas mexicanos ya tuvieron su regreso de dinero.

Para Claudio Schlegel (2024), otra forma de hacer un *exit* es que la empresa o un inversionista compren más acciones. Un mecanismo utilizado es el propio capital más deuda para sacar accionistas. Haciendo énfasis en que los fondos de inversión de *venture capital* tienen un periodo de vida de ocho a 10 años, si al finalizar el periodo el fondo aún tiene *equity* de empresas, tiene que salir al mercado a venderlas; ahí se trata de rematarlas o esperar a que llegue un buen postor.

Figura 1.1. El ciclo de financiamiento de Cornershop

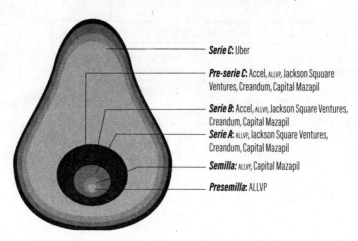

Serie C: Uber

Pre-serie C: Accel, ALLVP, Jackson Squuare Ventures, Creandum, Capital Mazapil

Serie B: Accel, ALLVP, Jackson Square Ventures, Creandum, Capital Mazapil

Serie A: ALLVP, Jackson Square Ventures, Creandum, Capital Mazapil

Semilla: ALLVP, Capital Mazapil

Presemilla: ALLVP

Fuente: LAVCA, 2021.

Otra estrategia con la que los fundadores e inversores de la compañía pueden obtener beneficios son las fusiones. En este caso pueden darse varios escenarios: que dos empresas se disuelvan para crear una nueva compañía, que una absorba a otra dentro de su patrimonio o que una compañía integre parte de otra a una nueva sociedad y esta última siga operando por su cuenta. Por último, es importante mencionar que no todas las *startups* completan al 100% este ciclo de vida.

Financiamiento

Cuando una *startup* nace, en un principio puede perder dinero, después llega a un punto de equilibrio e, idealmente, acelera. Este ciclo va en conjunto con el ciclo de financiamiento de cada una de estas etapas, pues, a diferencia de las empresas tradicionales, por lo general, necesitan inversión de capital privado para sobrevivir. De ahí que entre al juego una serie de actores de diferentes naturalezas que aportan capital a las empresas emergentes.

Figura 1.2. Ciclo de financiamiento de una *startup*

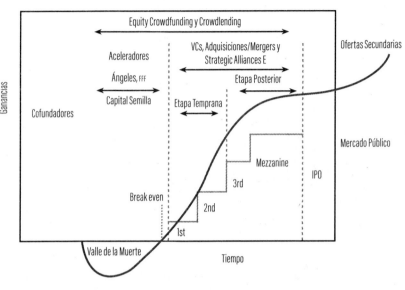

Fuente: Ojeaga, 2015.

Con ello, el fundador tiende a ceder participación de sus acciones con tal de recibir la inversión que le permita apalancarse y crecer. Así lo explica Fabrice Serfati, fundador de IGNIA Capital:

> Si tú tienes un emprendimiento y no has recibido dinero de inversión, el 100% del limón es tuyo. Si le vas a dar a alguien el 10% de lo que tengas, te quedas con menos de con lo que arrancaste, pero ahora escalaste a una naranja. Si después das un 10% más, es un porcentaje, pero de un melón, y así sucesivamente. Conforme van avanzando los emprendedores deben de tener en mente: ¿quiero ser dueño de un 10% de un limón o del 10% de una papaya. Si tu levantas 10 pesos y la compañía vale 1 peso, no es lo mismo que levantes esos mismos 10 pesos y que la compañía valga 100 pesos.

Según Mario García Dávila, a lo largo de su experiencia como inversionista ha encontrado que muchas de las startups *fracasan porque ese ciclo está roto y hay un hueco en el ciclo de financiamiento.*

Friends, Family and Fools (FFF)

A las primeras personas que confían en uno o varios fundadores que deciden entrar al proyecto y apoyar con el primer capital se les conoce como *friends, family and fools* o la *inversión* FFF. El término es un poco sarcástico, pero realmente hace alusión a que hay personas que pueden ser esos *tontos* o *locos* que aportan pequeñas cantidades de dinero sin asumir el enorme riesgo de no ver nada a cambio, pues aún no saben si realmente esa semilla germinará. Por ejemplo, Jesús Martínez, fundador de EnviaFlores.com, comenta que cuando inició el negocio su novia, actual esposa, fue un elemento esencial en cuanto a inversión FFF en los inicios la empresa y quien aun llegó a operar el negocio y lo ayudó a crecer. Incluso Ricardo Amper, fundador y CEO de Incode, empresa unicornio, fue su propio FFF, pues realizó la primera inversión con ahorros propios. No necesariamente tiene que ser un externo, un emprendedor puede ser su propio FFF.

Ángeles inversionistas

Después de los FFF, entran los *ángeles inversionistas*, personas que invierten su propio dinero en *startups* o empresas con alto potencial de crecimiento y estos ángeles pueden *volar* a título individual o en conjunto. El término parece proceder de Broadway, un mundo completamente diferente al que hemos abarcado por este medio. Durante la década de 1970 se utilizaba para referirse a las personas con capital independiente que ayudaban al financiamiento de obras de teatro en etapas iniciales. Los *ángeles* tenían un amplio interés por la cultura y el arte, y estaban dispuestos a correr el riesgo financiero de invertir en producciones teatrales para fomentar la cultura.

Ahora este término se ha adaptado al mundo de los negocios (BBVA, 2023). Por lo general, los ángeles tienen amplia experiencia en el mundo de los negocios o *startups* y diferentes estrategias de inversión, ayudan en la etapa inicial aportando dinero a cambio de cierta participación accionaria con el fin de obtener una alta rentabilidad futura. Pero su aporte va mucho más allá del dinero, pues proporcionan recursos intangibles, como mentoría, experiencia, contactos y relaciones o clientes a empresas emergentes. Pongo el caso de Claudio Schlegel, un destacado ángel inversionista de Latinoamérica. Él también es socio de Podemos Progresar, una empresa que busca ayudar a las mujeres para que inicien o mantengan su propio negocio. Claudio ha invertido como ángel en *startups* como Aplazo y otras 23 más de su portafolio. Esta *startup* mexicana de financiamiento para compras en línea te permite dividir el pago de tus compras en cinco plazos quincenales, opera bajo el modelo *FinTech* de *buy now, pay later* (BNLP). Como inversionista ángel de esta *startup*, Claudio les ha brindado no solo el capital, sino la mentoría y una gran conexión con sus relaciones personales y profesionales. Un caso de éxito es cómo logró impulsar la estrategia de hacer más accesibles los conciertos, al lograr un *deal* con la boletera Superboletos, con la que ya tenía relación anteriormente. Con esta alianza, en solo 10 meses la boletera adquirió 30 mil nuevos usuarios, con lo que llegó a los 2 millones hasta ahora, con un ticket promedio de 2500 pesos. Una enseñanza de que los ángeles inversionistas no solo aportan capital a la mesa, sino experiencia, conexiones y enseñanzas que pueden impulsar a una *startup* en muchos niveles.

Crowdfunding

Las plataformas de *crowdfunding* actúan como financiamientos colectivos online que prescinden de los intermediarios financieros para que los emprendedores puedan obtener un impulso económico a través de donaciones de usuarios, cuya motivación puede ser altruista o a cambio de algún tipo de recompensa relacionada con el proyecto. Este modelo no nada más abarca el ecosistema de emprendimiento y *startups*, también existen algunas que se dedican a fondear proyectos de entretenimiento, investigaciones científicas, moda, cine, teatro o cualquier otra causa con la que sus donantes sientan simpatía y ganas de ayudar. También las hay para las organizaciones sin fines de lucro.

A grandes rasgos existen dos tipos de *crowdfunding*. El primero es financiamiento basado en donaciones o préstamos, en donde el retorno básicamente es el proyecto o producto desarrollado y por lo general se hace con un tipo de interés (*crowdlending*). El segundo es el *crowdfunding* de inversión (*crowdequity*), en donde los iniciantes del proyecto que están buscando este tipo de recaucación venden acciones en forma de participación o deuda. Algunas de las más conocidas son Donadora, Kickstarter y Kubo. Esta última fue la primera comunidad financiera en México especializada en *crowdfunding* y *peer to peer* (P2P) *lending* (Generamas, 2020).

Incubadoras

Las incubadoras son entidades que se dedican a brindar un acompañamiento a los emprendedores y a potenciar su éxito a través de programas de varias semanas. Durante este proceso se les capacita y orienta en conocimientos técnicos y de negocios necesarios para su crecimiento. También puede aportar financiamiento, aunque no es un requisito. Cada vez más los emprendedores mexicanos tienen acceso a incubadoras en diferentes programas y etapas de sus *startups*, lo cual les brinda oportunidades únicas para crecer, conectar con mentores clave y acceder a recursos que les permiten desarrollar sus proyectos de manera más sólida y exitosa.

Incluso las universidades están sumándose a esta tendencia. En Latinoamérica existe Makers Fellowship, un programa educativo y una comunidad completamente gratuita para estudiantes que quieran trabajar en una *startup* de alto crecimiento o fundadores de América Latina menores de 24 años. No son una aceleradora, porque no ofrecen inversión ni piden *equity* a cambio; solo buscan incubar y hacer prosperar ideas de fundadores latinos. Cuentan con mentores como Andrés Bilbao (cofundador de Rappi), Camila Zancanella (cofundadora de Domu), entre más emprendedores que ayudan a estos a comenzar.

En México, puedo mencionar a la Universidad de Monterrey, que cuenta con el Hub de Emprendimiento e Innovación UDEM, en el cual reciben a alumnos que quieran incubar una idea a través de asesorías personalizadas, *networking*, conexión con otras alianzas del ecosistema emprendedor y comenzar a desarrollar esa idea para que se convierta en realidad. Sobre esto, su director Víctor Melgarejo (2023) sostiene que emprender no es fácil, y menos sin preparación. Sin esta, las habilidades pueden bloquearse y complicar el proceso; por ello, considera que es importante este tipo de iniciativas que brindan mentoría y apoyar a los estudiantes a aprender continuamente. El Tecnológico de Monterrey, así como muchas otras universidades a nivel nacional, cuenta también con programas de incubación para *startups* y creación de negocios.

Aceleradoras

Son entidades privadas que invierten en *startups* en etapas iniciales a cambio de *equity* —porcentaje de acciones de la compañía— en la gran mayoría de los casos. Cada una establece su tesis de estructura y de inversión, la duración del programa de aceleración y el porcentaje de participación que solicita. Son llamadas así porque generalmente tienen un modelo intensivo de aceleración de *startups* que abarca de uno a cuatro meses. Este método de inversión se ha vuelto también uno de crecimiento exitoso, por lo que cada vez vemos más casos de *startups* que han pasado por aceleradoras.

Por ejemplo, Y Combinator es una de las aceleradoras más importantes y prestigiosas del mundo de las *startups*. Empresas mundialmente conocidas como Airbnb, Stripe, Twitch, Dropbox, Reddit, entre más han sido aceleradas por Y Combinator. En América Latina hemos visto casos como Rappi (Colombia), Belvo (México), Platzi (Colombia) y Nowports (México), entre muchas otras más. Sin embargo, conseguir financiamiento de Y Combinator no es nada sencillo: los emprendedores pueden aplicar solo durante dos momentos clave en el año, en el *batch* de verano y en el de invierno. Se estima que más de 60 mil empresas aplican cada año, de las que solo aceptan al 3%, menos de los estudiantes que acepta Harvard (Freddier, 2015). En México 95 *startups* aproximadamente han sido aceleradas por Y Combinator.

Decir que pasaste por Y Combinator suena como mágico y abre muchas puertas. Es muy valioso como currículum para las *startups* y por las relaciones que construyen los fundadores en el ecosistema emprendedor, pero la realidad es que no necesitas ser un emprendedor que asistió a Y Combinator para tener éxito. De hecho, existen otras aceleradoras que también pueden apoyar e impulsar proyectos. Una de ellas es 500 Global, antes 500 Startups, pues anteriormente un gran porcentaje de sus inversiones entraba a un programa de 16 semanas llamado Somos Lucha, en el cual realizaron más de 250 inversiones en emprendimientos de toda América Latina.

Cuando Y Combinator se fundó en 2005, su idea original era proporcionar financiamiento y asesoramiento a un pequeño grupo de *startups*. Al día de hoy han respaldado a más de 3 mil compañías y trabajado con más de 6 000 *founders*. Antes invertían 125 mil dólares a cambio del 7% de participación de las *startups*, a través del *Simple Agreement for Future Equity* (SAFE), un tipo de contrato de su invención por el cual un inversionista entrega cierta cantidad de dinero a una *startup* a cambio de la promesa de obtener acciones en el futuro, siempre y cuando se cumplan las condiciones acordadas entre las partes (Thiong'o, 2023).

No obstante, los acuerdos de inversión de las aceleradoras pueden cambiar. El nuevo *deal* vigente de Y Combinator es invertir 500 mil dólares en dos "cajas fuertes separadas". Primero invierten 125 mil dólares en un *post-money safe* a cambio del 7% de la compañía, después añaden 375 mil dólares en un *uncapped safe*, solo con una cláusula de MFN (*Most Favoured Nation*) (Y Combinator).

Otra importante aceleradora es Platanus Ventures, de origen chileno, que invierte a partir de la idea. Al día de hoy, han invertido en 210 emprendedores desde su nacimiento en 2020. Para julio de 2024 el número que buscan es haber invertido en 250. En la actualidad han hecho 93 inversiones, invertido en dos fondos y retornó su primer fondo en un año y medio. Su tesis de inversión es un *deal* fijo de 200 mil dólares por 5.5% de la empresa, pactado con un *post-money safe*. Paula Enei (2023), socia en Platanus Ventures, comenta sobre este proyecto y lo que la aceleradora puede ofrecer a las *startups* latinoamericanas:

> Queremos seguir siendo el primer *ticket* institucional que reciben los fundadores técnicos en Latinoamérica. Nuestro plan es ofrecer el ticket más competitivo de las aceleradoras de Latam. Este ticket permite a los fundadores enfocarse en construir su negocio, buscar *product-market fit*, escalar su empresa y estar en mejores condiciones para levantar su próxima ronda. Siempre estamos completamente enfocados en construir una selecta comunidad de fundadores latinoamericanos.

Por otro lado está Latitud Ventures, quienes tienen un conjunto de soluciones para el apoyo a emprendedores, tanto como aceleradora, como fondo de *venture capital*. Brian Requarth (2023), su cofundador y un respetado inversionista, comenta al respecto: "Latitud comenzó con un enfoque en ayudar a los fundadores. Incluso antes de convertirse en un fondo para invertir en las mejores *startups* en etapa presemilla en América Latina, estábamos obsesionados con aportar valor a los fundadores. Construimos una gran cantidad de buena voluntad mientras ayudábamos a los emprendedores en la etapa más temprana de sus compañías. Esa buena voluntad se convirtió en acceso y ahora Latitud se ha convertido en uno de los inversores en etapa temprana más activos y respetados en América Latina".

Otras aceleradoras importantes en Latinoamérica son Startup Chile, AceleraLatam, IMPACT/LATAM, Emprelatam, Seedstars, Rockstart Latam, Globant Ventures, Newtopia VC, Google For Startups Accelerator, entre muchas otras más.

Capital privado (*private equity*)

Se refiere a una forma de actividad financiera en la que una entidad o grupo de inversión privado adquiere y gestiona diversas empresas, tanto públicas como privadas, con el fin de venderlas posteriormente en su totalidad o en parte y así obtener beneficios. No hay ninguna participación del gobierno. En palabras de Claudio Schlegel (2023), "es un fondo que consta de un equipo de especialistas que administran fondos que inversionistas han depositado para sus recursos. Se dedican normalmente a comprar empresas ya consolidadas y tienen diferentes estrategias de consolidación, de economías de escala, de compra y venta de empresas, haciendo dinero de diferentes formas y con diversas estrategias".

Su funcionamiento es así: una firma invita a grandes inversionistas (tipo *family offices*, afores, oficinas de *wealth management*, fondos soberanos, etc.) a que destinen una determinada cantidad de dinero a su fondo, y el equipo utilizará esos recursos para comprar empresas (o participaciones en estas). La idea es que dichas empresas subirán de valor gracias a la implementación de sus estrategias y entonces la firma venderá su participación en la empresa adquirida a un precio muy superior que al que la compró. Los inversionistas suelen esperar un retorno superior al 20% anual (Lankeanau, 2023).

Existen diferentes tipos. Algunos de los más comunes en México y Latinoamérica son firmas de *private equity* y fondos de *venture capital*. La diferencia es que pertenecen a diferentes etapas de la vida de una compañía. Un ejemplo es Discovery, un fondo de *private equity* nacido en la Ciudad de México en 2003.

Capital de riesgo (*venture capital*)

Un fondo de *venture capital* es un intermediario y es un tipo de *private equity*. Su objetivo es respaldar el desarrollo de compañías emergentes, proporcionándoles financiamiento, orientación estratégica y acceso a una red de contactos invaluable. Para ello levantan dinero de *limited partners* (LP) y cuya administración es liderada por *general partners* (GP) y lo invierten en empresas con base en diferentes tesis de inversión y construcción de portafolio, las cuales involucran distintas verticales, como industrias, geografías, etapas de crecimiento, modelos de negocio y más. El fin es obtener rendimientos significativos de dichas inversiones en empresas con potencial de crecimiento excepcional, de manera que los grandes éxitos compensen las pérdidas de las inversiones menos costosas (Fabrice Serfati, 2023).

En otras palabras, para Mariano González Vasconcelos, *general partner* de MGV Capital (2023), "en su forma clásica, un fondo de *venture capital* es una empresa que provee de financiamiento y asesoría estratégica a compañías emergentes con un alto potencial de crecimiento, pero con un perfil de riesgo mayor al que las instituciones financieras tradicionales están dispuestas a respaldar. Históricamente, los fondos de capital emprendedor han generado, en promedio, más del doble del retorno generado por el índice Standard & Poor's 500 (S&P 500)".

Según el Silicon Valley Bank (2021), cuando se decide invertir en una *startup* mediante financiación de *venture capital*, se realiza una transacción donde se intercambian fondos (dinero) por acciones de la empresa. A diferencia de un préstamo bancario convencional, no se espera que este capital sea reembolsado siguiendo un calendario establecido. Los inversores de *venture capital* suelen tener una perspectiva a largo plazo, buscando obtener rendimientos significativos en caso de que la empresa sea adquirida o salga a bolsa en el futuro.

Sin embargo, las *startups*, por naturaleza, son una clase de activos que siempre están en riesgo y obtener financiación de capital de riesgo de ninguna manera garantiza que una *startup* en particular vaya a tener éxito. De ahí que se basen en el *cap table*, un documento que refleja en todo momento la estructura actual de capital de la compañía y que permite analizar el impacto de futuros movimientos (cuando se den nuevas rondas de financiación) sobre la misma.

Ahora, a simple vista, pueden confundirse los *private equity* con los *venture capital*. En el cuadro 1.2 plasmo sus diferencias:

Cuadro 1.2. Diferencias entre *private equity* y *venture capital*

PRIVATE EQUITY	PUNTO DE DIFERENCIACIÓN	VENTURE CAPITAL
Pueden firmar compañías de muchas industrias.	Tipo de compañías	Enfoque en startups.
Adquiere habitualmente la mayoría del capital, este capital de riesgo requiere una mayor capacidad de valor corporativo.	Porcentaje adquirido	Por lo general tienen participaciones minoritarias en empresas de etapa temprana.
Utilizan *equity* y deuda.	Estructura	Solo utilizan *equity*.
Compran participaciones de empresas que ya tienen modelos validados.	Etapa	Entran sobre todo en etapas tempranas (*early stage*) y algunas veces en *pre-revenue*.

Fuentes: Baker Tilly GDA, Gupta (2021), Lankenau (2023).

Venture debt

Mientras el *venture capital* se obtiene de capital de inversores que quieren una participación de la empresa, una alternativa es el *venture debt*. Se refiere a un préstamo de capital para financiar el crecimiento de una *startup*. Algunas de las modalidades que destacan son líneas de crédito, préstamos a plazos fijos o financiamiento de equipo. A comparación con los créditos tradicionales, este tipo de deuda ofrece términos más flexibles que se adaptan al ciclo de vida y a las necesidades de las *startups*.

En Latinoamérica, algunas *startups* con estatus de unicornio recurrieron a esta alternativa. En México, Clara recibió financiamiento del banco de inversión Goldman Sachs por 50 millones de dólares con la opción de incrementar a 150 (Estrada, 2022) y Kavak obtuvo 810 millones de dólares por parte de las instituciones bancarias HSBC, Goldman Sachs y Santander (Noguez, 2022). En Colombia, RappiPay, la *FinTech* de Rappi, obtuvo un crédito sindicado de 100 millones de dólares, otorgado por los bancos Bancolombia, Banco de Bogotá, Davivienda e Itaú (Fredes, 2022). En

2022 el *venture debt* alcanzó su punto máximo histórico en la región con 3 billones de dólares en 100 *deals*, lo que representa 37% del total de *venture capital* y *growth equity* en la región (Castellanos, 2023).

Bootstrapping

Hay casos de *startups* que han logrado crecer sin capital ni inversiones gigantescas y que hoy en día se han convertido en empresas rentables. A esta forma de crear una empresa y hacerla crecer con poco capital, usando fondos que no vienen de inversionistas, se le conoce como *bootstrapping*. El término se ha utilizado en una variedad de contextos a lo largo de los años, pero la idea básica es siempre la misma: empezar desde cero y utilizar tus propios recursos para construir algo exitoso (Faster Capital, 2023). Este dinero puede salir de los bolsillos del fundador o de las ganancias que las mismas operaciones vayan generando poco a poco.

2
EL FENÓMENO DE LOS UNICORNIOS

"No se trata de una criatura mitológica, sino del crecimiento
de las *startups* dentro del mundo de los negocios".
—Clara (2021)

Lo primero que viene a mi mente cuando pienso en un unicornio es un animal tan precioso que no lo podría visualizar en la tierra, de un color blanco que incluso tiene diferentes tonalidades color pastel y con un brillo que sería indescriptible para el ojo humano. Me sorprendería el largo de su cuerno, pensaría que es de marfil o quizá de algún material inexistente y demasiado precioso, algo difícil de encontrar, algo que tal vez no existe, ni existió nunca. Aunque hay personas que afirman y creen en la existencia de este ser, nuestros ojos jamás lo han visto y seguramente nunca lo verán, pero la historia y la mitología nos han contado repetidamente sobre esta fantasía.

La figura del unicornio tiene una infinidad de significados en diferentes culturas e ideologías. Hay representaciones de esta criatura mágica en regiones tan distantes como Mesopotamia, India, China, Chile o Grecia (*Encyclopedia Britannica*, 2023). A lo largo de la historia ha sido fuente de misterio e inspiración para teólogos, poetas, pintores, escultores, naturalistas, alquimistas, psicólogos, historiadores, entre muchos más. Lo podemos encontrar plasmado en pinturas reconocidas como *Dama del unicornio* del italiano

Rafael Sanzio (1483) o *Les Licornes* del pintor francés Gustave Moreau (1880).

Podríamos adentrarnos en un fascinante viaje a través de la historia, el arte y la cultura explorando la simbología de los unicornios, sin embargo, dirijamos toda nuestra atención hacia un terreno más contemporáneo y en el universo del ecosistema emprendedor.

El ADN de los unicornios

Las empresas que alcanzan el estatus de unicornio son aquellas que logran obtener una valuación de mil millones de dólares o más durante su etapa de lanzamiento al mercado, sin antes haber abierto su oferta en la bolsa de valores, y son empresas privadas. Son como una raza distinta de nuevas empresas: no se definen simplemente por su tipo de negocio o industria, sino por un conjunto de características compartidas que las distinguen:

- **Empresas jóvenes y privadas.** Son compañías privadas emergentes que han sabido aprovechar nichos de negocio que no habían sido explotados. Generalmente no tienen más de 10 años en operaciones. Aunque la edad de los fundadores no es regla, se estima que en su gran mayoría son empresas fundadas por equipos cuya edad promedio es de 34 años (iProUP, 2021).
- **Valuación de mil millones de dólares o más (en Estados Unidos un billón de dólares).** Esta valoración a menudo se basa más en el potencial de crecimiento y rentabilidad futuros de la empresa que en su desempeño financiero actual. Los inversionistas confían en que cambiarán industrias y generarán grandes ganancias. Estas valoraciones se determinan por rondas de inversión donde se fija el precio de las acciones (Tamplin, 2023).
- **Tecnología e innovación disruptiva.** Alteran mercados existentes o incluso crean otros a través de la innovación. El uso de la tecnología es requisito. Aprovechan los avances tecno-

lógicos para desarrollar productos o servicios superiores o entregar productos o servicios existentes de una manera novedosa, más eficiente o amigable para el cliente (Tamplin, 2023).

- **Crecimiento rápido y acelerado.** Tienen una capacidad de crecer rápidamente, debido en gran medida a sus ideas, productos o servicios innovadores que resuelven problemas importantes o llenan vacíos en el mercado (Tamplin, 2023).

Alcanzar el estatus de unicornio es una hazaña poco común. Para convertirse en un unicornio, las empresas deben tener una idea innovadora, una visión clara de crecimiento y un plan de negocios sólido, así como una forma viable de hacer llegar su mensaje a los fondos de *venture capital* y a los inversores privados. Las *startups* necesitan recaudar capital privado en la gran mayoría de los casos, y se someten a varias rondas de inversión a medida que progresan y crecen; estas rondas se pueden clasificar en etapas: *Pre seed* (presemilla), *Seed* (semilla), Serie A, B, C, etc. En cada ronda, a menudo se suman nuevos inversionistas, lo que aporta capital adicional a la mesa. Es importante destacar que hoy en día no existen cálculos reales para las valoraciones de las empresas emergentes: las cifras se basan principalmente en el potencial de una empresa y en esencia son simplemente un estimado.

Dentro del ámbito de las *startups*, en las etapas de recaudación de capital la valoración emerge como un tema crucial de debate. Los inversionistas se ven en la necesidad de llegar a un consenso sobre el valor que deberían atribuir a las acciones de la empresa. Esto se refiere a la estimación del valor de una empresa, ya sea actual o futura, y toma en cuenta factores como la estructura de capital y la proyección de ganancias futuras, entre otros. De hecho, la valoración de una empresa en cada etapa es un reflejo de varios factores, como la tasa de crecimiento de la empresa, el tamaño del mercado al que se dirige, su posición competitiva y su potencial de rentabilidad, el perfil de riesgo y rentabilidad de la empresa, según las opiniones de los inversores (Startupeable, 2023).

Dado que todos los unicornios son *startups*, su valor se basa principalmente en su potencial de crecimiento y desarrollo esperado. Pero hay algo muy importante que destacar: la valoración de estos unicornios no está directamente relacionada con el desempeño financiero real u otros datos fundamentales. Por ello, muchas de las *startups*, unicornios o no, aún no alcanzan la rentabilidad (*profitability*).

Como ejemplo está el caso de Snapchat, la red social fundada por Evan Spiegel y lanzada en 2011. Todos utilizábamos Snapchat hasta que su tecnología comenzó a llamar la atención de Mark Zuckerberg, quien emuló varias de sus funciones en Instagram. Entonces Snapchat comenzó a perder usuarios y a vivir un proceso de desaceleración. Según analistas de Wall Street, la compañía triplicó sus pérdidas hasta los 443 200 millones de dólares en el primer semestre de 2017.

La mayoría de los unicornios no cruza el umbral de los mil millones de dólares de la noche a la mañana, aunque algunos lo hacen rápidamente después de la concepción, y cada uno tiene diversos secretos que puso en práctica y modalidades para haber recaudado capital privado y haber escalado hacia grandes valuaciones. Por ejemplo, en México, Clara ha sido el unicornio que más rápido ha alcanzado este estatus, tan solo en ocho meses (*El Financiero*, 2021). Cada unicornio ha ido escalando a su manera, con sus propias tesis, prácticas y experiencias.

Cuando una empresa entra a la bolsa de valores pasa de ser una empresa privada a ser una empresa pública. Esto tiene varias implicaciones. Por un lado está el requerimiento de ser transparente en lo que respecta a su información financiera y a la forma en la que operan, pues se encuentran bajo una regulación más estricta por parte de las autoridades financieras. Por otro lado, cotizar en la bolsa también significa que aumentan su capacidad de recaudar capital. Esto permite que sigan invirtiendo en su crecimiento. Estar más vigiladas por autoridades financieras les asegura a los clientes que las normativas se cumplen con estricto apego a la regulación, lo que se refleja en prácticas éticas y responsables (Nu, 2023). Asimismo, la transparencia es un requisito clave, pues están obligadas a publicar sus estados financieros.

Por ejemplo, Nu, el neobanco brasileño que apuesta por la inclusión y educación financiera, tardó aproximadamente siete años en su entrada a bolsa de valores (en 2021), pero marcó un momento importante en su historia, pues pasó de ser una *startup* pequeña proveniente de São Paulo, a una empresa pública con operación y oferta de servicios en México, Argentina y Colombia. A través de su página oficial explican detalladamente a sus clientes qué significa ser una compañía pública y qué datos podríamos conocer sobre ellos de ahora en adelante: "Después de la OPI, Nu se transforma en una empresa más transparente y con mayor capital que cotiza en bolsa, con un mayor alcance para llevar nuestra misión a más personas: democratizar el acceso a los servicios financieros y ayudar a millones de personas a tomar el control de su dinero. La OPI solo reitera el compromiso de Nu con sus clientes".

Las *startups* de alto crecimiento con grandes valuaciones han existido ya desde hace tiempo, pero el término *unicornio* es relativamente nuevo. Surgió en 2013 gracias a la terminología acuñada por Aileen Lee, fundadora y socia de Cowboy Ventures, una firma de *venture capital* ubicada en Palo Alto, California. Este término cobró relevancia gracias a su artículo "Welcome to the Unicorn Club: Learning from Billion-Dollar Startups" publicado en Tech-Crunch, una de las plataformas más influyentes en cuanto a opiniones, noticias y análisis en el ámbito tecnológico, de startups y negocios (Lee, 2013).

También habla de "El club de los unicornios", una lista de empresas tecnológicas que alcanzan un valor superior a los mil millones de dólares estadounidenses o más sin cotizar en bolsa (véase el cuadro 2.1). En ese entonces, Aileen encontró 39 unicornios que cumplían con los requisitos que se mencionan. Asimismo, detectó qué es lo que tenían en común: la década de los sesenta marcó la era de los semiconductores, en los años setenta nació la computadora personal, en los ochenta surgió un nuevo mundo enfocado en las en redes, la década de los noventa el nacimiento de la red moderna y el *boom* de las puntocom, y a partir de la década de los 2000 se construyeron nuevas redes sociales. Es decir que lo que une y ha impulsado a los unicornios más exitosos del mundo es que cada uno ha nacido en el comienzo de nuevas tecnologías.

Cuadro 2.1. El club de los unicornios

DÉCADA	TECNOLOGÍA DE CONDUCCIÓN	SUPERUNICORNIOS
1960	Semiconductor	Intel
1970	Computadoras personales	Apple, Microsoft, Oracle
1980	Networks	Cisco
1990	Internet	Google, Amazon
2000 - en adelante	Redes sociales	Facebook (Meta)

Fuente: Lee (2013).

El interés alrededor de los unicornios no solo está en las compañías en sí, sino también en quiénes están detrás de ellas; es decir, sus fundadores. El estudio "Unicorn Founder Pathways", realizado por Endeavor Insights (2023), la línea de investigación de Endeavor, desglosa las trayectorias de 200 fundadores que han llevado a sus empresas a alcanzar el estatus de unicornio, sobre todo en Estados Unidos. Algunos datos interesantes dentro de este estudio son los siguientes:

- Solo 33% de los fundadores principales de unicornios han obtenido su licenciatura en una universidad de élite, lo que sugiere que no son tan frecuentes como se suele creer.
- La mayoría de los fundadores contaba con experiencia previa en el ámbito laboral, ya sea en otras empresas emergentes o en áreas vinculadas a la tecnología.
- Estos son emprendedores en serie; al menos 49% tenía experiencia previa en la fundación de empresas o en el camino del emprendimiento antes de establecer una empresa unicornio.
- La mayoría de los fundadores tuvo al menos 10 años de experiencia, después de estudiar una licenciatura, con una gran

construcción de relaciones a lo largo de los años. También se detectaron amplias habilidades, entre las que destacan finanzas, consultoría, desarrollo empresarial o marketing.

- El 61 % de los fundadores tiene estudios universitarios relacionados con ciencias de la computación, ingeniería eléctrica y matemáticas.

Diez años después de esta aclamada publicación por TechCrunch, Lee vuelve con el artículo "Welcome Back to The Unicorn Club: 10 Years Later" (2024), donde hace un análisis de qué habría pasado en la última decada en cuanto a unicornios en Estados Unidos. Esto fue lo que Aileen rescata como lo más relevante:

- El número de unicornios estudiados pasó de 39 a 532, con lo cual se amplió la gama y los sectores hacia los que van enfocados. Este crecimiento se debe a que las empresas comenzaron a apostar por *software* empresariales.
- En 2013 había al menos 850 fondos activos; hoy en día identificaron a más de 2 500.
- La eficiencia del capital disminuyó de manera abrupta.
- Aclaman a OpenAI como un probable superunicornio de la década y la inteligencia artificial como la supertendencia a nivel mundial (se rumora que su valuación es de cien mil millones de dólares).
- Bautizan a los unicornios valorados por última vez en 2020 y 2022, cuando los múltiplos eran extremos y las tasas de interés marcaban a ceros, como *unicornios* ZIRP, *ZIRPicorns* o *papercorns*. Los define como una "manda inflada".
- Los superunicornios pueden ayudar a crear y alterar nuevas categorías. Por ejemplo, Netflix, que tiene un valor más grande que Comcast, Paramount y Warner Bros juntos; así como Tesla, cuyo valor es más alto que el de los cinco fabricantes de autos públicos juntos.
- Convertirse en un unicornio en una etapa temprana podría ser una maldición.

Algo que ha contribuido al *boom* de los unicornios a nivel mundial es la creación de emprendimientos que después crearán más emprendimientos, por consecuencia crearán más empleos y conexiones. Los mismos empleados, colaboradores y cofundadores aprenden tanto dentro de una compañía que después se lanzan a fundar otras compañías con los aprendizajes adquiridos y puestos en marcha. Es un ciclo interminable con un efecto exponencial que les ha valido el nombre de mafias, pero del mundo del emprendimiento de *startups*.

El término surgió a partir de la historia de PayPal. Los cofundadores y algunos empleados clave después de su paso por la empresa fundaron, invirtieron o fueron piezas clave para desarrollar empresas tecnológicas de gran impacto, por ejemplo: Tesla, SpaceX, Yelp, LinkedIn, YouTube, Reddit, Quora, Pinterest, entre otros. De ahí que a este fenómeno se le llame la *PayPal Mafia*.

Otra mafia igual de popular es la de Twitter. Un total de 15 compañías han sido fundadas por cofundadores de la red social antes de su salida a bolsa. Una de las que más éxito ha tenido es Square, la plataforma de pagos ideada por Jack Dorsey; Jelly, fundada por Biz y Medium, fundada por Evan Williams, entre otras (Startupeable, 2023).

Si hablamos de América Latina un ejemplo perfecto es Mercado Libre, compañía que ha inspirado a más de 90 antiguos empleados a fundar ellos mismos sus propios proyectos. Los fundadores han proporcionado mentorías a emprendedores e invertido directamente en más de 20. Incluso el cofundador Hernán Kazah creó Kaszek Ventures, una firma de *venture capital* que ha financiado no menos de nueve empresas unicornio y alrededor de 100 más en su portafolio general. Es decir, pasó de cofundador de la compañía que proyecta unos 50 mil empleados en 2023 a cazador de emprendedores. En México, Kaszek Ventures ha invertido en unicornios como Bitso, Kavak, Konfío y Clara.

Este mismo concepto de las mafias también se quiso aplicar a *startups* latinoamericanas, como a Rappi, el primer unicornio colombiano. Muchos de sus excolaboradores y equipos fundadores se hacen llamar la Rappi Mafia. Según datos de la propia compañía, sus exempleados han creado 46 startups en Colombia, 23 en México, 20 en Brasil, nueve en Argentina, seis en Chile, dos en Perú y una en Uruguay (Riquelme, 2022).

La esencia del término *unicornio* en los negocios nace debido a la comparación con las criaturas mitológicas que conocemos, ya que son "únicas" y "especiales". Lo que Aileen (2013) quería decir es que, dentro del mundo de los negocios, también las hay: compañías únicas y especiales, que han tenido la naturaleza transformacional de convertirse en algo más, en una organización con un amplio crecimiento y escalabilidad, o al menos es lo que se espera de los unicornios. "Sí, sabemos que el término *unicornio* no es perfecto (los unicornios aparentemente no existen, y estas empresas sí), pero nos gusta el término porque para nosotros significa algo extremadamente raro y mágico" (Lee, 2013).

Quizá ella no tenía idea del impacto que tendría incorporar esta palabra mística y prometedora al vocabulario del mundo de las *startups*, ni mucho menos que vendría a causar una revolución dentro de la burbuja de Silicon Valley, en el área de la Bahía de San Francisco, California, el Disneyland de los emprendedores y startuperos. Sin embargo, el efecto se esparció por el mundo entero. Los medios de comunicación comenzaron a referirse al término: tan solo en 2014 aproximadamente 78 artículos de *The New York Times* incluyeron la palabra *unicornio* en todas sus notas editoriales (Bivens, 2020). Fondos de *venture capital*, inversionistas, fundadores de *startups* y más activos del ecosistema prestaron atención inmediatamente a esta nueva terminología que nacía y bautizaba a empresas que ya existían y a otras que estaban a punto de nacer. Fue como haber creado algo desde cero, darle sentido y vida a un nuevo capítulo en el mundo de las *startups*.

La palabra *magia* describe tal cual cómo veo el mundo del emprendimiento: mágico. Sé que algunos no estarán de acuerdo con estas palabras, pues tienden a ver el ecosistema más basado en números, análisis y otras temáticas sumamente importantes de negocios, sin embargo, he distinguido que todos tienen sus opiniones y la mía es que es mágico, con contrastes color pastel y oscuros; pura magia.

Estampida de unicornios

Es difícil saber con exactitud cuál fue la primera empresa unicornio en el mundo. Brett Bivens (2020), escritor, investigador e inversionista de la firma de *venture capital* Tech Nexus, centrada en empresas que catalizan la transformación industrial digital, en su artículo publicado en *Medium* "The World First Unicorn", menciona que la primera empresa en ser unicornio nació alrededor de 1901 (Bivens, 2020):

> Estaba John Pierpont Morgan, que entró en la industria del acero unos años antes de la fundación de U. S. Steel y es más conocido por la enorme firma financiera que ahora lleva su nombre, así como por su rescate de la economía estadounidense durante el pánico de 1907. También estuvo Andrew Carnegie, quien fundó Carnegie Steel en 1873 y acordó ser comprado por Morgan por poco menos de 500 millones de dólares en bonos y acciones de la recién creada U. S. Steel para retirarse a una vida de filantropía. Además, dos Rockefeller, Marshall Field y Charles M. Schwab ocuparon asientos clave en la mesa durante los años de formación del negocio.

Algunos dicen que el primer unicornio que existió en el mundo pisando terreno fue PayPal. Ojo, no siempre se llamó así: nació en 1998 como Confinity, fundada por Max Levchin, Peter Thiel y Luke Nosek en Silicon Valley. Aquí es donde casualmente aparece Elon Musk, cofundador de X.com, un banco de internet que más tarde se fusionó con Confinity y cambió de nombre a PayPal. (Querido Elon Musk, ahora entiendo por qué cambiaste el nombre de Twitter a X, aquí hay historia).

PayPal Holdings Inc. salió a bolsa en el NASDAQ en 2002 con 5.4 millones de acciones a un precio de 13 dólares por unidad durante la *oferta pública inicial* (OPI o IPO, por sus siglas en inglés). Su capitalización de mercado ascendía a casi 800 millones de dólares en ese momento (Roboforex, 2023). En ese mismo año, eBay compró PayPal mediante una adquisición de acciones por alrededor de 1 500 millones de dólares. En 2015, ambas compañías se separaron y se convirtieron en empresas independientes de nuevo (*El Mundo*, 2022). No obstante, antes de ser comprada por eBay, PayPal había alcanzado una valuación de más de mil millones de dólares por sí misma, lo que "la convertiría en uno de los primeros ejemplos destacados de empresas unicornio"; sin embargo, es una teoría.

En el famoso artículo de Lee (2013), destaca que tres empresas de consumo han sido los *superunicornios* de las últimas dos décadas: Facebook, Google y Amazon. De ellas, la primera sería una de las primeras empresas en ser considerada como "el superunicornio de la década", ya que llegó a alcanzar una valuación de 100 mil millones de dólares. Ahora en esta nueva versión (2024) propone a OpenAI como el superunicornio de la década.

OpenAI, ¿el superunicornio de la década?

El viernes 17 de noviembre de 2023 ocurrió un acontecimiento que movió por completo el mundo de las compañías tecnológicas y que considero un privilegio poder contar en este libro: OpenAI, la compañía detrás del popular modelo de inteligencia artificial (IA) ChatGPT emitió un comunicado oficial titulado "OpenAI anuncia transición de liderazgo" con el encabezado: "Mira Murati, directora de tecnología, nombrada CEO interina para dirigir OpenAI; Sam Altman deja la empresa. Proceso de búsqueda en marcha para identificar sucesor permanente". El consejo directivo de OpenAI removió de su cargo como CEO a Sam Altman por "no ser constantemente sincero en sus comunicaciones con la junta directiva, por lo que no podía ejercer sus responsabilidades".

Me recordó mucho a ese momento impactante que marcó la historia de las compañías modernas, cuando Steve Jobs fue removido de la misma empresa que él había fundado en 1985. ¿La historia se repite?

Todo fue tan sorpresivo que el mundo estaba en *shock* y no lograba entender este acontecimiento. En cuestión de horas la situación se convirtió en algo tan caótico que se destacó en redes sociales como "The OpenAI Drama".

Al día siguiente Sam Altman volvió a visitar las oficinas, sin embargo, las discusiones parecen no haber llevado a ningún lado: se informa que Altman no regresará como CEO de OpenAI. Era como seguir verdaderamente un capítulo de la exitosa serie *Succession* de HBO Max. Sin embargo, más allá del drama, esto movía no solo una industria, sino los mercados públicos, y es a donde quiero llegar.

Lo que conocemos hoy en día como OpenAI es un laboratorio de investigación e implementación de IA que realiza investigaciones e implementa aprendizaje automático. Según Novet y Kolodny (2018), uno de sus fundadores fue Elon Musk, dueño de Tesla y SpaceX, en conjunto con Sam Altman, expresidente de Y Combinator en conjunto con otros personajes de Silicon Valley, como Peter Thiel, cofundador de PayPal; Reid Hoffman, cofundador de LinkedIn; Greg Brockman, quien sería presidente de OpenAI, y Jessica Livingston, cofundadora de Y Combinator, entre otros involucrados. En cuanto a inversionistas tiene a Reid Hoffman, cofundador de LinkedIn, y fondos de capital privado como Khosla Ventures, Sequoia Capital, Tiger Global Management, K2 Global, Wisdom Ventures, Andreessen Horowitz (a16z), Thrive Capital, entre otros.

Al comienzo era una organización sin fines de lucro que buscaba crear una inteligencia artificial amigable y fácil de usar para la humanidad. Más tarde la empresa declaró que publicaría sus investigaciones y patentes para colaborar con otros en la industria, con lo cual se convertía en un híbrido en cuanto a estructura organizativa. En 2016 lanzaron OpenAI Gym, para medir y entrenar la inteligencia general de una IA en sitios web, juegos y otras aplicaciones (Novet y Koldny, 2018).

Tiempo después, Elon Musk se divorciaría de este proyecto, renunciando a la junta directiva en 2018. Un año más tarde Musk admitió que renunció porque no estaba a favor de aspectos de lo que el equipo de OpenAI quería lograr, dejando muy en claro "que la inteligencia artificial (IA) era potencialmente más peligrosa que las armas nucleares" (Novet y Koldny, 2018). Incluso este 2024 Elon Musk presentó una demanda contra OpenAI.

OpenAI se ha convertido en una empresa líder en IA gracias a la financiación que ha recibido de varios inversores y a la calidad de sus productos. Sin embargo, para que sus sistemas de inteligencia artificial funcionaran, era necesario usar una supercomputadora que le proporciona Microsoft. En 2019 las dos empresas formaron una alianza para el desarrollo de las herramientas que cautivaron al mercado. En ese momento la empresa fundada por Bill Gates inyectó a la organización mil millones de dólares.

Unos años después, en 2023, Microsoft y OpenAI vuelven a crear una tercera fase de asociación para facilitar que los desarrolladores y las organizaciones de todas las industrias tuvieran acceso a la mejor infraestructura, modelos y cadenas de herramientas de IA con Azure para crear y ejecutar sus aplicaciones. Aunque en el comunicado Microsoft no detalla el monto, se estimó que la inversión de OpenAI rondaría aproximadamente los 10 mil millones de dólares (News Center Microsoft Latinoamérica, 2023).

¿Qué significaba esto en el momento en el que la bomba del comunicado sobre la salida de Sam Altman explotara? Un riesgo para los inversionistas y los mercados financieros, ya que Microsoft posee 49% de OpenAI, después de haber invertido un aproximado de 13 mil millones de dólares en la empresa (Seitz, 2023). A pesar de que OpenAI sigue siendo una empresa privada y no cotiza en bolsa, las acciones de Microsoft al momento de saberse la noticia de la salida de Sam Altman como CEO y que después Greg Brockman se sumara a dejar su puesto como presidente dentro de la compañía no fueron de gran beneficio para ellos, hasta que sucedió algo que nadie esperaba.

El mundo de los negocios y mercados financieros estaba a la expectativa de qué sucedería. Los titulares comenzaron a anunciar: "Microsoft ficha por sorpresa a Sam Altman", "Microsoft roba a Sam Altman de OpenAI" (Isaac *et al.*, 2023), entre muchos otros encabezados.

Mientras escribo esto y consulto en Google acerca de la situación actual, se me ocurrió escribirle a Vicente Plata (2023), a quien descubrí hace algunos años a través de X, mejor conocido como el exTwitter, un creador de *software*, que justamente trabajó en Microsoft como *security engineer*, en Office 365 y *software engineer* en MSN. ÉL me describió en su manera detallada esta movida: "Microsoft invierte en OpenAI por diferentes motivos, uno de ellos es para validar Azure, el siguiente sería para tener licencia sobre OpenAI para sus propios productos, pero una de las más importantes es esperar tener un retorno de inversión eventualmente derivado de una salida a la bolsa, con la valuación que mantiene OpenAI aproximada de 90 mil millones de dólares. Además todo esto se invalida si OpenAI no funciona, sino que competidores por la carrera de la inteligencia artificial como Google con Gemini, Facebook con Meta Llama o el mismo Elon Musk con xAI podrían adelantarse. De ahí lo brillante de la estrategia de sumar a Sam y el resto del equipo; proteger la inversión y hacerla propia".

El 20 de noviembre de 2023, la historia ha sido sellada con la contratación directa en Microsoft de Sam Altman. Después de ese fichaje estrella, las acciones de Microsoft (MSFT) se han disparado, alcanzando un máximo histórico de 378.81 dólares (un 2.05%) (Isaac *et al.*, 2023). Por otro lado, más de 500 empleados han firmado una carta y amenazado con renunciar para unirse a Sam Altman en el nuevo proyecto con Microsoft, a menos que la junta directiva de la empresa renuncie y se vuelva a nombrar al CEO destituido.

Esta serie de eventos que acontecieron en apenas un fin de semana ha desmentido el mito generalizado de que el liderazgo de las compañías es a prueba de balas, que todo puede pasar de la noche a la mañana en el mundo de las *startups*, *scaleups*, unicornios y empresas tecnológicas. Nada está escrito sobre piedra. Que los inversores y aliados estratégicos siempre buscarán proteger su inversión, que nadie es inmune a las crisis corporativas.

La IA dio a luz a 13 unicornios alrededor del mundo, según el ranking elaborado por CB Insights, entre los cuales en su mayoría alcanzaron el estatus en los últimos 12 meses, encabezados por OpenAI como el unicornio de inteligencia artificial más valioso de todos los tiempos. Ello da muestra del entusiasmo de los inversionistas para el desarrollo de herramientas basadas en IA. Este listado también reconoce a Anthropic, Cohere, Hugging Face, Lightricks, Runway, Jasper, entre otros más.

Una muestra de que los unicornios también pasan por pruebas de fuego y que el estatus de unicornio no es el camino final, ni el éxito de la compañía. Esto me recuerda a una frase de Claudio Schlegel (2023): "Los unicornios no solamente necesitan ser creados, necesitan ser alimentados, la valuación no es el significado literal del éxito".

En 2024, después de todo el drama de OpenAI, Sam Altman regresó a la compañía. No nos queda de otra más que vigilar de cerca lo que pase con OpenAI. Seguramente tendrá muchas más controversias en el mundo de la inteligencia artificial. Al cierre de esta edición aún no lo sabemos.

Para noviembre de 2023, según la consultora CB Insights y el estudio "Los unicornios de mayor valor" publicado por Statista (Mena, 2023), así como "The CrunchBase Unicorn Board" por Crunchbase (2023), Byte Dance, la empresa china dueña de TikTok, es la que lidera el ranking de las empresas unicornio con mayor valor en el mercado de todo el mundo. Su valuación se estima en 225 mil millones de dólares. Seguida de esta encontramos a SpaceX, la empresa estadounidense de fabricación aeroespacial fundada por Elon Musk, cuyo valor se estima en 180 mil millones de dólares (Ray, 2023).

En esta lista continúan empresas como: Shein (plataforma de comercio electrónico), Stripe (empresa de tecnología financiera que ofrece una plataforma de pagos en línea diseñada para facilitar transacciones financieras en internet), DataBricks (plataforma basada en la nube para la gestión y el análisis de datos a gran escala), Revoult (empresa *FinTech* que ofrece una amplia gama de servicios financieros a través de una aplicación móvil), Epic Games (empresa de desarrollo de *software* y videojuegos), Fanatics (empresa líder en comercio electrónico que se enfoca en la venta de productos relacionados con deportes y entretenimiento), OpenAI (una organización de investigación en inteligencia artificial) y Canva (plataforma en línea que ofrece herramientas para la creación y diseño gráfico accesibles para usuarios), entre otras compañías. Sin embargo, es interesante mencionar que seis de los 10 unicornios mejor valuados en todo el mundo son de origen estadounidense (Mena, 2023).

Figura 2.1. Número de unicornios por año a nivel global

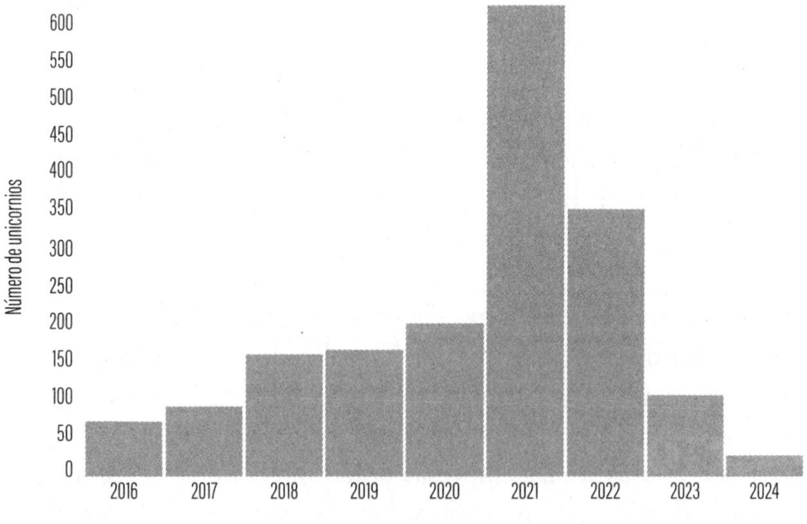

Fuente: Rubio (2024).

A medida que este prestigioso club se abrió globalmente, hubo una expansión sincrónica en el número de empresas emergentes que alcanzaron el estatus de unicornio. Según datos de CB Insights, actualmente existen más de 1 200 unicornios en todo el mundo. Algunos han perdido técnicamente el nombre tras ser adquiridos por otra empresa o salir a bolsa. Alrededor de 25% de los unicornios son ahora de China, otro 48% de Estados Unidos y el resto proviene de otras partes del mundo (Embroker, 2023). Conforme pasan los años, ya no es "raro" ver que nacen unicornios en todo el mundo. Desde que Aileen los bautizó con esa terminología, hemos visto un incremento a nivel global.

Unicornios en América Latina

Emprender en América Latina y el Caribe es un desafío sorprendente. Una combinación de oportunidades y al mismo tiempo obstáculos dentro de la región. Cada vez notamos una cultura más abierta a emprender, amplia variedad de industrias y sectores, diversidades económicas, desafíos financieros y sociales. La búsqueda de independencia económica ha llevado a un gran aumento significativo en el número de personas que optan por iniciar algo desde cero, en lugar de buscar un empleo convencional.

En América Latina solo seis países cuentan con la presencia de unicornios: Brasil, Argentina, Colombia, Chile, México y Uruguay (Quilici, 2023). El primero es el país que más ha creado unicornios, mientras que en el resto han surgido los unicornios más recientes. Cual generaciones universitarias, el nacimiento de estas empresas ha sido en etapas: uno de cada cuatro antes de 2005, la mitad entre 2006 y 2014 y un cuarto a partir de dicho año. Hablando de México, la mayoría nació de 2015 en adelante. Generalmente se localizan en grandes ciudades en donde predomina la cultura de emprendimiento, que abarca universidades, corporativos, sectores financieros y tecnológicos, *hubs* de innovación, aceleradoras, entre otros.

Los unicornios más grandes en cuanto a valuación de América Latina al día de hoy son: Kavak (México), Rappi (Colombia) y QuintoAndar (Brasil). Tan solo siete de los más valuados son provenientes de Brasil. A raíz de la salida de Nu a bolsa, este perdió su nombramiento de unicornio.

Cuadro 2.2. Los unicornios más valiosos de América Latina

UNICORNIO	PAÍS DE ORIGEN	SECTOR	VALOR A ENERO DE 2023 (EN MILES DE MILLONES DE DÓLARES)
Kavak	México	*e-commerce*	8.70
Rappi	Colombia	Logística	5.25
QuintoAndar	Brasil	*e-commerce*	5.10

► Continuación...

C6Bank	Brasil	*FinTech*	5.05
Creditas	Brasil	*FinTech*	4.80
Tiendanube	Brasil/Argentina	*e-commerce*	3.10
Wild Life	Brasil	*Gaming*	3.00
Loft	Brasil	*e-commerce*	2.90
Unico	Brasil	Inteligencia artificial	2.60
Ualá	Argentina	*FinTech*	2.45

Fuente: Statista (2024).

Un importante referente para la región es Mercado Libre, una empresa que ya ha recorrido 24 años, opera en 18 países y llegó a cotizar en NASDAQ. En 1999, mientras estudiaban en la Universidad Stanford, Estados Unidos, Marcos Galperin y más emprendedores pusieron en marcha el proyecto de revolucionar el comercio en América Latina a través de la tecnología. Con los años, se convirtió en una de las empresas de *e-commerce* más importantes de América Latina y ha ido creciendo y agregando nuevos servicios a la compañía. Para Fabrice Serfati, fundador de Ignia Capital, Mercado Libre es un ejemplo de lo que una empresa que alguna vez alcanzó el estatus de unicornio debería aspirar.

Sin embargo, el famoso *boom* de unicornios en América Latina se dio a finales de 2019 y arrasó entre 2020 y 2022. La crisis de salud provocada por el covid-19 cambiaría totalmente la historia del ecosistema de *startups* en América Latina, pues nos permitió avanzar 10 años en términos de habituarnos y adaptar el uso de la tecnología para solucionar necesidades y problemas tanto sociales como económicos (UNAM, 2021). A ello se sumaron las tasas de interés cercanas a cero, lo que supuso una combinación exuberante en términos de financiación.

Este fenómeno de digitalización y formación de nuevas empresas de tecnología terminó en 2021 con un año récord de inversión de *venture capital* y *growth equity* en Latinoamérica de 15.3 billones de dólares vertidos en 582 inversiones (Castellanos, 2023). También entraron a la jugada muchos fondos extranjeros. En consecuencia, mes a mes llegaban noticias de que alguna *startup* latinoamericana se convertía en unicornio. Para muchos de nosotros ese año será recordado como un parteaguas para el emprendimiento en la región.

No obstante, el panorama cambió al año siguiente. Muchos emprendedores sintieron que conseguir dinero para comenzar y despegar sus negocios era un poco más difícil. Los *venture capital* cambiaron su tesis de inversión y prefirieron la rentabilidad y operaciones con buenos números por encima de las empresas que solo vendieran mucho y muy rápido.

Como consecuencia, el cambio de estrategia bajó el monto total de las inversiones un 55% contra 2021 y la cantidad mediana que se invertía fue de alrededor de 40% menor. También se redujo la frecuencia con que las empresas recibieron más de 50 millones de dólares: en 2022 ocurrió 33 veces, mientras que en 2021 habían sido 71. Además, el destino de la inversión dejó de dirigirse a empresas establecidas, con una reducción de 88%. La cantidad promedio bajó 57% y el número de veces que se hizo esto fue 76% menor. En cambio, los inversionistas decidieron enfocarse en empresas en etapas iniciales y concentraron 92% del dinero. En particular las *startups* en etapa *seed* subieron 62% y se duplicó la cantidad de veces que se hizo este tipo de inversión. Con todo, según Castellanos (2023), Latinoamérica logró recaudar 8.1 billones de dólares a través de 747 inversiones, donde México y Brasil concentraron 75% de estas inversiones. En 2023 se invirtieron 2.783 billones de dólares a través de 724 rondas de inversión, un volumen bajo en términos de *venture capital* desde hace cinco años (Cuántico, 2024).

Ahora bien, una característica particular de los unicornios latinoamericanos es que, a diferencia de otros países como Estados Unidos o China, se ubican principalmente en cuatro sectores tecnológicos: *FinTech*, internet, *software* y *e-commerce*. Esto se debe a que las *startups* nacen con el objetivo de poner esa atención y crecimiento que tanto falta dentro de un mercado en específico.

En el caso de las *FinTech*, las oportunidades aparecieron gracias a los elevados márgenes de la intermediación de la banca y las restricciones de acceso a servicios financieros que afectan en general a la población (Herrera, 2023). De hecho, en el sector financiero, el Net Promoter Score de los bancos tradicionales, una herramienta que te sirve para medir la satisfacción del cliente, generalmente es muy bajo, lo que para las *FinTech* es oportunidad de innovación.

Al respecto, Javier Morodo, CEO de Revolución de la Riqueza —un movimiento que busca transformar a las personas a través de un enfoque centrado en la gestión patrimonial y el crecimiento personal—, fundador y *partner* en Goat Capital —un fondo de inversión para compañías desde etapa semilla hasta Series A y B—, ex-CPO en Bitso y director general de GBM Digital —donde ha desarrollado varias verticales dentro del sector *FinTech*—, recomienda el libro *El dilema de los innovadores* de Clayton Christensen. Aboca la conversación de cómo las empresas tradicionales se vuelven incapaces de innovar, porque se vuelven adversas al riesgo al tener que proteger a sus clientes y su rentabilidad, lo cual incapacita a apostar por la innovación. En cambio, son las nuevas empresas las que están innovando. A partir de ello, este sector ha ganado un atractivo mundial en términos de inversión, y en los últimos cinco años ha alcanzado niveles récord en términos de financiamiento recibido. En particular, en América Latina hay tal margen de acción que, de acuerdo con un estudio de Statista, la expansión de este sector en la región proyecta más de 300 millones de usuarios para 2025. Lo que prácticamente nos dice que seguirá creciendo (Herrera, 2023). Sin embargo, tenemos que empezar a entender que las empresas tradicionales y las *startups* colaboran mucho más de lo que creemos.

Cuadro 2.3. Distribución de los unicornios latinos por sectores

Fuente: CB Insights (Kantis *et al.*).

Tal es el caso de Nu, anteriormente conocido como Nu Bank, una *FinTech* brasileña fundada en 2013 por David Vélez, Cristina Junqueira y Edward Wible. La empresa se destacó por su enfoque en la banca digital y la creación de productos financieros innovadores, como tarjetas de crédito sin tarifas y una aplicación móvil centrada en la facilidad de uso y la transparencia. Nu alcanzó su estatus de unicornio en 2018 con una valuación de 30 mil millones de dólares, de acuerdo con CB Insights, con lo que se convirtió en uno de los unicornios más valiosos de América Latina. Al contar con operaciones en México y Colombia, tenía sentido que la IPO fuera global, por lo que se eligió la Bolsa de Valores de Nueva York para debutar en el mercado de valores. La IPO de Nu se realizó a través de Nu Holdings Ltd., la empresa controladora de Nubank Brasil, Nu Colombia y Nu México. Así, pasó de ser una *startup* que operaba desde São Paulo, a una empresa pública con operación y oferta de servicios en tres países.

Nu Holdings está creciendo indiscutiblemente en Latinoamérica, sobre todo en México, donde recientemente cuentan con 5 millones de usuarios activos. El lanzamiento de la Cajita Nu con un rendimiento de 15% nominal ha ayudado a incrementar estos usuarios (Estrada, 2024). En mayo de 2024 alcanzaron los 100 millones de usuarios entre Colombia, Brasil y México.

A la par, este crecimiento veloz se debe a la innovación tecnológica en un mercado tan tradicional como lo son los servicios financieros. Al respecto dice Iván Canales, director general de Nu en México (Bloomberg Linea Summit 2023): "Los productos que existían en México no estaban diseñados para los millones de mexicanos que quieren tener acceso a esos productos. Nos dimos a la tarea de crear más productos financieros para los mexicanos, más simples, más transparentes, más humanos y con mejores términos y seguiremos educando, porque no hay libertad financiera sin educación financiera".

Otros ejemplos de soluciones a problemas estructurales que no han sido resueltos ni por los gobiernos por ni las industrias tradicionales son Rappi y Kavak. En el caso de la primera, los dos millones de rappitenderos consiguieron una fuente de ingresos extra, la cual durante la pandemia fue en muchos países la única forma de vender y sobrevivir la crisis. Por su parte, Kavak resuelve el acceso a capital en el primer activo de muchas familias latinoamericanas: un coche.

De acuerdo con el estudio "Unicornios y ecosistemas en Latam: ¿del *boom* al final de fiesta?" (Katis *et al.*, 2023), esta estampada de unicornios no es consecuencia de un crecimiento generalizado de la actividad emprendedora a nivel mundial. Más bien es la irrupción de nuevos negocios que supieron aprovechar las tendencias a la aceleración del cambio y el crecimiento de la tecnología hacia la digitalización, en el que incluyeron tecnologías de internet y tecnologías móviles, con bajas muy pronunciadas en costos de tecnología y en los tiempos para conquistar a sus clientes.

El reporte "2024 Trends in Tech, Insights on the Venture Capital Industry in Latin America" de LAVCA (Asociación para la Inversión de Capital Privado en América Latina), que funge como una de las principales fuentes de información y datos sobre capital privado en América Latina, detalla las nuevas tendencias que abrazarán la región, así como el monto recaudado en el último año en inversión privada. Asimismo confirma que en 2023, después de un periodo rápido en crecimiento, la inversión de *venture capital* en Latinoamérica entró en un periodo de consolidación, en medio de una continua desaceleración del mercado global. También se notifica que *FinTech* sigue siendo la vertical que reina en América Latina, seguido de *PropTech, LogiTech, e-commerce, HR Tech, LegalTech* y *HealthTech* (LAVCA, 2024).

Figura 2.2. Inversión anual de *venture capital* en Latinoamérica (2016-2023)

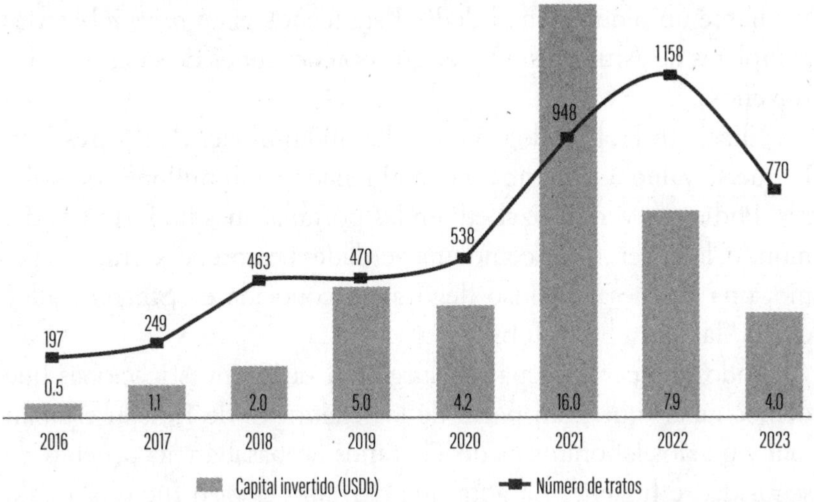

Capital invertido (USDb) ▬■▬ Número de tratos

Fuente: LAVCA, 2023.

Las *startups* unicornio que han nacido en América Latina han representado la creatividad, resiliencia y el potencial de la región, para convertirse en un epicentro de innovación y desarrollo tecnológico en el escenario global. A medida que continúan su trayectoria se espera que sigan impulsando el crecimiento económico y generando oportunidades.

El lado oscuro de los unicornios

Pero no todo es el *boom* de los unicornios; muchas *startups* han pasado por desafíos sorprendentes, que van desde crisis reputacionales, *layoffs*, conflictos internos hasta cambios bruscos en las demandas de mercado, entre otros. El estatus de empresa unicornio no significa que son *intocables*. También cometen errores e incluso pueden llegar a desaparecer.

Por ejemplo, según Tun (2024), la de Theranos es la historia de uno de los emblemáticos unicornios americanos, pero hoy en día es mejor conocida como uno de los mayores fraudes en el universo de las *startups*. Fundada en 2003 por Elizabeth Holmes, desarrolló el dispositivo portátil llamado Edison, que hacía análisis de sangre mediante un piquete en el dedo. Esta tecnología *prometía* baterías completas de estudios sin tener que obtener tubos de sangre vía intravenosa.

Elizabeth Holmes logró recaudar 400 millones de dólares, con lo que se valuó a la compañía en al menos 9 mil millones de dólares. Podíamos ver a Elizabeth en las portadas más importantes del mundo, la hicieron ver como una verdadera emprendedora, una genio, una promesa. Incluso llegó a ser conocida en Silicon Valley como "la nueva Steve Jobs".

Todo esto cambió cuando surgieron varias investigaciones que demostraban que gran parte de los exámenes de Edison estaban mal y que los laboratorios de Theranos no pasaban las pruebas de seguridad e higiene. La gota que derramó el vaso fue el artículo de *The Wall Street Journal* escrito por el dos veces ganador del Premio Pulitzer, John Carreyrou, en el que cuestionó la efectividad y precisión del aparato Edison, diciendo que exageraba sus servicios. Con ello destruyó la credibilidad de la compañía.

Theranos hizo lo posible por agradar a los departamentos de higiene, pero no fue posible. La presión regulatoria, los escándalos y las revelaciones sobre la falta de precisión y fiabilidad en sus pruebas, aunado a las demandas legales resultantes, condujeron a la disolución de la empresa, lo que causó pérdidas significativas para los inversionistas y la caída de su valoración. En 2018 Elizabeth Holmes y Ramesh "Sunny" Balwani, el presidente y director operativo de Theranos, fueron acusados de fraude por la Comisión de Valores y Bolsa de Estados Unidos (SEC, por sus siglas en inglés). Las acusaciones alegaban que habían engañado a inversionistas, médicos y pacientes sobre la tecnología de la empresa. Incluso se produjo la serie *The Dropout*, inspirada en esta historia.

Otro ejemplo famoso de caso de estudio y seguimiento en el mundo de las *startups* es WeWork, tanto así que dio pie a *We Crashed*, una serie de Apple+ inspirada en la historia de la compañía, y el libro *Billion Dollar Loser* de Reeves Wiedeman, así como el pódcast *WeCrashed: The Rise and Fall of WeWork* de Wondery. Eric Platt y Andrew Edgecliffe-Johnson en su artículo "WeWork: How the Ultimate Unicorn Lost its Billions", publicado por *The Financial Times* (2020), cuentan que Adam Neumann y Miguel McKelvey cofundaron esta *startup* de espacios de trabajo compartidos, que ofrecía oficinas flexibles y comunitarias a empresas y profesionales independientes. La empresa creció rápidamente y a mediados de 2019 estaba valuada en 47 mil millones de dólares, con lo que se convirtió en uno de los unicornios más valiosos del momento.

Estaban en todas partes y cuando digo todas partes, me refiero a que abrieron más de 500 ubicaciones en 29 países y Neumann llegó a ser portada de revistas como *Forbes*, *Wired*, *Bloomberg Businessweek*, entre muchas otras. Todos hablaban del famoso y recién nacido unicornio estadounidense.

Neumann fue un líder carismático pero controvertido y fuera de control, conocido por su estilo de vida extravagante y su visión poco convencional para WeWork. La empresa estaba en camino de una oferta pública inicial, pero surgieron serias preocupaciones sobre la gestión de Neumann y la salud financiera de la compañía. Se revelaron detalles sobre la cultura corporativa poco convencional, donde coexistía el consumo de drogas y alcohol con prácticas sexuales dentro de las mismas oficinas, un gasto extravagante y la estructura de propiedad compleja que involucra a Neumann en múltiples conflictos de interés. Estos problemas llevaron a una desconfianza generalizada por parte de los inversores y al fracaso del plan de salida a bolsa.

En septiembre de 2019, Neumann se vio presionado para renunciar como CEO y WeWork enfrentó una crisis financiera. La empresa tuvo que reestructurarse drásticamente, reducir costos y cambiar su dirección estratégica para intentar recuperarse. De una valuación de 47 mil millones de dólares, WeWork redujo su valor a menos de 10 mil millones, y se vio obligada a despedir a miles de empleados. Para 2021, la compañía finalmente se hizo pública, pero los problemas nunca desaparecieron del todo.

A su salida como CEO, Adam Neumann no se fue con las manos vacías. Según Bloomberg, recibió 185 millones de dólares por un acuerdo de no competencia, 106 millones por un pago de conciliación y 578 millones por sus acciones vendidas a Softbank para su salida a bolsa. Además, el directivo recibió una ampliación de crédito de 432 millones más por parte de SoftBank. En total, la fortuna de Neumann tras su salida de WeWork escaló hasta aproximadamente los 2 300 millones de dólares (Maloney, 2021). De ahí que la opinión en general en internet considere que el éxito fue solamente para el cofundador.

En noviembre de 2023, WeWork emitió un comunicado oficial a través de su página web en el que se publicaba que comenzaría una reorganización integral para fortalecer su estructura de capital y solicitaría protección bajo el Capítulo 11 del Código de Quiebras de Estados Unidos. Prácticamente se declaró en bancarrota por deudas entre los 10 mil y 50 mil millones de dólares, aunque esto no afectó a las franquicias fuera de Estados Unidos y Canadá (WeWork, 2023).

Un unicornio puede nacer el día de mañana, pero su credibilidad puede no sostenerse y sus fundadores pueden ser o no personas honestas, con principios y valores. Estas historias han nacido y se quedarán para estudiar por las próximas generaciones. Incluso pueden crear una percepción negativa de las empresas unicornio. Sin embargo, ya que el fracaso está tan valorado en este medio, tales casos se quedarán en la historia para estudiarse, para entender qué hicieron mal, para no repetirlo, y reconocer cómo las métricas de vanidad lograron pintarlos en un momento como inalcanzables, intocables y exitosos. Los aprendizajes que nos dejan se resumen en cuatro ejes clave: transparencia, rentabilidad, crecimiento y generación de empleos.

Unicorn hate

Como en todo, nada es color de rosa. Si bien el término *unicornio* ha sido inspirador para muchos, lo cierto es que no es tan celebrado por un gran grupo que habita el ecosistema del emprendimiento y *startups* en el mundo. De hecho, durante el desarrollo de este libro encontré muchos artículos, comentarios en redes sociales e incluso en ciertas conversaciones que llegué a tener, que sostenían que los unicornios eran una "pérdida de tiempo" y estaban "sobrevaluados". Incluso en X hay una cuenta anónima —que no voy a nombrar porque no considero que merezca promoción— que se dedica especialmente a criticar con un tono sarcástico y agresivo a los unicornios mexicanos, sobre todo a los *founders*.

Las críticas se centran en el nivel de exageración de las valuaciones. Hay preocupaciones respecto a la sostenibilidad de las empresas y dudas sobre la ética con la que se consiguen el rápido crecimiento y la disrupción. Constantemente celebran los *layoffs* y cualquier otra estrategia de las *startups* en México, sin analizar a detalle y fomentando una cultura de odio hacia las mismas.

Es verdad, los unicornios pueden caer y algunas historias son controversiales y poco éticas, como la de Adam Neumann y Sam Bankman-Fried, protagonista del escandaloso fraude de la plataforma de criptomonedas FTX. Sin embargo, no debería de ser una razón para que el ecosistema, al menos en México, se convierta en un territorio de emprendimiento dominado por el *hate*. Lejos de fomentar la cultura del odio, como hacen esta y otras cuentas más, nos invito a reflexionar sobre la polémica de manera constructiva —y a no esconderse en el anonimato—. Creo firmemente que debemos de cuestionar, preguntar y analizar. Al final de cuentas son figuras y emprendedores que han pasado por situaciones que no podemos comprender porque no contamos con toda la información ni la historia completa. En cambio, una crítica desde el respeto que trate de entender por qué sucede lo que sucede sí contribuye y aporta a mejorar el ecosistema.

Al respecto, Lorena Sánchez García (2023), COO de Erudit, una *startup* de IA; líder de Founder Institute México; quien además ha pasado por compañías como Linio, Rappi y Stori; es socia general de Billion Neurons, un fondo de *venture capital,* y que tiene la misión de construir 100 emprendimientos que cambien México y creen el sueño latinoamericano comenta que:

> Muchas veces olvidamos que el objetivo de las compañías es crear valor y capturar valor. Compañías como Uber que han creado gran valor para el mundo, han batallado para capturar el valor y es parte de lo que pasa con los ciclos de innovación. Por ejemplo, Amazon creó valor con su *e-commerce,* pero no fue hasta Amazon Web Services (AWS) que la compañía comenzó a hacer dinero de verdad. Conforme más unicornios se crean, el *network* se masifica y llega el reto de crear conciencia, logrando que los fundadores tengan una mentalidad de crecimiento que los lleve a construir sus compañías y expandirlas a toda América Latina.

Lorena dice que entre más "escuelas unicornio" haya, más conocimiento, riqueza, movilidad social y problemáticas se resolverán. Es decir, que cada *startup* se convierta en fuente de inspiración y educación para los nuevos emprendedores con el fin de crear un *mindset* de crecimiento acelerado, como ha pasado con Rappi y Linio. A esta opinión se suma René Lomelí, *partner* en 500 Global (2023): "Creo que el hecho de tener unicornios en el ecosistema y que esos anuncios existieran demuestra que la industria existe, que hay valor que se genera, inspira y motiva a otros a emprender. Cuando tú piensas en Mercado Libre es una historia de inspiración para muchos argentinos, es una historia de los argentinos. Cuando piensas en Rappi es una historia de Colombia. Lo que veo como negativo del término, de pronto está en esta mentalidad de los futuros emprendedores que ven el ser unicornio solo como meta, dejando a un lado lo que realmente deberían de pensar, es decir, resolver una meta y generar valor".

Por su parte, Vincent Speranza (2023), director general de Endeavor México, cuenta que cuando llegó a México en 1999 a los pocos años le contaron la anécdota de los cangrejos. "Imagina dos cubetas repletas de cangrejos, una tiene una tapa y la otra no la tiene, la que tiene una tapa son cangrejos chinos que se dan mutuamente sus pinzas y se ayudan para lograr tirarla y salir de la cubeta logrando escapar. La cubeta de los cangrejos mexicanos no tiene tapa, porque cada que uno quiere salir, los demás cangrejos lo jalan de nuevo con sus pinzas, para evitar que logre escapar". Vincent no entendió el significado, hasta que empezó a trabajar en el ecosistema del emprendimiento:

> Y por eso es bien jodido emprender, porque la probabilidad de que fracases es inmensa y fracasar en México es terriblemente difícil, desde una perspectiva emocional, anímica, financiera y legal. Además, las personas te remarcan el fracaso y te lo cuestionan, y cuando finalmente tienes éxito, te tachan de suertudo o te quieren bajar.

> Ser un unicornio no es un fin, es un hecho. Cuando alguien me dice que está creando una *startup* solamente para llegar a una valuación de unicornio pensando que es sinónimo de éxito, inmediatamente soy alérgico a ese pensamiento. Es un validador de que estás haciendo las cosas bien, de que hay inversionistas que apuestan en ti, en tu compañía, pero no es un fin, es un medio. El éxito de un emprendedor es que los reconocemos por alguien que dejó huella, que abrió caminos, que no se mide por sus ventas, por el capital recaudado, sino por la influencia que dejarás. Personalmente, los he visto levantarse tras caídas, los he visto en momentos de vulnerabilidad fuertes, sin embargo, se siguen levantando, siguen luchando. Si la gente supiera verdaderamente lo que son como personas…

> México necesita a esas personas que producen empleos, riqueza, las historias de las siguientes generaciones y ¿por qué los queremos bajar de la cubeta?, en lugar de decir: "increíble que en México se pueda hacer esto", "increíble que en México existan personas que sacrifican tanto a nivel personal y ponen a México en alto". No son empresas perfectas, para mí son adolescentes que pasaron de la niñez a la adolescencia y conlleva muchos factores, pero pueden mejorar, ajustar, y eso debería de valorarse.

Por último, retomo el testimonio de Cristobal Perdomo, *general partner* y cofundador de Wollef Capital:

El tema de ser unicornio no hace nada especial a una compañía, es simplemente una manera de entender en qué etapa están. Los unicornios supuestamente están más cerca de la salida que los que están arrancando, pero la verdad es que no cambia nada el ser unicornio. Hay mucha más exigencia, la valuación es muy alta, tienes que demostrar números muy buenos, comienzan a gastar más. Es una parte natural que existan unicornios. Pero no es el hito "ser unicornio", sino cuántos logran salir con una valuación de unicornios y generar eventos de liquidez para emprendedores e inversionistas. Ser unicornio está padre para decirlo, pero no es solamente eso, lo que realmente nos debería importar es: ¿qué sigue después de esto? La conversión de esas riquezas para los fundadores e inversionistas, generación de empleos y mucho más.

Me fascina que alcanzar el estatus de unicornio no se considere un sinónimo de éxito, sino que se valore el efecto multiplicador en el ecosistema y la capacidad que puede llegar a tener una compañía de perseverar, crecer, mantener una misión sólida y, sobre todo, llegar a ser una empresa rentable. Al mismo tiempo, a lo largo de esta investigación y decenas de entrevistas, me di cuenta de que en realidad no es que el término unicornio haya perdido el valor y la fuerza que cuando recién fue acuñado, sino que la importancia ahora mismo, se centra en otras cuestiones.

3
MÉXICO, TIERRA DE EMPRENDEDORES

"El ecosistema de emprendimiento
y *startups* en México está mejor que nunca".
—Vincent Speranza, *managing director* en Endeavor México

Si pudiera describir a México en una sola palabra sería *resiliente*. Una tierra repleta de historia, cultura, tradiciones, una diversidad geográfica que impresiona, un país grande, multicultural, megadiverso, repleto de colores, sabores y sonidos que danzan en cada rincón. Es un lienzo en donde convergen las huellas de antiguas civilizaciones y el pulso vibrante de la vida moderna. La esencia de México se teje con hilos de fortaleza y creatividad, de resiliencia. En cada paso se siente el eco de aquellos que han labrado con sudor y corazón una tierra llena de vida, en donde la calidez de su gente es el reflejo de un espíritu que no se rinde.

En el mundo de los negocios, México emerge como un sinfín de oportunidades, a pesar de que es difícil encontrarlas y crearlas. La resiliencia que define a su gente se refleja en el entramado empresarial, donde la audacia y la innovación configuran un paisaje único. Desde las empresas tradicionales, empresas familiares y *startups* de vanguardia, hasta las micro, pequeñas y medianas empresas, el espíritu emprendedor mexicano se despierta con la pasión de aquellos que desafían constantemente los límites y trazan nuevos caminos hacia el éxito.

Hoy en día, nuestro país es uno de los más importantes en América Latina como cuna de emprendimiento en temas tecnológicos y creación de nuevos negocios. También es considerado uno de los principales países para el desarrollo de *startups* en América Latina y El Caribe, justo detrás de Brasil (Reyes *et al.*, 2021). Por si fuera poco, contamos con una gran población joven con un alto nivel de formación y espíritu emprendedor.

Tierra fértil para el emprendimiento

México es tierra de mipymes y estas son el corazón de su economía. Hoy en día existen en México más de 4 230 000 pequeñas y medianas empresas (Granados, 2021), lo que constituye 99.8% de las empresas mexicanas (IMCO, 2009). Las pymes son las principales responsables de generar 72% del empleo en nuestro país y aportar 52% del producto interno bruto (PIB) nacional (Molina, 2023). Según datos del Instituto Mexicano del Seguro Social, siete de cada 10 empleos dentro de México los crea un emprendedor (Granados, 2021). Como las principales generadoras de fuentes de empleo, es fundamental que el impulso de seguir haciéndolas crecer y al emprendimiento esté centrado en ellas.

Las ciudades con mayor concentración de *startups*, inversionistas y plataformas de apoyo son la Ciudad de México, Monterrey y Guadalajara. La capital de nuestro país ha sido el hogar de la mayoría de las nuevas empresas de tecnología financiera, así como de fondos de inversión locales e internacionales y, donde tienen sus oficinas. Ello suma a su atractivo para que las *startups* comiencen con sus operaciones en la misma región y también para darle es la bienvenida a empresas internacionales.

Como segundo mayor contribuyente al PIB nacional y con su posición privilegiada en la frontera con Estados Unidos, está Monterrey, ciudad del estado de Nuevo León, que se ha convertido en un centro para *startups* innovadoras y fondos de inversión interesados en inversiones locales. La ciudad alberga una gran cantidad de corporativos industriales importantes, como Cemex, Femsa, Xignux y Grupo Alfa, entre muchos más. Las numerosas universidades en la región facilitan aceleradoras e incubadoras, enriqueciendo el ecosistema emprendedor.

Guadalajara, en Jalisco, es un epicentro tecnológico en crecimiento. Históricamente, atrajo a actores tecnológicos estadounidenses interesados en expandirse en América Latina. Además, cuenta con universidades que, a través de incubadoras para sus estudiantes, fomentan la innovación y *startups*. Otros estados como Puebla y Querétaro son considerados polos de innovación. Estas entidades federativas tienen un número significativo de universidades que promueven la puesta en marcha y la innovación, a través de programas de incubación y aceleración.

Mucho se debate entre emprendedores sobre cuál es el Silicon Valley mexicano, si Guadalajara, Ciudad de México o Monterrey. La respuesta no debería estar enfocada en las ciudades; en su lugar, debemos crear nuestro propio valle de emprendimiento, con alianzas entre los diferentes actores y emprendedores de nuestro país. La realidad es que no habrá nunca un segundo Silicon Valley, por más que se le compare con este, pero sí podemos tener un país que al menos fomente las ganas de educar y emprender.

Por otro lado, el tamaño de México como mercado es muy atractivo para aquellos proyectos de emprendimiento que brindan soluciones a una gran población. Para el primer trimestre de 2023 el volumen de la población que residía en el país era de 129 millones; 52% correspondió a mujeres y 48% a hombres, de acuerdo con la información de la Encuesta Nacional de Ocupación y Empleo (ENOE) 2023 (Nacionales, 2023). Al mismo tiempo se ha convertido en un país con alta conectividad a internet, ya que hay 96.8 millones de personas con acceso a él, lo cual representa 80.8% de la población, según el último estudio sobre "Los hábitos de usuarios de internet 2023", elaborado por la Asociación de Internet MX. En consecuencia, nos convierte en un mercado con una importante oportunidad de crecimiento para emprendedores que busquen resolver diferentes problemáticas (Gobierno de México, s. f.).

Según Proyectos México (2022), nuestro país tiene una condición geográfica privilegiada. En extensión, abarca casi 2 millones de kilómetros cuadrados, lo que nos coloca en el quinto lugar en el continente americano y el decimocuarto en el mundo entero. Además, nuestra ubicación juega un rol fundamental. Nos encontramos en el corazón de América, en América del Norte y, a la vez, en América Latina por el idioma, las raíces históricas y la cultura. Adicionalmente, somos un puente natural entre el Atlántico y la región Asia-Pacífico gracias a la extensa línea costera. También nuestro país se ha convertido en un destino atractivo para emprendedores e inversionistas, ofreciendo un ecosistema propicio para el surgimiento de fundadores propios y para el *nearshoring.*

El ecosistema de emprendimiento en México es inmenso y está en expansión. El número de empresas en nuestro país ha tenido un crecimiento y ha pasado de 1.5 millones en 2012 a 2.4 millones en 2022, un aumento de 57%. En particular, el sector de negocios que predomina con 85% son las empresas familiares, muchas de las cuales en menos de 50 años han derivado en conglomerados industriales con alcance global. Además, somos el quinto país que tiene más empresas familiares en el mundo (KPMG, 2024). Ejemplos de esto incluyen cadenas de farmacias, franquicias de restaurantes, empresas de construcción, cines y fabricantes de autopartes, entre otros. Además, conforman 90% tanto del PIB, como de las empresas que actualmente cotizan en la Bolsa Mexicana de Valores (BMV), por lo que tienen un control predominante sobre el capital mexicano (Aramburuzabala, citado en Trava, 2024).

En consecuencia, a las empresas las acompaña el surgimiento de las *family office.* Se trata de empresas privadas que administran la riqueza o el patrimonio significativo de una familia. Se encargan de inversiones, fiscalidad, fondos de inversión, administración, gestión de inmuebles, planes de pensiones, entre otros asuntos familiares. Con ello ofrecen a la familia mayores beneficios económicos, eficacia y control, junto con una mayor sincronización entre las actividades de sus miembros y un respaldo centralizado para asegurar la continuidad empresarial a través de las generaciones.

Lankenau (2020) estima que existen más de 100 en México y solo en Monterrey 17, las cuales calcula que serían responsables de administrar entre 5 y 6 millones de dólares, pues en esta ciudad abundan las familias con empresas familiares y grandes patrimonios fundados alrededor de los años noventa. De ahí que se diga que Monterrey, Nuevo Léon, es la cuna de las *family office*. El informe "Estudio de oficinas de familia en México", desarrollado por el Instituto Panamericano de Alta Dirección de Empresas (IPADE) en colaboración con la Asociación Mexicana de Capital Privado (AMEXCAP) (en Pineda, 2019) dice que estas entidades mayormente canalizan sus recursos hacia acciones de compañías cotizadas en la bolsa (31.1%), inversiones alternativas (50.7%), propiedades inmobiliarias (22.2%) y reservan una proporción mínima para fondos de inversión de alto riesgo.

Según The GovTech Index 2020, elaborado por el CAF Banco de Desarrollo de América Latina, México es uno de los cinco países que lideran la región en cuanto al desarrollo de nuevos emprendimientos, junto con Chile, Brasil, Uruguay y Colombia (Deloitte, 2020). Además, es uno de los mercados más atractivos de América Latina: según el informe de PWC "Ecosistema de las startups en México" (Reyes *et al.*, 2021), la inversión de *venture capital* ha crecido cuatro veces su tamaño desde 2017.

Por su parte, la historia de las empresas emergentes o *startups* en México apenas está comenzando y tiene aproximadamente de entre 10 a 15 años, más bien me atrevería a decir que la historia se sigue escribiendo conforme pasan los días y cada vez más personas tienen la intención de fundar una *startup* o trabajar en una. No obstante, de acuerdo con un estudio de StartupBlink (2024), uno de los mapas mundiales más grandes enfocado a las *startups*, nuestro país ha creado más de 400 *startups* en diferentes industrias, por lo que se coloca como el tercer mejor país para el desarrollo de este tipo de emprendimientos en América Latina y el 37° a nivel mundial (Hello Safe, 2023).

Eduardo de la Garza comenta que justamente algunas de las primeras empresas que en la actualidad podrían haber sido consideradas como *startups* en sus inicios en México son Skydrop,

Money Pool y Econduce. Algunos señalan a KIO y Softtek como los primeros unicornios mexicanos, ya que superan la marca de los mil millones de dólares y operan en el sector tecnológico. Sin embargo, estas empresas no satisfacen algunos criterios convencionales de *scaleup* para ser catalogadas como unicornios, como la obtención de economías de escala y un crecimiento acelerado.

Por más placentera que pueda parecer esta información, las condiciones han sido duras. Sin embargo, México sigue demostrando su espíritu emprendedor. El futuro del emprendimiento está en México, independientemente de qué tipos de emprendimiento estemos hablando, ya sean mipymes, *startups*, emprendimientos sociales, emprendimientos digitales, intraemprendimientos dentro de empresas, entre los muchos otros que podrían entrar en la palabra *emprender*, desde las primeras empresas tradicionales que se formaron en el país, como las *startups* que estamos viendo nacer día con día, acompañadas de iniciativas alentadoras, programas enfocados al emprendimiento, crecimiento y creación de empresas.

Por ello, en México tenemos que comenzar a medirnos. Así como el Global Startup Ecosystem Report 2023 (GSER, 2023) analiza exhaustivamente el estado actual de los ecosistemas de *startups* en todo el mundo, las tendencias emergentes y los principales retos a los que se enfrentan los emprendedores, en nuestro país necesitamos investigaciones del ecosistema, rankings de nuevo número de empresas, de inversionistas, espacios de trabajo que permitan ver nacer a nuevas *startups* en el país, las aceleradoras principales, la calidad de la inversión, las tendencias que emergerán en un futuro cercano, los unicornios, los *exits* y mucho más. Esto comienza a verse y cada vez son más las instituciones privadas y entidades que hacen que la información sea accesible y pública.

Empresas a prueba de todo

México es el futuro del emprendimiento y de eso estoy segura. Lo tenemos todo. Sin embargo, mentiría si les dijera que es del todo sencillo. Nos han arrebatado muchos recursos y también tenemos un largo camino por recorrer. Vivimos una grandísima ola de desigualdad, violencia, falta de educación, pobreza, falta de transparencia, corrupción, explotación de recursos naturales, entre muchas otras problemáticas sociales.

Emprender en México es difícil, duro y rudo; es una aventura extraordinaria acompañada de diversos factores que amenazan día con día a millones de mexicanos que decidieron emprender. Los millones de emprendedores que han logrado hacerse paso en las diferentes industrias han tenido que pasar por cosas que ni nos imaginamos.

El acceso a redes de contacto y financiamiento, así como la falta de conocimiento y preparación en la materia son algunas de las problemáticas más grandes que existen en nuestro país. Es decir, ¿en dónde están esos contactos y relaciones que me ayudarán a fortalecer mis materias de emprendimiento? ¿Cuáles son las principales fuentes de financiamiento que pueden apoyar a los negocios a crecer verdaderamente? ¿En dónde se están informando los miles de mexicanos de que es posible? Entre muchas otras más.

Uno de los obstáculos cruciales que enfrentan las pymes en México y que se cruza con estas condiciones discriminatorias es el acceso al financiamiento (Molina, 2023), lo cual bloquea su crecimiento. Según un estudio realizado por Clara (2023), empresa unicornio de la cual hablaremos más adelante, 85% de estas micro, pequeñas y medianas empresas ha tenido problemas o ve como un gran reto el financiamiento.

Aunque la banca comercial ha sido la opción tradicional, se mantienen condiciones nada favorables para los emprendedores. Se estima que en México alrededor de 12% de las empresas ha tenido al menos un rechazo en sus solicitudes de crédito. La lista de requisitos y trámites es larga, así como el tiempo de espera. El costo de financiamiento por las tasas de interés es altísimo (Clara, 2023). Afortunadamente, nuevas alternativas como el sector *FinTech* están ganando terreno al ofrecer soluciones más ágiles y menos burocráticas.

Si consideramos que el tiempo que les toma a las empresas en México alcanzar la rentabilidad (es decir, tener más ingresos que gastos) es de 1.8 años en promedio (ASEM, 2023), el financiamiento, nos guste o no, puede hacer la diferencia para la creación y el lanzamiento de un proyecto, el aumento de la producción, la contratación de capital humano calificado, la expansión, entre muchas otras.

Un ejemplo de los primeros casos de éxito de *e-commerce* en México es EnviaFlores.com, una plataforma pionera en el envío de arreglos florales y regalos, que ha logrado crecer de una forma exponencial sin inversión de *venture capital*. En 2001, su fundador Jesús Martínez vivió realmente en carne propia la crisis de la burbuja de las puntocom, cuando no estaba disponible el modelo de inversión de capital, por lo que tuvo que crear un modelo de negocio que le permitiera pasar de una cochera a la compañía de *e-commerce* en crecimiento, con rentabilidad y alcance a nivel nacional que es hoy.

En ese momento, no se hablaba de algo tal como el *ecosistema emprendedor* ni existía capital en México para apostar por empresas emergentes; de lo contario, pudo haber sido considerada una *startup*. "En ese entonces yo podía avanzar a mi ritmo, a mi tiempo, con mi dinero, empezamos a explorar el cómo vender en línea y ese tiempo a mi favor me ayudó a validar el modelo. Llegó un momento en donde tuve que renunciar al trabajo que tenía en 2007 para desarrollar centros de distribución, afiliación de florerías, entre mucho más. Realmente no sabría decir si en ese momento seríamos considerada una *startup*, pero imagino que sí; el término ha ido evolucionando constantemente hasta lo que es hoy" (Martínez, 2023).

Con 20 años de experiencia y más de 800 colaboradores, EnviaFlores.com es actualmente una de las marcas más relevantes del *e-commerce* que cubre todo el territorio mexicano, desde Tijuana hasta Yucatán, con un promedio de envío de cuatro horas. Este es uno de los emprendimientos con más trayectoria de construcción de negocio en México y que es nacionalmente conocido y rentable.

¿Pudo EnviaFlores haber sido considerada una *startup* en sus inicios? Quizá sí, quizá no, y coincido con Jesús; realmente eso no es ahora lo importante, sino el crecimiento y reconocimiento a nivel nacional que ha obtenido a lo largo de los años, así como su rentabilidad.

Otro caso conocido en México que se ha basado en el modelo de *bootstraping* es Quiubas Mobil, una *startup* fundada por los hermanos mexicanos Ángel y Jesús Cisneros en 2007. Ambos crearon uno de los primeros modelos éxitosos de B2B para Latinoamérica, sin la necesidad de haber obtenido capital, incluso llegaron a rechazar una oferta de inversión por más de 100 millones de dólares (Romero, 2024), según afirmaron sus fundadores en una entrevista para el medio Startupeable. Quiubas ofrecía un modelo de mensajería empresarial con servicios de SMS, RCS, WhatsApp Business, contaba con clientes en más de 32 países, llegando a procesar 90% de los mensajes SMS de México (*El Universal*, 2020). En 2020 Twilio adquirió Quiubas Mobile por una cantidad que no fue revelada.

Por otro lado, las *startups* deben de estar preparadas para levantar capital, no es mágico; es muy importante que cuenten con un respaldo legal. He platicado con Iván Guzmán, socio en Blackbox Startup Law, quienes tienen más de 10 años asesorando *startups* en México, Brasil y Estados Unidos. Fueron los primeros en hacer la regulación con Uber y Cabify, cuando se decía que eran taxis.

> Nuestro consejo a las *startups* y a los modelos disruptivos de negocio es que cuenten con un apoyo legal y contable desde un inicio, ya que tienden a crecer rápidamente, es importante si la empresa cuesta con inversión extranjera, porque el manejo de los recursos de inversión, vista desde un punto de vista fiscal, es muy delicado y se tiene que hacer de forma adecuada, desde el punto de vista fiscal y contable, si la empresa o *startup* pretende ser disruptiva, se puede topar con pared desde un punto de vista regulatorio, lamentablemente el marco jurídico mexicano es sumamente tradicional.

Existen muchas firmas especializadas en este tema, podría destacar también a Komenko Startup Lawers, quienes fueron pioneros en este tema en Monterrey, cuando el ecosistema estaba despertando, fundada por Alejandro Basave y con la participación del despacho jurídico Basave Colosio Sánchez S. C.

Por su parte, las universidades cada vez prestan más atención al emprendimiento y las carreras universitarias han agregado este enfoque a sus planes de estudio en licenciaturas y maestrías. Por ejemplo, el Tecnológico de Monterrey cuenta con la licenciatura en Emprendimiento, al igual que la Universidad Autónoma de Nuevo León y la Universidad Regiomontana (U-ERRE).

El ejemplo más reciente de la inestabilidad y volatilidad que enfrentaron los emprendimientos en México fue la pandemia de covid-19, donde millones de mexicanos vivieron día con día en la incertidumbre. En 2020 las mipymes fueron las principales afectadas, la contingencia y el cierre de negocios hizo que al menos 1.6 millones de negocios mexicanos tuvieran un cierre definitivo entre octubre de 2020 y julio de 2021, según datos del Instituto Nacional de Estadística y Geografía (Inegi), y al mismo tiempo esto hizo que muchas tuvieran que desarrollarse y adentrarse más en temas de tecnología (*Forbes*, 2021). México se distingue como uno de los países que menos apoyos otorgó por parte del gobierno federal durante la pandemia, según un estudio publicado por el Fondo Monetario Internacional en Fiscal Monitor.

La pandemia de covid-19 tuvo un impacto negativo en muchos modelos de negocio y empresas de todos los tamaños, así como en el emprendimiento y el mundo del financiamiento. Según Salazar (2020), el número de transacciones de inversión en *startups* en América Latina cayó 26%: de 325 en la primera mitad de 2019 a 240 en los primeros seis meses de 2020, mientras que el monto invertido se desplomó 54%, de 2 400 millones de dólares a 1 100 millones en el mismo periodo, de acuerdo con los datos de Crunchbase. Según el estudio sobre la demografía de los negocios elaborado por el Instituto Nacional de Estadística y Geografía (Inegi), al menos 1 010 857 establecimientos, que representan 20.81% del total de las compañías contabilizadas en 2019, dejaron de operar por los retos y complicaciones que les trajo la pandemia. En consecuencia, algunas acciones frente a la pandemia de covid-19 fueron renegociar acuerdos con vendedores y proveedores, reducir gastos de venta y mercadeo, congelar nuevos ingresos, despidos, reducciones de salarios y bonos, recaudación de capital adicional, cese de planes de extensión o prueba de productos nuevos, entre otras.

Sin embargo, según Reyes *et al.* (2021) se podría decir que el incentivo más importante para el ecosistema de *startups* es la creciente necesidad de soluciones disponibles al alcance de la mano, herramientas digitales y procesos de automatización. En ese sentido, aunque la pandemia tuvo un impacto negativo en las empresas análogas, la realidad es que el impulso de las empresas tecnológicas se ha hecho notable. Fue un balance y desequilibrio al mismo tiempo en ambos mundos, el tecnológico y el tradicional.

En 2021 el número de empresas *FinTech* que operan en el país registró un crecimiento de 16%, llegando a 512 empresas de este tipo en México, según datos de Finnovista y Forbes México (Noguez, 2021). Los inversionistas comenzaron a poner los ojos en las *startups* que buscaban y proponían soluciones en bases tecnológicas como *big data*; internet de las cosas (IOT); *e-commerce*; herramientas de teletrabajo, educación online, entretenimiento, *retail*, finanzas, salud; soluciones para entregas a domicilio para restaurantes, supermercados y sector farmacéutico; *HealthTech, FinTech*, entre otros. Un ejemplo es la plataforma digital Zoom, que se volvió una herramienta de trabajo clave durante el confinamiento. Según sus datos oficiales, tuvo un crecimiento de 400%, al pasar de 75 millones a 300 millones de usuarios a nivel global, desde finales de 2019 cuando se anunció la pandemia hasta 2023 (Ittelson, 2023).

A la par, muchas *startups* y empresas tecnológicas alrededor del mundo comenzaron a ofrecer sus herramientas y servicios de manera gratuita en diferentes sectores. Al abrirse así a sus potenciales clientes aprovecharon la oportunidad de darse a conocer y crecer su base de usuarios, al mismo tiempo que ayudaron en temáticas de tecnología, salud y servicios en la pandemia de covid-19. Por ejemplo, la *EdTech* peruana Crehana (2020) habilitó su programa #YoAprendoEnCasa al lanzar sus cursos en línea gratuitos por un periodo de 24 horas, para que las personas pudieran mantenerse activas durante la cuarentena.

Kindorse, *startup* regiomontana que ayuda a la medición de satisfacción del cliente en los restaurantes, creó un software para que los restauranteros pudieran crear sus menús QR en segundos y de manera gratuita. Su cofundador Christian Reich (2023) comentó que en menos de 24 horas alcanzaron más de mil restaurantes, con un total de 8 mil digitalizaciones en todo Latinoamérica. Esto sirvió al mismo tiempo como *lead magnet*, es decir, una manera totalmente altruista y astuta de abrirse puertas en su sector.

La *startup* mexicana Zubia desarrolló un test gratuito de covid-19 que llegó a 25 millones de usuarios en 194 países. También realizaron convenios con aplicaciones de telemedicina para brindar servicio gratuito en línea para sus usuarios. En promedio, más de 3 mil teleconsultas al día por siete meses, según me comentó Tomás Iglesias, cofundador de la *startup* (2023).

En la actualidad y en nuestro país conseguir el crecimiento acelerado de una *startup* sin financiamiento es mucho más difícil de lo que parece. La evolución que el mismo ecosistema ha adoptado en cuanto a lo que es una *startup* y cómo debe de crecer ha provocado que en su gran mayoría muchos adapten el modelo de *venture capital* para su crecimiento.

La siguiente cita de René Lomelí sintetiza muy bien el espíritu resiliente de los emprendedores mexicanos que los lleva a enfrentar los panoramas más adversos y a proponer cambios trascendentes: "El ecosistema de *startups* en México es la oportunidad de, a través de compañías privadas, impactar industrias, impactar regiones, impactar calidad de vida para bien. A través del emprendimiento podemos hoy en un mundo donde emprender es más barato, por múltiples razones. Es el probar que hay una forma de generar empleos, de romper el privilegio, de cambiar acceso, de hacer múltiples cosas que impactan directamente, hablando de Latinoamérica, en cómo consumimos servicios, cómo distribuimos riqueza, cómo cambiamos la realidad de cómo vivimos el hoy".

Por último, Roberto Peñacastro, cofundador y CEO de LeadSales, lo ve así: "Construir una *startup* en México es como jugar Super Mario Bros en el nivel más difícil. Porque mucha gente te dirá que no se puede, que es muy difícil, que debes mudarte para conseguir talento. Los obstáculos están a la orden del día en un país donde parece que existen trabas en cada proceso de emprender:

desde registrar y crear tu empresa hasta pagar impuestos que hacen sentir que vale más la pena ser empleado. Sin embargo, creo que es el mejor lugar para construir una *startup* a pesar de las adversidades, ya que en México formas una empresa literalmente a prueba de todo".

Un ejército de emprendedores

Detrás de cada empresa que se crea están las personas que deciden fundarlas e invierten su tiempo, dinero, energía y todos los recursos posibles. Pareciera que los emprendedores tienen superpoderes. Transforman ideas en iniciativas rentables. Son capaces de innovar, de crear nuevos productos y servicios, y explorar otros mercados. Levantan capital. Tienen habilidades para dirigir equipos de trabajo, crear empleos, seguir aprendiendo conforme esto sucede, priorizar las tareas de productividad y brindarles lo mejor a sus equipos. Sin embargo, eso no es suficiente. Me atrevería a decir que los que al menos tenemos cercanía a la palabra *emprender* somos afortunados y muchas veces no lo visualizamos de esa manera.

De acuerdo con el estudio "(Des)Ventajas al emprender" (2023), realizado por Impact Hub y Meta, la discriminación también está latente en el emprendimiento y refleja la desigualdad en temas como la clase social, la edad, el nivel educativo, el género, e incluso el tono de piel. Es una realidad que las personas de un nivel socioeconómico medio-alto tienen más tendencia a emprender, más que las personas de clase baja. Me gustaría vivir en un mundo y en un México en donde esta estadística de clases no fuera promordial para que una persona decidiera atreverse a hacerlo, sin embargo, es una realidad dolorosa que se vive en nuestro país.

En temas de brechas de género, solamente 17% de las *startups* financiadas por *venture capital* a nivel global tiene una cofundadora mujer, de acuerdo con datos de LAVCA (en Fen Ventures, 2024). Tan solo 6% de las empresas unicornio regionales incluye a una mujer y menos de 1% son CEO, según información de Endeavor México y Glisco Partners (Zamarrón, 2022).

Según el informe *Análisis del panorama emprendedor en México para el año 2023: enfoque en la participación femenina*, publicado por la Asociación de Emprendedores de México (Asem), 21% de las empresas han sido establecidas únicamente por mujeres, ya sea de manera individual o en colaboración con otras mujeres, mientras que 67% de las empresas cuenta con al menos una mujer en su equipo fundador. Y de acuerdo con datos del Inegi, apenas 19% de las mujeres son emprendedoras (*Forbes*, 2024). Valeria Rangel, cofundadora de The Face, confirma que como mujeres emprendedoras a veces tienen que esforzarse el doble o ser agresivas para conseguir entrar a conversaciones de negocios.

Durante 2022 las empresas establecidas únicamente por mujeres obtuvieron 2% del total de la inversión en capital de riesgo, mientras que 15% de los inversores en capital de riesgo son mujeres. También, según Mariano González (2023), MGV Capital tiene cifras impresionantes en cuanto al número de inversiones que han realizado en emprendedoras, con 28% en su portafolio de inversión y 33% que conforman su equipo de inversores y analistas. Es como un ciclo sin fin: para que existan más mujeres emprendedoras se necesitan también más mujeres que participen en roles de inversión.

En cuanto a iniciativas en México para equilibrar la balanza de género, un ejemplo es Chany Ventures, un programa de preaceleración para emprendedoras globales en etapa temprana. Ofrecen mentorías, acercamiento con inversionistas y educación para la construcción de sus *startups*. A su vez existe Mujeres Invirtiendo, una comunidad de mujeres que trabaja para lograr aumentar el número de mujeres que invierten en *venture capital*.

De hecho, en mi búsqueda de fuentes de información y voces a entrevistar me enfrenté con esta disparidad; la mayoría pertenece al género masculino. En un esfuerzo por involucrar a más mujeres en la conversación busqué perfiles dentro del ecosistema, pero muy pocas accedieron a tener la entrevista. Envié correos (varias veces), pedí introducciones, busqué por LinkedIn y me encontré con que muchas de ellas no estaban interesadas en participar o incluso no obtuve una respuesta después de muchos intentos. Sé que allá afuera hay muchísimas que están aportando, que están construyendo con condiciones aún más adversas de lo normal, que están rompiendo las barreras impuestas a nuestro género. Sin embargo, cabe cuestionarnos por qué dejar pasar la oportunidad de hacer escuchar sus voces en proyectos como este. Puede que sea parte de lo mismo, de que se nos ha enseñado a no hablar de nosotras mismas, a minimizar nuestros éxitos, a rechazar la autopromoción. No tengo una respuesta y valdría la pena investigar a profundidad el caso, pero sí es un ejemplo claro de las consecuencias menos evidentes de la brecha de género en este ecosistema.

Ahora, ¿por qué emprenden los que emprenden? Desafortunadamente en la actualidad el emprendimiento en México más que ser una pasión que muchos deciden seguir, continúa siendo una necesidad. En la Encuesta anual de actividad empresarial GEM (Global Entrepreneurship Monitor) (Barrera *et al.*, 2021) se muestra que existen dos tipos de motivación empresarial, aquella conducida por necesidad y la conducida por oportunidad (Barrera, 2021). Más específicamente, la "Radiografía del emprendimiento en México 2023" de la Asem (2024) desmenuza las siguientes razones por las cuales un mexicano decide emprender:

- 28% encontró una oportunidad rentable
- 16% buscaba crecimiento profesional
- 17% logró desarrollar o mejorar productos y servicios
- 16% necesitaba recaudar más fondos e ingresos propios

Es decir, en México emprender es una opción vital para enfrentar el desempleo o la necesidad de una mayor cantidad de ingresos ya existentes. Por otro lado, una investigación realizada por Ipsos (en Torres, 2023), indica que 55% de los mexicanos tiene intenciones de emprender; sin embargo, uno de cada tres no lo hace por miedo al fracaso.

No sé cómo comenzar a describir lo valientes que son aquellos que dan el salto a emprender. Los he llegado a ver en sus momentos más altos de grandeza, conociendo a los mejores inversionistas del mundo, concursando y viajando constantemente para ampliar sus redes de *network* y aprendiendo día con día, consiguiendo entrar con las aceleradoras más importantes y transmitiendo una energía que no puedo lograr describir en palabras exactas. Al mismo tiempo he sido testigo de sus momentos más vulnerables: he conocido sus soledades, donde muestran una determinación inquebrantable y una pasión incansable por convertir su visión en una realidad. Un tanto locos, dispuestos a desafiar lo convencional para demostrar al mundo su capacidad de innovar en rincones olvidados.

Lo que más podría rescatar es que a pesar de que ya tienen un gran peso en su mochila personal, la mayoría de ellos y ellas siempre están dispuestos a seguir enseñando a otros. No importa que su tiempo sea limitado y que tengan un millón de presiones encima, e incluso la mayoría de las veces poco tiempo para sus familiares y relaciones personales, siempre encontrarán la forma de compartir un cachito de lo que han aprendido con otros emprendedores. Eso es de honrarse. Para mí son héroes o heroínas modernos, cada uno a su manera, enfrentando desafíos con valentía y resiliencia, y forjando el mañana con sus propias manos.

Las empresas son el producto de los sueños tejidos por fundadores valientes y visionarios. Son historias de pasión, determinación y valentía, donde cada obstáculo es solo una oportunidad para convertir su visión en un legado.

Incubadoras y aceleradoras

En México el ecosistema emprendedor y de *startups* ha tenido que impulsar su propio desarrollo de manera autónoma y colaborativa de parte de grandes instituciones públicas y organizaciones privadas que cada vez apuestan más por el emprendimiento en el país.

Si contamos la historia del emprendimiento en México, tenemos que hablar del Instituto Nacional del Emprendedor (Inadem), el cual era un órgano administrativo desconcentrado de la Secretaría de Economía, establecido en enero de 2012 durante el mandato del entonces presidente Enrique Peña Nieto, a modo de continuación del Fondo Pyme creado en 2004 durante la administración de Vicente Fox Quesada (Gobierno de México, 2013).

Tenía como objetivo "instrumentar, ejecutar y coordinar la política nacional de apoyo incluyente a emprendedores y a las micro, pequeñas y medianas empresas, impulsando su innovación, competitividad y proyección en los mercados nacional e internacional para aumentar su contribución al desarrollo económico" (Secretaría de Economía). Fungía como una institución que otorgaba apoyos a emprendedores, incubadoras, negocios, fondos de inversión, creación de eventos, así como el apoyo y promoción de iniciativas.

Como parte de este esfuerzo se creó la Red Nacional del Emprendedor, así como el Observatorio Nacional del Emprendedor (Gobierno de México, 2013). Del brazo del Inadem cada año se vivía la Semana Nacional del Emprendedor, un espacio donde emprendedores, empresarios, inversionistas, funcionarios y expertos se reunían para participar en conferencias, talleres, exposiciones y actividades enfocados en el emprendimiento, la innovación y el desarrollo empresarial. De acuerdo con la Confederación Patronal de la República Mexicana, gracias al Inadem se crearon aproximadamente 42 fondos de inversión de capital de riesgo mexicano, lo cual permitió invertir en los emprendedores (Rodríguez, 2023).

En 2019 el ecosistema de emprendimiento en México recibió una noticia que despertó el descontento: con 57 votos a favor y 44 en contra el Senado de la República del gobierno de Andrés Manuel López Obrador aprobó la desaparición del Inadem (Álvarez, 2021). Los legisladores aprobaron reformar la Ley para el Desarrollo de la Competitividad de la Micro, Pequeña y Mediana Empresa (LDCMPME), la cual tiene por objeto promover el desarrollo económico nacional a través del fomento a la creación de micro, pequeñas y medianas empresas y el apoyo para su viabilidad, productividad, competitividad y sustentabilidad (Cámara de Diputados, 2023). La razón de la clausura que dio el presidente fue que había presuntos casos de corrupción en el instituto y, con el fin de eliminar intermediarios y ahorrar dinero, se buscaría que los apoyos llegaran directamente a los pequeños y medianos empresarios.

Muchos emprendedores siguen en luto por la eliminación del Inadem, ya que comentan que no se estudió previamente qué es lo que se hacía antes de erradicarlo.

BrandMe
Gerardo Sordo (*founder* y CEO)

Fundada en 2011, BrandMe es una plataforma que ha creado herramientas y tecnología innovadora para marcas líderes a nivel global con creadores de contenido influyente. Con ello ha ayudado a generar y distribuir contenido patrocinado. Una pionera de la industria de Influencer Marketing en México.

Su fundador, Gerardo Sordo, se atrevió a formar de manera autónoma una de las primeras compañías enfocadas en el sector de los medios digitales. Como *solo founder* —único fundador de una *startup* sin un equipo de cofundadores—, el reto de emprender en México es aún más grande: "Ser un único fundador es sentirse como un papá soltero, al final de cuentas tu emprendimiento es como un bebé y muchas veces uno se puede sentir solitario en el camino. Tienes que cumplir de manera excelente con clientes, aliados, proveedores y con tu propio equipo".

Gerardo recibió apoyos por parte del Inadem para BrandMe. Explica que, de una forma muy sencilla, según la convocatoria, en la plataforma ingresabas las necesidades que tenías en ese momento, así como las evidencias que lo justificaran, y recibías aproximadamente 60 o 70% del monto solicitado.

"En menos de una semana completé la convocatoria. Una vez que pasé todos los pasos y estudiaron mi empresa recibí un apoyo para comprar las primeras computadoras, que serían esenciales para mis equipos de trabajo. Después de eso tenías que crear un reporte de justificación de gastos y comprobar con facturas, para que el gobierno pudiera tener una constancia de que aumentaste tus empleos, tu facturación, entre muchos más.

"Las veces que viví la semana del emprendedor me ayudaron mucho de dos formas. Una fue exposición a gran escala, ya que me invitaron a dar varias conferencias. La segunda, había intercambios en los que te regalaban el espacio para tener un *stand*; su elaboración y construcción corrían por tu cuenta, pero estabas ahí y podías llegar a más personas. Era todo el ecosistema reunido en un mismo lugar. Me ayudó a conectar con empresas como Facebook, Twitter, Google, que en esos momentos parecían inalcanzables, y muchas más enfocadas en tecnología [...] también a cerrar muchos clientes muy grandes como Republic Cosmetics. Verdaderamente cuando iba comenzando en este tema de *startups* fue de gran impulso para el crecimiento de BrandMe".

En 2014 BrandMe quiso comenzar a buscar inversión, pero Gerardo se dio cuenta de que su modelo era poco conocido en México. La aceleradora Wayra México, una organización de la empresa Telefónica, que ayuda a acelerar *startups*, le otorgó 50 mil dólares. Después de eso la *startup* comenzó a crecer y no requirió de otra inyección de capital.

La trayectoria de Gerardo ha sido reconocida por el aclamado premio EY Entrepreneur of the Year, también en la categoría de "Emprendedores Latinoamericanos del año" por el Tecnológico de Massachusetts (MIT) y formó parte de las 30 promesas de Forbes México.

"Al ser pioneros en la industria de influencer marketing tenemos responsabilidad de seguir marcando tendencia e innovación en la industria". Gerardo constantemente brinda mentorías y apoya a más emprendedores de nuevas generaciones.

Desde la perspectiva de Ángel Blanco, ex subdirector de Emprendimiento Social y Ambiental y creación de retos en el Inadem desde 2017 hasta su cierre oficial y actualmente director de Contenidos en Talent Network, este era un instituto que si bien brindaba apoyos económicos, él reconocía que era más un apoyo moral: "Fue de gran importancia ya que un gobierno, llámese el que se llame, no tiene la capacidad de darle empleo a toda una población, es ahí cuando fomentas el emprendimiento y se empieza a invertir en ciertos sectores para ampliar ese rango de crecimiento laboral. Los emprendedores siempre están buscando en dónde aprender, herramientas para crecer y sobre todo apoyos y financiamientos. El Inadem apoyaba a todo el ecosistema emprendedor y fue un gran catalizador para la creación de innovación y tecnología en el país. Era darles esas herramientas para saber si estaban haciendo lo correcto o no. Ahora tienen que respaldarse tras instituciones privadas".

En la actualidad el gobierno federal de México no cuenta con una institución que respalde *startups* como tal, pero hay algunas alternativas. La Secretaría de Economía (2020) cuenta con la Unidad de Desarrollo Productivo, que se encarga de revisar, proponer, promover, diseñar, coordinar y ejecutar la política pública de apoyo a micro, pequeñas y medianas empresas, con una perspectiva de reducción de la desigualdad entre personas y regiones. Opera a través del Fondo Nacional Emprendedor y el Programa Nacional para el Financiamiento al Microempresario (Meza, 2023). Otra opción es la Nacional Financiera S. N. C. (Nafin, s. f.), un banco de desarrollo que se enfoca en impulsar el mercado local y la creación de empleos por medio de proveer financiamiento accesible a micro, pequeñas y medianas empresas (mipymes) que operan en México. A pesar de esto ocho de cada 10 pymes consideran que no hay apoyo federal para el crecimiento de sus negocios (Meza, 2023).

En cuanto a iniciativas gubernamentales estatales para el apoyo a emprendedores, la Secretaría de Innovación, Ciencia y Tecnología del estado de Jalisco desarrolló la Red de Centros de Innovación y Emprendimiento Guadalajara (REDi). Anatalia Trujillo (2023), su directora general, menciona que se trata de una plataforma que vincula y capacita a emprendedores, empresarios, estudiantes y *startups* a través de innovación y emprendimiento con 11 centros de innovación en todo Jalisco. También ofrece programas de incubación y aceleración para *startups* con aliados como Endeavor México y el Tecnológico de Monterrey. Un brazo de la REDi es Plai, una institución de educación superior que promueve el desarrollo de competencias y habilidades para los empleos y demandas de la era digital, tales como cursos de industria digital, tecnología de la información, inglés, habilidades blandas, entre mucho más. Por otro lado, están las aceleradoras e incubadoras públicas, como

Creativa GDL, enfocada en proyectos con innovación, ciencia y tecnología en industrias creativas. De hecho, ahí nació Synergy Estudio, una *startup* enfocada en el metaverso. Otra opción es el Fondo Jalisco de Fomento Empresarial (Fojal), un fideicomiso que tiene por objeto el crecimiento, creación, consolidación y escalamiento de las micro, pequeñas y medianas empresas.

Nuevo León es un estado que se ha destacado por su capacidad industrial y de generación de grandes empresas. En él hay iniciativas como PeakNL, que ofrece actividades periódicas, programas de alto impacto y su plataforma digital a las startups y *scaleups* del estado y la región. Su paquete emprendedor, *one-stop shop,* brinda beneficios para emprendedores en áreas de trabajo como CRM, *cloud, analytics,* diseño y demás. Según su director general, Carlos Saucedo (2023), lo que buscan es ser un facilitador para los emprendedores, aportando al ecosistema actividades que proporcionen conocimiento y momentos clave para que las *startups* de Nuevo León puedan crecer:

Una actividad importante que realiza Peak es la vinculación con el ecosistema nacional e internacional estando presente en eventos como Mexico Tech Week, San Antonio Startup Week y South by Southwest (SXSW) en Austin, Texas, en donde buscan poder vincular el ecosistema y los emprendedores con oportunidades. Esto se puede ver reflejado por la vinculación con actores clave del ecosistema de Texas, como, por ejemplo, Alamo Angels e International Accelerator, donde existe una comunicación directa para impulsar a *startups* e iniciativas del ecosistema. Todo esto busca crear en Nuevo León el mejor estado para idear, hacer y crecer *startups* en México.

De hecho, en el momento en el que me encuentro escribiendo estas palabras, más de 25 *startups* regiomontanas fueron seleccionadas por PeakNL y viajaron hasta Austin, Texas, para vivir el South by Southwest (SXSW), uno de los festivales de tecnología, innovación y diseño más importantes en todo el mundo. La cercanía que tiene Nuevo León con la frontera de Texas está abriendo oportunidades increíbles. Tan solo hace algunas semanas tuve la oportunidad de asistir a un evento en MTY Digital Hub, llamado San Antonio Meets Monterrey, organizado por Tech Bloc, una comunidad compuesta por individuos, inversionistas y *startups* con el interés de apoyarse mutuamente. Este puente digital y presencial que se está conectando con Estados Unidos abre caminos para las startups en México.

MTY Digital Hub es el primer ecosistema de transformación digital en el país que une a empresas, instituciones académicas, emprendedores, fondos de *venture capital* y gobierno, fundado en 2018 por Alfa, Arca Continental, Banorte, Cemex, Cydsa, Deacero, Femsa, IBM, Neoris, el Tecnológico de Monterrey, la Universidad Autónoma de Nuevo León y la Universidad de Monterrey. Todos comparten la visión de fomentar el ecosistema digital a través de la adopción de mecanismos de innovación abierta y colaboración con emprendedores, así como el entrenamiento de talento digital. Mauricio Muñoz (2023), su director general, dice al respecto:

MTY Digital Hub está diseñado para favorecer a los emprendedores con un enfoque B2B (*business to business*) en tecnología digital, pues con más de 25 corporativos activamente participando a través de diferentes tomadores de decisiones es más fácil conectar con los retos de transformación digital internos de las organizaciones y esto funciona como una especie de aceleradora comercial para los emprendedores y permite a su vez acelerar su crecimiento. Próximamente comenzaremos a invertir en estos emprendimientos mediante un fondo de *venture capital* multicorporativo para cerrar el círculo virtuoso de apoyo al emprendedor. Lo que hacemos es reducir fricciones de ambos lados de la ecuación. Por el lado del corporativo, ayudamos a identificar y priorizar los retos internos relacionados con transformación digital, mientras que por el lado del emprendedor filtramos aquellos que tengan la capacidad de resolver ciertos retos y conectamos con tomadores de decisiones. Al final el beneficio es para ambos lados de la conexión, pues, por un lado, aceleramos el crecimiento (*startup*) y, por otro lado, aceleramos la transformación digital (corporativos).

Por último, Invest Monterrey es la agencia oficial de promoción de inversiones del Estado de Nuevo León, impulsada principalmente por el Consejo de Nuevo León, el gobierno del estado y decenas de organizaciones del sector público, privado y académico.

En cuanto a iniciativas privadas, hay varias opciones. Una de ellas es Startup México (SUM), fundada y presidida por Marcus Dantus, que participa activamente a nivel local y regional. Ofrece una amplia variedad de programas orientados a *startups*, pymes y corporaciones, con un enfoque especial en estimular la innovación.

Por otra parte, Mario García (2023), tras vender una *startup* de la cual era inversionista, viajó a Silicon Valley para traer el modelo y *playbook* de TechStars, una de las aceleradoras más reconocidas en el mundo. Así nació la aceleradora pionera en Monterrey Startup Studio, fundada en 2014 por 12 empresarios regiomontanos, que ayudaba a emprendimientos de alto impacto y base tecnológica a llegar al siguiente nivel. En palabras de Mario (2023): "es un programa tipo incubación, que te va llevando de la mano, pero con un esquema acelerado, se ayuda a nacer, a que convierta una idea en validación utilizando diferentes metodologías y acompañamiento, se llaman aceleradoras por su esquema acelerado". Este más tarde cofundaría con su socio, Santiago Sada, AngelHub Ventures, el club de inversionistas ángeles más activo de México y Latinoamérica, con una red de más de 160 miembros.

A pesar de que en México existen diversas aceleradoras importantes, los fundadores mexicanos pueden aplicar a las que emergen en otras partes de Latinoamérica e incluso Estados Unidos. 500 Global, antes 500 Startups, fue una de las primeras aceleradoras con presencia en México, junto con Orion Startups y Naranja Labs. Nacida en 2010 en Silicon Valley y con presencia en más de 80 países, ha hecho más de 1 200 inversiones con la misión de salir a buscar emprendedores en todo el mundo. A Latinoamérica llegó en 2013 a probar el modelo de crecimiento que los destaca: crear marcas hiperlocales con la capacidad de levantar capital y encontrar buenas compañías en donde invertir por medio de *fund managers*, es decir, gestores de fondos (Lomelí, 2023).

Recientemente 500 Global ha cambiado su estructura: actualizó su oferta de 80 mil dólares a 300 mil dólares para *startups* de etapa temprana en América Latina. El programa Somos Lucha desapareció para ofrecer un plan uno a uno con cada compañía que tendrá una duración aproximada de seis a 12 meses. Ya no hay convocatorias por periodos de tiempo, lo que quiere decir que cualquier *startup* puede aplicar a 500 Global en cualquier momento. Así como ya no habrá *inversiones grupales*, cada mes se estará invirtiendo en compañías individuales. Esto abre la posibilidad de que los *founders* no tengan que esperar cada cierto tiempo para intentar ingresar, sino que pueden aplicar en cualquier día del año.

Endeavor México
Vincent Speranza, director general

La organización nace en 1997, cofundada por Linda Rottenberg y Peter Kellner, en Nueva York, con la visión de transformar economías a través de emprendimiento de alto impacto, gracias a la ambición, la capacidad y el liderazgo, así como la generación de historias, riqueza y empleos. Las filiales de Chile y Argentina nacen en 1997 y llega a México en 2002.

Vincent Speranza define tres etapas que ha tenido Endeavor en México. La primera consistió en la evangelización y construcción de los actores. Había que convencer a medios de comunicación, para que comenzaran a hablar de emprendimiento y promovieran historias de emprendedores; a las universidades, que en ese entonces solo egresaban personas para que fueran directivos, empleados y gerentes administrativos. Además, no existían los fondos de *venture capital*. "Si hoy en 2023 ves que se habla de unicornios, es porque hace 20 años tuvimos que poner las condiciones reunidas para que se hablara de emprendimiento" (Speranza, 2023).

La segunda fue una década de emprendimientos relativamente tradicionales: Café Punta del Cielo, Tanya Moss, Daniel Espinoza, Game Planet, entre otros. En cambio, en Argentina tenían a Mercado Libre, Globant, Despegar, donde predominaban las *startups* y empezaban a despegar o a salir a bolsa. México tuvo un rezago en la adopción de tecnología para escalar sus negocios, así que las empresas no encontraban las condiciones para lograr-lo. Las excepciones a la regla podrían ser Metros Cúbicos, una de las primeras plataformas digitales, o Mediotiempo.com; ambas después fueron compradas, un hito importante antes del *boom*. Después vino Clip. Adolfo Babatz (Clip) es uno de los primeros con la obsesión de cambiar la economía digital en México. Lo tenía todo: la obsesión, la experiencia, la irreverencia, la actitud. Fue el primero que levantó una ronda superior a 100 millones de dólares, el primero que obtuvo inversión de Softbank y General Atlantic, es el que abrió la jungla de emprendimiento de *venture capital* a machetazos. En ese momento dijimos: "He is the one", y así es como se convirtió en el primer emprendedor tecnológico de Endeavor (Speranza, 2023).

Hoy, Endeavor opera en 42 mercados. Vincent define su corazón como *entrepreneurship*, donde los expertos analizan, estudian y eligen emprendedores, para convertirlos en Emprendedores Endeavor. Para ello pasan por un proceso de selección extremada-mente riguroso, en el cual compiten entre 70 y 100 compañías, de las cuales solo un aproximado de seis entran al programa. Sin em-bargo, los emprendedores NO *aplican*, tienen que ser escogidos; pueden tocar la puerta, pero se tardan hasta 18 meses en responder.

Una vez que consiguen entrar, sus proyectos empresariales se convierten en empresas Endeavor y reciben apoyo en las siguien-tes dimensiones: financiamiento, adquisiciones, preparación para su salida a bolsa, talento (sin reclutar), cultura, medición de desem-peño, escalabilidad, estrategias de relaciones públicas, posicio-namiento en medios, publicidad y alianzas, estrategias de diver-sidad e inclusión, e incluso salud mental de los emprendedores.

También cuentan con la unidad de inteligencia y datos, llama-da Endeavor Intelligence. Produce estudios y *data* con el fin de poner a Endeavor como referente en materia en innovación y em-prendimiento, pero también de compartir esta información con el emprendedor para que pueda tomar mejores decisiones. Lue-go, esa data va hacia Endeavor CoLabs, la marca que diseña pro-gramas de intraemprendimiento e innovación abierta. Entonces, los grandes corporativos, como Nestlé, Heineken, Mastercard,

HSBC, Fundación Televisa, entre muchos más, ejecutan sus estrategias en donde puedan tener un acercamiento armónico con el ecosistema de *startups*.

Al día de hoy Endeavor México ha generado más de cinco empresas unicornio en México y ha apoyado a más de 260 empresas a través de su fondo Endeavor Catalyst. Su relevancia en la construcción de un ecosistema que hoy vemos más fortalecido es inminente. Eduardo de la Garza, quien se desempeñó como gerente regional y para quien una de sus grandes misiones era aplicar su filosofía para que la zona norte del país pudiera generar más emprendedores, dice: "Si no fuera por Vincent Speranza y Fernando Fabre [expresidente de Endeavor Global] el ecosistema de emprendimiento y *startups* en México iría cinco años atrás de lo que vemos ahora".

Eventos y puntos de encuentro

La cantidad de eventos presenciales y digitales que existen hoy en día a nivel nacional son mucho más que una tendencia, es una transformación, el resultado de lo que muchos años comenzó con diferentes historias y pioneros del ecosistema emprendedor. Muchos de ellos ofrecen grandes oportunidades de *networking*, conferencias con expertos e incluso competencias e iniciativas para recaudar capital. Sin embargo, va más allá de conectar a fundadores con inversionistas, es un espacio que permite transmitir de manera orgánica las ganas de fundar o de trabajar dentro de una *startup*. He conocido a personas que han asistido a estos tipos de eventos que cuando llegaron no conocían la palabra *startup* o tenían la idea de que era algo completamente diferente. En ese sentido, los eventos son clave para difundir el emprendimiento e invitar a más a sumarse al ecosistema con sus propios proyectos.

Mario García Dávila, cofundador y *managing partner* de Angel Hub Ventures, coincide con la relevancia de asistir a los eventos de emprendimiento:

Hace algunos años, cuando comencé en el mundo de las startups, inicié siendo mentor y socio de una *startup* que necesitaba capital para seguir creciendo, necesitaban 50 mil dólares de ese entonces. Les dije que les ayudaría a conseguir capital y en México no fue posible. Nos fuimos a San Francisco a un evento llamado TechCrunch Disrupt y participamos en un hackaton. Seguido a eso viajamos a Las Vegas a Consumer Electronics Show (CES) y terminamos en una aceleradora en Madison, Wisconsin. Ahí teníamos a un *lead investor*; nos iba a invertir y nos dijo: "Mejor los compro", y fue como tuvimos un *early exit*.

Las moralejas son dos. La primera: no te limites a tu ciudad y a tu país; si tienes hambre, ganas y tienes un buen proyecto, toca otras puertas. Y la segunda: los eventos sí funcionan, te dan promoción y conexiones y fui testigo de eso hace más de diez años.

En la Ciudad de México, Guadalajara y Monterrey, los tres ejes principales del emprendimiento en México, hay al menos dos o tres eventos de los muchísimos que se organizan relacionados con el desarrollo de negocios. Los organizan diferentes entidades, desde fondos de *venture capital*, aceleradoras, medios digitales de emprendimiento, hasta los mismos *founders* de *startups* que buscan compartir y conectar con más personas involucradas en el sector creando comunidades.

El Jalisco Talent Land, antes conocido como Campus Party México, de Talent Network, es uno de los primeros eventos que comenzaron a abordar el emprendimiento en tecnología en el país. En él se presentan *speakers* con grandes trayectorias y experiencias.

En Monterrey se lleva a cabo el incMTY, uno de los más importantes a nivel nacional e incluso de Latinoamérica. Cuenta con convocatorias, como INC Acceleration y Heineken Green Challenge, para impulsar a fundadores en sus emprendimientos y lograr recaudar capital para sus *startups*. Para Israel García (2023), cofundador y CEO de Startuplinks, la experiencia en este evento fue determinante: "Recuerdo cuando asistí a incMTY por primera vez en 2015, estudiaba en la Universidad de Mazatlán y no tenía idea del ecosistema que existía. En ese entonces me gustaba el dibujo 3D y pensé que me dedicaría a algo de impresión en 3D. En ese incMTY escuché por primera vez la frase *lean startup* en una charla de Startup Studio que dio Mario García Dávila. Gracias a ese momento es que ahora estoy acá en el ecosistema".

A esta visión se suma Eduardo de la Garza, exdirector general de MTY Digital Hub y exgerente regional de Endeavor México, actualmente *general partner* de Blue Zone Ventures y CEO y fundador de Data Rebels, cuyo primer acercamiento al mundo de las *startups* fue en una edición de Startup Weekend realizada en 2012 en Boston. En ese momento, Eduardo no había escuchado la palabra *startup* y aprendió más en un fin de semana de lo que le habría tomado reunir todo ese conocimiento de forma empírica. Al poco tiempo lanzó dos *startups*, una de las cuales ya no se encuentra en operación.

Venture Café en Monterrey, del Venture Café Global Network con apoyo del Tecnológico de Monterrey, es una iniciativa que busca amplificar el ecosistema de innovación local y conectar innovadores en la ciudad. El municipio de Monterrey ha impulsado las Mty Business Nights, reuniones para integrar al ecosistema emprendedor de la ciudad y acercar las oportunidades de desarrollo a los negocios locales.

Por su parte, Scale Up Nation es una comunidad de mentes innovadoras que cree firmemente que la mejor ruta al éxito es crear sinergia entre ideas frescas y décadas de experiencia, entre emprendedores y *stakeholders*. Forma *partnerships* fuertes y relaciones significativas, conectando ideas geniales con actores clave para alcanzar el éxito, escalando emprendimientos y uniendo al ecosistema. Dentro de este encontramos a Monterrey University for Founders, una iniciativa conformada por seis universidades: UANL, UDEM, Universidad Regiomontana, Tec de Monterrey, Universidad del Norte y CECYTE NL y el Instituto de Innovación de Transferencia de Tecnología, bajo el marco del programa Scaleup Nation Monterrey, con el objetivo de impulsar nuestro ecosistema de emprendimiento de alto impacto como referente en América Latina. Asimismo, impulsa el Demo Day Monterrey, un evento de *pitch* para *startups* y *scale-ups* que conecta emprendedores calificados en diferentes etapas con inversores de todo el continuo de financiación.

En la Ciudad de México es donde se concentran más eventos masivos. Por ejemplo, Finnovista —próximamente en Cancún también— reúne a los más grandes referentes y expertos en *FinTech* de la región; la cumbre de capital privado de la Asociación Mexicana de Capital Privado (Amexcap); VUELA de Angel Ventures; Startup Weekend México, ahora organizado por TechStars; México Tech Week, organizado por líderes y pioneros en tecnología en México y con ayuda de más de 130 *partners* y fondos de inversión líderes, como DILA Capital, Hi Ventures, Nazca, Cometa, Redwood Ventures, Ignia Capital y muchos más.

René Lomelí, socio de 500 Global, antes 500 Startups, asegura que muchos de los principales pioneros del ecosistema en México tienen una relación con alguna edición de Startup Weekend, que después fue adquirido por TechStars. Este evento nace de una organización sin fines de lucro. Tuvo lugar durante un fin de semana en el que se invita a los participantes a presentar sus ideas para crear una *startup*. Luego, con la ayuda de mentores y expertos en negocios y tecnología, trabajan en equipo para desarrollar y perfeccionar sus ideas. El objetivo final era presentar un proyecto viable y convincente ante un jurado al final del fin de semana.

En un retiro de organizadores de Startup Weekend en 2013, cuando todavía el *venture capital* no era un sector latente en Latinoamérica, René conoció a Santiago Zavala, quien en ese entonces era socio principal de MexicanVC. Una de sus inversiones más destacadas ha sido a Conekta en 2011, la cual fue la primera empresa de tecnología mexicana que conectó a los negocios con una alternativa de cobro. Es la plataforma que con una sola integración te permite tener todos los métodos de pago en línea para tu negocio en México. 500 Latam invirtió como *limited partner* (LP) en el fondo de Santiago Zavala y años después, ambos con la misión de seguir creciendo e invirtiendo en empresas, adquieren a MexicanVC.

A su vez, instituciones importantes han creado espacios para el emprendimiento, como el BBVA Spark (2023) enlaCiudad de México, Guadalajara y recientemente Monterrey. Para apoyar a los emprendedores en su camino hacia el crecimiento, el banco ofrece una amplia gama de servicios adaptados a sus necesidades. Incluyen soluciones de financiamiento especializado, como el *venture debt* y los *growth loans*, junto con herramientas diseñadas para optimizar el capital de trabajo y mejorar la eficiencia en las operaciones diarias.

Escaparates del emprendimiento

En esta historia del emprendimiento en México también los medios de comunicación tradicionales y nuevos medios digitales han apostado por contar historias, dar a conocer iniciativas, difundir eventos e informar sobre las últimas tendencias y levantamientos de capital en la región y en nuestro país. Los tradicionales más destacados y que cada vez abarcan más el mundo de las startups, son por mencionar a algunos: Bloomberg Línea, Business Insider México, Forbes México, PRO Network, Emprendedor.com, *El Economista, El Financiero*, El CEO, *Expansión*, México Business News, y entre otros. De los nuevos medios podría mencionar a Descubre VC, Techla Media, Whitepaper, Startupeable, Tekios, La neta del VC, entre muchos más.

Recientemente los *pódcast* se han sumado a la tarea de compartir historias en conversaciones con personalidades importantes del ecosistema emprendedor. Podría mencionar algunos como *StartupLinks Podcast, Fundadores* de Alex Galvez, *Cracks* de Oso Trava, *Levantando Latam* de Francisco García Osuna, *Ángeles de LatAm* de 500 Latam y la lista sigue. Incluso me atrevería a decir que muchos de los *pódcast* que no concentran sus contenidos editoriales en *startups*, emprendimiento y tecnología, han abierto sus espacios a invitados de este ámbito. Esto demuestra que va más allá de una tendencia, que diferentes nichos y audiencias están interesados en aprender sobre este mundo. Enzo Cavalie, fundador y CEO de Startupeable, e inversionista de *venture capital*, dice al respecto: "Gracias a Startupeable recibo muchos mensajes de gente que entró al mundo *startup* por escuchar y leer nuestro contenido. Gente que salió de trabajos que no les llenaban y encontraron en *startups* y tecnología un ambiente para explorar su curiosidad, ser creativo y generar impacto. Esas historias son las que más me emocionan del ecosistema *startup* porque recién es el inicio. Cada vez serán más y la industria de tecnología, con todos sus problemas, es en mi opinión la industria más *justa*, donde importa más que eres capaz de hacer, y menos de dónde vienes o a quién conoces".

A su vez, está Fran García, host de *Levantando Latam*: "Crear contenido sobre *venture capital* ayuda a desmitificar cómo funcionan los fondos de capital de riesgo. A un emprendedor que está levantando capital le ayuda mucho saber los incentivos que tiene el inversionista".

A pesar de que en el ecosistema se ha creado un estigma de que los premios al emprendimiento, si acaso, tienen relevancia a nivel personal, sí tienen un rol importante. En efecto, si bien no deberían de ser la principal motivación para emprender, sí suponen un reconocimiento de que se están haciendo las cosas bien y fomentan la innovación en sectores donde el "no" es la respuesta más común. Para ejemplificarlo me gustaría citar el testimonio de Walter Mata, un emprendedor regiomontano fundador de WasCo, una *startup* enfocada en crear materiales de construcción sustentables, cuyas tecnologías son atractivas en los sectores de minería, cementero y construcción a nivel internacional, con operaciones en Canadá.

En el sector donde estoy, que es ciencia en materiales, materiales avanzados, patentes, harto nivel de innovación, producción y operación. Si no eres tú o tu equipo de Harvard, MIT u otra universidad no eres considerado de confianza. ¿Qué hice yo? Ganar un premio del MIT para ser reconocido y darles algo de credibilidad. No significa que por ser mexicano nos va a ir mal; sino que las circunstancias de lo que pasa en México y cómo nos ven de fuera crea un criterio errático hacia nosotros y al generalizarlo nos afecta. En México tuve que buscar relacionarme con las familias que mueven el sector minero y cementero. Tengo a la familia Zambrano de Cemex como inversionistas ángeles, también a la familia Terrazas de GCC. Y así lograr este crecimiento que buscamos a nivel México. Gracias a esto nos ayuda a demostrar que si logramos replicar en otro país lo que hacemos en México, será más eficiente el escalamiento que la harta lucha que hemos tenido en

México. En México no hay apoyo en talento y en este tipo de tecnologías, porque no existen VC mexicanas que tengan esa capacidad de solvencia en invertir a muy largo plazo. La mayoría de las VC en mi *board* son extranjeras. Y no los culpo, lo entiendo, y por eso tuve que buscar darnos a conocer a nivel global, por eso ganar premios, competencias, así como participar en eventos internacionales me dan esa exposición e interés internacional que buscamos.

Por otra parte, la televisión también ha tenido un rol importante como medio de comunicación en la difusión del espíritu emprendedor. Programas emblemáticos como *Shark Tank México* han sido fundamentales para dar visibilidad a la cultura del emprendimiento, aunque sea a modo de entretenimiento y muy poco parecido a la realidad sobre lo que viven los emprendedores. Este programa tiene una presencia enorme en México y la mayoría de las personas que forman parte del ecosistema, y muchas que no, han escuchado alguna vez sobre su existencia.

Este *reality show* es una franquicia del formato internacional *Dragon's Den* (en español "La guarida del dragón") originada en Japón en 2001. En Estados Unidos se estrenó en 2009 ya con el nombre de *Shark Tank*. La versión mexicana llegó al canal Sony en 2016, producida por Sony Pictures Television, SPT Networks y Claro Video. Sus primeros *sharks* fueron Arturo Elías Ayub, director general de UNO TV y Fundación Telmex; Rodrigo Herrera, fundador de Genomma Lab International, una de las principales compañías farmacéuticas de México; Carlos Bremer, socio y director general del conglomerado Grupo Financiero Value; Ana Victoria García, fundadora de Victoria 147, y Patricia Armendariz, fundadora de Financiera Sustentable, hoy Finsus. Desde su estreno hasta el momento de la publicación de este libro ha habido ocho temporadas y los *sharks* han ido cambiando con ellas.

Quien ve el programa y no conoce el mundo de las *startups* e inversores puede creer que es muy fácil presentarse en el programa, exponer su emprendimiento y recibir inversión, pero la realidad es que va mucho más allá de eso. A ello le sigue un análisis detenido entre ambas partes, así como acuerdos legales y formalidades, como en cualquier otro levantamiento de capital. Según una fuente anónima, es común que los emprendedores al momento de realizar su *pitch* puedan proyectar ventas y números más alterados a la realidad. También muchas veces ha sucedido que emprendedores acceden a una inversión de parte de un *shark* por la presión de las cámaras y al terminar el programa deciden bajarse de la operación.

Roberto Peñacastro, cofundador y CEO de LeadSales, una herramienta que funge como CRM en WhatsApp para pymes, empresa que recibió inversión durante la octava temporada, y quien tiene experiencia con inversionistas de Silicon Valley, enfatiza que es importante llevar a cabo un seguimiento para que realmente se haga realidad. Así lo remarca con una frase épica: "Como cualquier inversión aquí y en donde sea; sin papelito y sin firma, como emprendedor no tienes nada". También menciona que no sabía qué *sharks* iban a estar en ese momento y no hay una presentación de los emprendedores con los inversionistas detrás de cámaras, lo que comprueba que el desarrollo del programa sucede de manera espontánea. Al ser un formato de *reality show* los emprendedores no tienen absoluto control sobre lo que se comentará e incluso expondrá sobre sus emprendimientos, las negociaciones son muy agresivas y, con la presión de las cámaras, los nervios pueden jugar en su contra. Independientemente del resultado, se requiere de mucha valentía para registrarse y acudir a este programa.

En cambio, Valeria Rangel, cofundadora de The Face, un *e-commerce* de regalos personalizados, no logró cerrar ninguna negociación con algún inversionista. Para ella, la experiencia de *pitch* en *Shark Tank* es fuera de lo ordinario porque te pone en una posición muy vulnerable, como menciona Roby. Tras inscribirse para participar, pasan un filtro que tiene una duración de varios meses, lo cual también les ayuda como *social proof* en estrategias de comunicación y relaciones públicas. Realmente, los emprendedores tienen 30 minutos para presentar y muchas cosas que sucedan en esos 30 minutos, no son mostradas en la edición final.

Tras no haber obtenido inversión, Valeria reconoce que el *feedback* y las críticas de los *sharks* son de alto valor y se siente muy afortunada, ya que no muchos emprendedores tienen la oportunidad de recibir una retroalimentación tan directa. Valeria y Paola Santos su cofundadora, han sido las emprendedoras más jovenes que ha tenido *Shark Tank México*, ambas aprecian y valoran la honestidad de los jueces y la exposición que les ha brindado el *reality show.*

Shark Tank ayuda a dar exposición a sus empresas y como un apalancamiento en medios de comunicación, es una validación social. En el caso de LeadSales, tras su aparición en *Shark Tank México*, también logró sumar a Brian Requarth, un experimentado inversionista en América Latina, a su *startup* con una inversión de 100 mil dólares, además de sumarse como *advisor* y su ayuda para expandir su negocio hacia Brasil (SoyEmprendedor.com, 2023).

La historia de Jamie Siminoff es otro gran ejemplo. En noviembre de 2013, acudió a *Shark Tank USA* para presentar la idea de Ring, unos *timbres inteligentes* que, conectados al wifi, permitían ver desde cualquier lugar quién tocaba la puerta. En ese entonces, él solamente necesitaba 700 mil dólares para fabricar más timbres y seguir haciendo crecer el negocio. A cambio, ofrecía el 10% de las acciones de la compañía, que en ese momento tenía un valor aproximado de 7 millones de dólares. Sin embargo, no logró cerrar ninguna inversión.

La exposición que Jamie Siminoff tuvo en el programa le permitió que Richard Branson lo conociera e invirtiera 28 millones de dólares. En 2016, Ring se sumó al Fondo Alexa de Amazon, el cual apoya a empresas innovadoras en tecnologías de voz. Esta inversión permitió a Ring aprovechar las API y capacidades de Alexa para desarrollar una nueva habilidad que permite a los usuarios ver las transmisiones de cámaras usando la voz en dispositivos como Echo Show y Fire TV. Cinco años después de ese episodio, Amazon tocó la puerta de este emprendimiento y la acabó adquiriendo por más de mil millones de dólares, una de las valoraciones más altas jamás presentadas *en Shark Tank*, y continuaron trabajando en conjunto (Amazon, 2018). Curiosamente, años después, Jamie participó en *Shark Tank USA* como juez (Pierson y Lien, 2018).

Esta historia refleja y enseña; que los inversores de *Shark Tank*, o cualquier *reality show* enfocado en negocios, muchas veces pueden perder grandes oportunidades, pero el destino para los emprendedores puede jugar en su favor, como en este caso. Al respecto, Jamie dice: *"Shark Tank* me rechazó, pero Jeff Bezos (Amazon) me adquirió".

El efecto multiplicador de las oportunidades

A pesar de la impresión y sensación de que el ecosistema de *startups* tiene más de 50 años en México, la realidad es que su camino ha sido más breve: entre 10 a 15 años aproximadamente. La situación actual en nuestro país es el resultado y el fruto de un arduo esfuerzo por parte de diversos actores que promueven constantemente el cambio: emprendedores, instancias e instituciones, historias de éxito y fracaso. Detrás de lo que se ve hoy en día, hay sentimientos de frustración y mucho trabajo de todos aquellos que han contribuido a sentar las bases de un ecosistema en constante construcción.

Sin embargo, unos de los primeros jugadores que comenzaron a tejer los hilos del efecto multiplicador que se ha vivido en el país son los inversionistas. Generalmente se toman más en cuenta las valuaciones de las empresas, sus crecimientos, beneficios y expansiones, temáticas enfocadas en inversiones y escalabilidad. Sin embargo, el *venture capital* en México ha aportado algo que tiene mucho más valor: es el detonante de que un solo emprendimiento o emprendedor puedan transformar compañías enteras.

Como hemos visto con la *Paypal Mafia*, el espíritu emprendedor puede ser contagioso. Cuando alguien emprende un proyecto puede inspirar a otros a seguir ese camino. El ejemplo y el éxito de un emprendedor pueden motivar a otros a buscar oportunidades, desarrollar ideas y lanzarse a emprender sus propios proyectos.

Dicen que todos los caminos llevan a Roma, pero el ecosistema de emprendimiento y *startups* mexicano, todos los caminos llevan a una empresa en particular. Existe una compañía que comenzó una *mafia* de innovación tecnológica en nuestro país de la que muy pocas personas tienen conocimiento: Linio. Fundada en 2012 por Rocket Internet SE, esta incubadora con sede en Alemania es reconocida por lanzar y respaldar *startups* en el campo del comercio electrónico y tecnología. En México fue una de las primeras *startups* o plataformas tecnológicas de *marketplace*. El portal fue lanzado ese mismo año y en tan solo algunos meses logró tener más de un millón de visitas. Para 2013, el crecimiento de la empresa fue de 300%, con lo que consiguió su expansión a otros países de Latinoamérica, a pesar de la entrada de Amazon en el país en 2015.

Según datos del estudio realizado por Endeavor Insights en 2019 *Evaluation And Network Analysis of Mexico City Tech Sector* (2020), Linio ha sido un gran impulsor dentro del ecosistema de *startups* mexicano. Ha proporcionado bases, avances, tecnología e inversión para el crecimiento del e-commerce en nuestro país. También menciona que los fundadores y excolaboradores de Linio fundaron al menos 66 empresas y participaron en fondos de inversión y otras organizaciones de apoyo en temas de emprendimiento. Incluso Vincent Speranza (2023) menciona que Linio abrió puertas a muchos extranjeros que llegaron a la Ciudad de México.

De las 66 empresas estudiadas, el 70% tiene sede en México. El 66% de estas compañías vio la luz entre los años 2015 y 2016, y un 30% fue fundado por personas que anteriormente trabajaron en Linio. Además, el 47% opera en el sector del comercio electrónico, el 32% cuenta con más de 10 empleados, el 6% tiene más de 10 conexiones con Linio y el 35% ha recibido inversiones.

El mejor ejemplo es Bernardo Cordero (2023), cofundador de Linio, un verdadero revolucionario del ecosistema. Es actualmente presidente de la Asociación Mexicana de Venta Online (AMVO) y cofundador de la misma. Esta asociación nació en 2014 y es responsable de la creación del *Hotsale* en México, una iniciativa que impulsa el ecommerce en nuestro país. En 2023, creó en conjunto con otras personalidades México Tech Week, un evento que sumó a líderes de *venture capital* como Dila Capital, Hi Ventures, Nazca, COMETA, entre más de 800 asistentes en su primera edición. Ha invertido en *startups* y es miembro del consejo de muchas otras. También es cofundador de Flat.mx, una plataforma que brinda soluciones inmobiliarias en México, la cual pasó por un proceso de aceleración en Y Combinator. En sus palabras, "Linio fue el verdadero pionero que sentó las bases en nuestro país. Revolucionó los pagos, la logística y educó a los clientes sobre las posibilidades que existían en el *e-commerce*, abriendo de par en par las puertas del mercado. Las posibilidades que existieron en *FinTech* y en *e-commerce* después de esta compañía, son ahora el resultado de lo que comenzamos hace más de 10 años. Alguien tenía que probar, invertir, abrir caminos, atraer talento extranjero y ese fue Linio".

Los emprendimientos que se desprenden de "La mafia de Linio" son varios. Everdeen Capital es un banco de inversión centrado en relaciones a largo plazo cofundado por Ulrick Noel Capital. El primer unicornio mexicano Kavak fue cofundado por Carlos García Ottati y Roger Laughlin Carvallo, ex-CMO y exdirector general de ventas en Linio, respectivamente, en conjunto con Loreanne Garcia Ottati. Lunna, que vino a cambiar el juego en el sector del descanso y la venta *online* de colchones, fue fundada en 2015 por tres exejecutivos de Linio: Guillermo Villegas, William Kasstan y Carlos Salinas. Oliver Scialom, quien fue exgerente de marketing de Linio en Latinoamérica, cofundó Petsy.mx, uno de los primeros sitios *online* que ofrecía productos para mascotas. En julio de 2018 fue adquirida por Maskota (+Kota), la tienda de productos para mascotas más grande de México. Otras empresas fueron Apli, Uno Dos Tres y Urbvan, entre muchas más.

Linio fue adquirida en 2018 por el minorista chileno Falabella en agosto del 2018 por 138 millones de dólares (2018), pero su influencia dejó una huella imborrable en México. Este efecto multiplicador no solamente se basa en abrir las brechas de las oportunidades y pruebas en torno al mundo de la tecnología, según comenta Bernardo, fue también una gran oportunidad de recibir a personas del extranjero para poner manos a la obra en esa empresa. Adolfo Babatz, fundador y CEO de Clip; Vincent Speranza, director general de Endeavor México, y René Lomelí, socio en 500 LATAM (antes 500 Startups), entre otros coinciden que, en México, todos los caminos llevan a Linio.

El caso Yaydoo
Roberto Riverol, cofundador

Yaydoo es una plataforma fundada en México en 2016 por Sergio Almaguer, Roberto Flores Riverol y Guillermo Treviño. Nació con el propósito de ofrecer soluciones tecnológicas integrales y de alta calidad a corporativos y pymes, con la visión de llegar a todo el mercado mexicano. Desde su creación han impactado a más de cien mil compañías.

Según Riveroll (2023), desde sus inicios en la Ciudad de México, más precisamente en una residencia en el barrio de San Pedro de los Pinos, los fundadores comenzaron con su plataforma B2B, dedicando esfuerzo y perfeccionamiento hacia la plataforma. Yaydoo fue uno de los primeros pioneros en enviar ligas de pago por WhatsApp y a raíz de su crecimiento, fueron pivotando hasta encontrar el producto perfecto.

En 2018 Yaydoo levantó una ronda en fase semilla de 1.5 millones de dólares, en ese entonces, era impresionante para el ecosistema ver esas cantidades de dinero en ese tipo de rondas de inversión, ya que aún no llegaba fuerte inversión a México. En 2021 recibieron inyección de capital en una Serie A por 20 millones de dólares, la cual fue liderada por los fondos Base 10 Partners y moonashes, con la participación de Softbank Latin America Fund y Leap Global Partners.

Fue después de esa Serie A, un año más tarde, que el equipo fundador comenzó a preguntarse en puntos de decisión; ¿es momento de levantar más capital y llegar a otros mercados, o es momento de aceptar una fusión? En ese momento aceptaron fusionarse con Paystand, una empresa reconocida de California, que también contaban con un software de cuentas por cobrar y por pagar, y eran más grandes que ellos en ese entonces. La intención era que Yaydoo viera por Latinoamérica y Paystand por Norteamérica. Con esta decisión nace el unicornio, al juntar las valuaciones de ambos. En palabras de Roberto Riverol:

Básicamente, nosotros decidimos hacer la fusión en vez de levantamiento de capital por nuestra cuenta, para crecer más rápido y porque pudimos pronosticar lo que se venía en cuanto al mercado en los próximos años, que el capital no sería tan abundante como lo fue anteriormente. Una de las decisiones también fue pensar en una futura IPO, pues sería más accesible hacerlo con una empresa americana, que siendo latinoamericana. Muchas veces es mejor sumar fuerzas, una fusión es todo, es prácticamente como casarte con una persona, que conozca tus debilidades y habilidades y que ambos estén encaminados hacia un mismo objetivo. Se comparte la participación de las acciones, es un crecimiento en conjunto, compartir el talento y comenzar a alinear. En una fusión hay un cierto dolor y sufrimiento al principio, pero hay un beneficio muy fuerte a largo plazo.

A diferencia de una adquisición, como la que tuvo Yaydoo hacia la firma de infraestructura financiera Oyster Financial en 2022, esta funciona como una compra, tal cual como comprar un carro, aunque dependiendo de los términos, el equipo anterior puede entrar dentro de esta adquisición. Expone Roberto el caso de la compra de Elon Musk hacia Twitter, para crear ahora X, mismo que decidió limpiar absolutamente todo el equipo anterior y comenzar desde cero, incluso volviendo a bautizar a la compañía.

En el ámbito del ecosistema empresarial, surge la interrogante acerca de si Yaydoo ostenta el título de unicornio. La realidad es que esta empresa marca un hito como el primer unicornio gestado a través de una fusión, un proceso en el cual dos o más entidades se amalgaman para dar origen a una nueva corporación. Esta unión implicó la convergencia de negocios, inversores y una significativa transacción vinculada a una inversión adicional con Paystand. Con una valoración que supera los mil millones de dólares, Yaydoo obtuvo el estatus de unicornio y como el primero que es creado de dos empresas entre Estados Unidos y México.

En palabras de Roberto Riverol (2023): "Somos un caso diferente y somos el primer unicornio en México que sale a través de una fusión. Realmente este término para mí es un número, dejándose si somos unicornio, camello o cualquier otro ser mitológico. Somos un unicornio fusionado, un número, nuestro enfoque está mucho más allá de la terminología que nos pudiera definir. El ecosistema tiene que dejar de fijarse en las valuaciones numéricas y más en el valor como empresa".

Un punto importante a destacar con Yaydoo es su efecto multiplicador. Si algo he aprendido de Guillermo Treviño, cofundador y CTO de Yaydoo a partir de las conversaciones e intercambios de ideas que he tenido con él desde inicios de 2024, es que emprender no es algo que salga fácilmente de la mente de un emprendedor. A pesar de que él ya ha conseguido un unicornio en conjunto con su equipo, la mentalidad de seguir construyendo productos y buscando una razón de seguir creando soluciones lo está llevando a construir Supervisor AI, una plataforma de inteligencia artificial, que evalúa el desempeño de las conversaciones digitales. Al mismo tiempo, Roberto se encuentra desarrollando Ecosis, una nueva *startup* que ayuda a conectar empresas con otras de tecnología para resolver sus desafíos.

Guillermo me enseñó que cuando un emprendedor lanza una *startup* aprende todo lo necesario y luego busca amplificar esos conocimientos hacia otros proyectos. La pasión que inunda a un fundador puede convertirse en un efecto multiplicador que no solamente favorece a que más *startups* nazcan en México, sino a brindar ofertas laborales a futuras generaciones y a la resolución de más problemas en nuestra región. En la mentalidad de ambos, no es solo la construcción de una *startup* que pueda o no, alcanzar el estatus unicornio, sino seguir explorando el camino del emprendimiento y brindar más oportunidades.

El efecto multiplicador fomenta una cultura de apoyo y colaboración pero, sobre todo, de aprendizaje. Esto ayuda a que los pioneros que con sus logros abrieron camino puedan traspasar esos conocimientos a otras generaciones e, incluso, convertirse en ángeles inversionistas y mentores de *startups* de reciente nacimiento. Este efecto es esencial para el apoyo de las siguientes generaciones que buscan construir un futuro.

Los inversionistas mexicanos

Uno de los personajes promotores más importantes de la inversión ángel en México y América Latina, así como del ecosistema de emprendimiento, es Mario García Dávila, fundador de AngelHub Ventures. Este club de ángeles inversionistas profesionales enfocados a emprendimientos de alto impacto nació en 2019 y es uno de los más activos de Latinoamérica. Su misión es formar un ejército de ángeles inversionistas profesionales y presentarles oportunidades de inversión en *startups* de alto potencial para apoyar a emprendedores, diversificar sus portafolios y tener la oportunidad de ser socios de empresas que logren escalar.

AngelHub Ventures está invirtiendo tickets desde 25 mil a 250 mil dólares, que es generalmente un *ticket* promedio en este tipo de inversión, en etapas *Pre seed, seed* y preserie A y algunas series A, ya que al ser un club, tienen la opción de entrar a rondas de inversión que generalmente abarcan los fondos de *venture capital*. Estos *tickets* se reúnen en conjunto con los diferentes ángeles que son parte del club y que deciden participar en la inversión.

Hoy han reunido más de 160 ángeles de todo Latinoamérica y buscan reclutar a muchos más, pues, Mario destaca, la inversión ángel es necesaria para que las *startups* crezcan. Además, se debe dar a conocer más tipo de inversión para que sea considerada por muchas más personas y aumente la apuesta por proyectos emergentes. Mario García Dávila, socio director de AngelHub Ventures dice: "Los ángeles inversionistas son importantes actores en el ciclo de financiamiento de una *startup*. Me di cuenta de que hace cuatro años en California había 13 mil ángeles inversionistas activos, sumándole a los de Nueva York, Seattle, Austin. Son decenas de miles de ángeles activos que apoyan *startups*, y en México apenas existían al menos 300. Teníamos que hacer algo al respecto, dar a conocer y educar, que, si bien son inversiones de alto riesgo, pero todas lo son. Si apoyamos a más emprendimientos de alto impacto, le daremos la vuelta al país con muchos beneficios. Necesitamos crear un ejército de ángeles para que los emprendedores lleguen más preparados al tocar puerta con los fondos grandes".

Como actualmente no existe una manera en la que México pueda medir en cantidades exactas realmente cuántas inversiones ángel están sucediendo en el ecosistema, Angel Hub Ventures, en conjunto con la AMEXCAP, la Universidad Panamericana y el EGADE Business School del Tecnológico de Monterrey ha lanzado el primer análisis de inversión ángel en México, *El Perfil del inversionista de Ángel Mexicano* (2023). Para ello, se realizó una encuesta en línea para inversionistas ángel, cuyos temas centrales rondan en torno a sus perfiles, estrategias de inversión, preferencias industriales y criterios de selección de proyectos para invertir. Además, se examinará el impacto de su participación en el éxito y desarrollo de las startups en las que invierten. Al cierre de esta edición, el estudio no se ha concluido. No obstante, Mario García Dávila (2024), me compartió los siguientes resultados preliminares en exclusiva para este libro:

- 92% de los inversionistas son hombres.
- El rango de monto invertido más frecuente ronda entre los 5 mil y los 10 mil dólares.
- Las inversiones se realizan principalmente en las etapas FFF (27.4%), semilla (24.2%) y presemilla (38.6%).
- El número de inversiones por ángel más frecuente es de menos de 9.
- Las industrias que más reciben inversión ángel son *FinTech* (35%), *HealthTech* (17%), *Enterprise SaaS* (16%), *e-commerce* (13%), *FoodTech y EdTech (12%)* y *LogiTech* (7%).
- 30% hicieron su primera inversión entre 2021 y 2023.
- El 84% de las fuentes de *dealflow* se reparte entre las redes de ángeles (35%), las aceleradoras o incubadoras (25%) y los eventos del ecosistema (24%).

Si bien los datos pueden tener modificaciones en la publicación definitiva, ya apuntan a tendencias claras de las cuales podemos sacar algunas conclusiones y empezar a conocer el perfil de los inversionistas mexicanos. En cuanto a *venture capital*, sabemos que en otras economías se invierte alrededor de 2% del PIB del país de *venture capital* y en México, este monto no llega a 0.1% del PIB. Aunque la economía mexicana no se compara con las otras, sí podemos aspirar a invertir las mismas proporciones, lo cual abre la oportunidad a las personas que cuentan con capital de involucrarse en el sector (Ruiz, 2023). Por ello, es tan importante el trabajo de investigación para levantar datos sobre estos temas, pues los *business angels* y fondos de capital de riesgo son actores clave del ecosistema y ciclo de financiamiento de las *startups* mexicanas.

En cuanto a los fondos de *venture capital* en México, con grandes portafolios de inversión, han sido clave para la consolidación y expansión del ecosistema emprendedor en la región. Su participación activa y sus inversiones estratégicas no solo han impulsado el crecimiento de *startups* prometedoras, sino que también han fomentado un ambiente propicio para la innovación, el desarrollo tecnológico y la atracción de talento en el panorama empresarial mexicano. Algunos de estos son Ignia Capital, Hi Ventures (antes ALLVP), Angel Ventures, Dalus Capital, Wollef Ventures (antes Jaguar Ventures), Nazca Ventures, Redwood, Cometa, Caravela VC, Dux Capital, Life Its Too Short Capital, Latitud, Nexxus Capital, Dila Capital, Fondo de Fondos, entre otros.

El primero es uno de los fondos de capital de riesgo de mayor antigüedad en México al fundarse en 2007 por Fabrice Serfati (2023). Su primer fondo de *alto impacto* —es decir, un impulsor de empresas y proyectos con causas sociales y medioambientales (Uresty, 2024)— consistía en un fondo de inversión de 100 mil millones de dólares—. Este capital provenía de instituciones como IFC del Banco Mundial, JP Morgan, Fundación Rockefeller, Banco Interamericano de Desarrollo, entre otros. Años más tarde convirtieron sus inversiones y fondos en *venture capital*. Ese año apenas se estaba lanzando el iPhone, no existían plataformas digitales y apenas algunos proyectos tecnológicos en los cuales invertir. Por supuesto que el *venture capital* era algo totalmente desconocido para México. Al respecto dice Fabrice: "En 2007 cuando comencé con Ignia Capital, no tenía la menor idea de lo que era *venture capital*. Cualquiera que te diga en México que eso existía te está contando una historia que no es, se tuvo que construir con base en relaciones, creación de nuevas *startups* y mucha colaboración. El ecosistema de *startups* y *venture capital* no sería nada ni será sin la colaboración entre todos los agentes del mismo ecosistema".

También comenta que los montos de inversión jamás van a ser los mismos que en Estados Unidos. Depende de varios factores, sobre todo de la etapa de crecimiento de la *startup* (presemilla, semilla y Series A, B, C, D), la cantidad de capital que se necesita y el capital privado que ingresa en la región.

Para Jimena Pardo (2023), cofundadora en Hi Ventures, el ecosistema de *venture capital* inició en México hace aproximadamente unos 10 a 15 años. Su fondo I "beta" nació en 2012, del cual ella fue emprendedora con Carrot, una empresa de coches compartidos. Jimena considera que la adopción digital en ese entonces era muy poca, la infraestructura era difícil. Carrot fue el primer cheque del entonces ALLVP, ahora Hi Ventures.

A lo largo de su historia, Hi Ventures consolidó su liderazgo dentro del mercado mexicano gracias a los altos rendimientos realizados por encima de cualquier otro vehículo invertido por las afores, a lo sofisticado de su portafolio y al ser coinversionista de los fondos de más alta categoría mundial, como ACCEL, Sequoia, Tiger, Global Management NFX, QED, Lightspeed, entre otros. En 2019 y como parte de una renovación interna que busca enfocarse en las tecnologías de la inteligencia artificial (IA), migró sus Certificados de Capital de Desarrollo (CKD) a la Bolsa Institucional de Valores (BIVA). Este vehículo listado en BIVA busca formar un nuevo fondo de hasta 100 millones de dólares enfocado en IA, con el que podría inyectar recursos a entre 15 y 20 pequeñas empresas. La posición y atractivo de Hi Ventures cobra mayor relevancia en un contexto como el actual, donde un tercio de las *startups* en la región latinoamericana se enfoca en inteligencia artificial, mientras que, en

México, se ha triplicado el volumen de startups que construyen con esta disciplina y que buscan financiamiento. Al respecto, comenta María Ariza (2024), CEO de BIVA:

> Hi Ventures impulsa y lidera la rápida adopción de inteligencia artificial en la región, apoyado en equipos técnicos de alta especialización y en plataformas y herramientas tecnológicas con gran potencial de escala, lo que lo ha convertido en el mejor aliado de las empresas tecnológicas, al responder a sus necesidades en su tarea de construir a partir de la inteligencia artificial, permitiéndoles mantenerse a la vanguardia.
>
> En BIVA nos sentimos muy entusiasmados de recibir a Hi Ventures, ya que además de compartir el objetivo de mantenernos relevantes dentro del mercado a partir de nuestro perfil altamente tecnológico e innovador, también buscamos ser un motor de cambio y de crecimiento para las empresas y emprendedores en México y en toda la región. Estamos seguros de que, desde BIVA, seremos un gran aliado y apoyo en sus metas, acompañándolos en esta tarea de hacer de México un país de inversionistas y triunfadores.

Angel Ventures es una firma de *venture capital* enfocada en inversiones en startups en etapa temprana con alto potencial de crecimiento en toda América Latina. Fue fundada en 2008 como la primera red de inversionistas ángeles en México siendo pionera en la industria. Durante un periodo también se contaba con la incubadora de proyectos llamada Archetype, pero ahora solo mantienen el fondo. A lo que Valeria García, PR y *communications manager* agrega:

> Este año es particularmente especial dado que la firma cumple 15 años de trayectoria lo que me llena de satisfacción ver no solamente lo que hemos hecho en la industria y el impacto que hemos tenido en los emprendedores, aliados, corporativos, etc., sino que también ver lo que los *managing partners* han logrado con el equipo. Actualmente, Angel Ventures cuenta más de 120 millones en activos bajo gestión y ha invertido en más de 30 empresas como Clip, Kueski, Urbvan y Homie. Además, tenemos oficinas en Guadalajara, Colombia y recien-

temente con el lanzamiento del fondo en Austin, estamos abarcando más territorio para continuar con el compromiso de impulsar emprendedores.

incMTY, Dalus Capital
Rogelio de los Santos, fundador

La primera entrevista que realicé para este libro fue con Rogelio de los Santos. En su oficina se exhibían diversos premios otorgados por grandes instituciones, no solamente nacionales, también internacionales. Entre ellos, logré identificar un pequeño unicornio en un rincón. Lo primero que hizo Rogelio fue enseñarme un folleto que decía "Monterrey Venture Capital Conference 2010: The Dawn of Mexico 's Venture Capital Industry", uno de los primeros eventos en donde asegura Rogelio se escuchó la palabra *venture capital* en México.

La chispa de emprendimiento nació en Rogelio de los Santos a una temprana edad. Su primer contacto con este mundo fue cuando su padre, después de tener más de 20 años trabajando para una empresa en la que también fue intraemprendedor, decidió renunciar para lanzar negocios de logística, minería e infraestructura para la industria automotriz. A raíz de ello, Rogelio, a sus 15 años, se dio cuenta de que quería convertirse en un constructor de proyectos.

Uno de sus primeros emprendimientos fue Concert Tours, una agencia de viajes que ofrecía traslados al sur de Monterrey para llevar a los clientes a los conciertos de la ciudad. Después, escaló a llevar a los regiomontanos a conciertos y eventos de entretenimiento en Estados Unidos.

En 1998, aun cuando estaba estudiando, creó una organización de la sociedad civil llamada Generación Empresarial Mexicana (GEM) y ofrecía eventos de capacitación con sede en la Ciudad de México y en Monterrey. Convocaba a actores clave de la economía y la política a compartir conversaciones con el mundo de las empresas. De hecho, fue las primeras veces que en foro en las que se mencionó la frase: "México necesitaba abrirse al mundo". A ellos asistieron los entonces estudiantes Gerardo de la Madrid, Antonio y Juan Pablo del Valle Perochena, Juan Beckmann, Marco Antonio y Carlos Slim, José Sada, Roberto Zambrano, Leonardo Castro y Gabriel Chapa.

En su segundo foro en la Ciudad de México, con ayuda de Enrique de la Madrid, lograron invitar a Ronald Reagan, expresidente de Estados Unidos y quedó sorprendido con el ecosistema que se comenzaba a construir en México. Fue hasta que Rogelio decidió crear Hombre Libre... Libre Empresa, que tuvo la presencia de Luis Donaldo Colosio, candidato a la presidencia de la República por el Partido Revolucionario Institucional (PRI), Carlos Salinas, Armando Valladares, Alfonso Romo y otros más.

Rogelio tenía la intención de invitar a Mijaíl Gorbachov, expresidente de la ex Unión Soviética; sin embargo, nadie lo veía como una posibilidad. Lo habló con el cofundador de GEM y director de la sede de la capital, Héctor Fernández, y se animaron a ir a Moscú de la noche a la mañana. Con la tarjeta adicional de American Express del padre de Rogelio, volaron hasta Berlín.

Cuando llegaron, se enteraron de que casualmente el martes de esa misma semana era el tercer aniversario del derrumbamiento del muro de Berlín y que los invitados de honor eran Ronald Reagan y Mijaíl Gorbachov. Así que aprovecharon las conexiones anteriores que habían tenido con Reagan para llegar con el objetivo de contactar a Gorbachov. Con un par de fotografías y folletos de lo que estaban creando en México y después de muchos obstáculos, lograron que Gorbachov se interesara en ellos y les cedió unos minutos para platicar.

Rogelio había empacado una cámara, pero había olvidado las baterías, así que contactaron a Emilio Azcárraga con la esperanza de quizás tuvieran un corresponsal en Moscú que pudiera documentar el suceso. Televisa México prestó a sus corresponsales de Rusia y al día siguiente enviaron la grabación por señal satelital. Con solo horas de diferencia, Jacobo Zabludovsky presentó a dos jóvenes mexicanos de menos de 20 años que habían viajado hasta Moscú para invitar a Mijaíl Gorbachov al país, a un evento empresarial. Fue una noticia de la cual se habló durante una semana entera.

Afortunadamente, Rogelio y Héctor lograron convencerlo, pues para su suerte tenía un viaje a Brasil que podía conectarlo con México, y el primero prometió conseguirle los vuelos y hospedajes necesarios para hacerlo realidad.

La experiencia de Rogelio en la organización de eventos lo llevó a desarrollar otros emprendimientos. Aquí es cuando entra Endeavor: Fernando Fabri y Daniel Marcos, quien ese momento estaban al frente de Endeavor en México, se dieron cuenta del potencial que tenía Rogelio para convertirse en un "Emprendedor Endeavor". Sin embargo, era fundamental que fuera dueño de una empresa y él en ese momento acababa de vender en 2007 Cinépolis, una cadena de cine. Entonces, le dijeron que considerara hacer un fondo en lugar de construir una empresa como tal.

Tiempo después, Rogelio se asoció con Paul Ahlstrom, un estadounidense con amplia experiencia en el mundo de *venture capital* de Estados Unidos, para fundar Alta Ventures en 2008, mismo que se convirtió en Dalus Capital en 2012, uno de los primeros fondos de *venture capital* en México. Cuando iniciaron operaciones se dieron cuenta de que no había muchos jugadores en ese momento y de lo difícil que era emprender y recaudar capital en México.

Entonces tuvieron una reunión con el secretario de Economía, el subsecretario de Hacienda y el director de ProMéxico, y les presentaron un estudio de 29 recomendaciones agrupadas en cinco áreas sobre cómo podía comenzar a explotar la industria de *venture capital* en México. Ese documento llegó a manos de la Comisión Nacional Bancaria y de Valores de Hacienda y de la Secretaría de Economía y nació la idea de crear un instrumento en donde las afores pudieran invertir, sin la necesidad de cambiar leyes y reglamentos. Empezó a detonar la conversación sobre cómo se podían liberar cerca de 18 mil millones de dólares para invertir en capital privado, en infraestructura y bienes raíces.

Parte de esas acciones los llevaron a pensar en una manera de poder hablar sobre esto en lugares donde tuvieran más impacto. En conjunto con la EGADE del Tecnológico de Monterrey, comenzaron a planear uno de los primeros eventos que hablara sobre la industria de *venture capital* en México, cuyo folleto fue el que me mostró Rogelio cuando me recibió en su oficina y que años más tarde se convertiría en el incMTY. A la par, crearon iniciativas como Entrepreneur 100 y lanzaron un certificado global de emprendimiento en alianza con el Tec de Monterrey y el instituto de innovación.

Pidieron a Josh Lerner, un economista estadounidense conocido por su investigación en capital de riesgo, capital privado, innovación y emprendimiento, "la voz de Harvard en temas de *venture capital*", que hiciera un paper acerca de qué tenía que hacer México para que la industria de *venture capital* naciera en el país. Rogelio y Paul le pagaron 30 mil dólares de su bolsillo para desarrollarlo y que lo presentara en el evento. Esto demuestra el interés que existía de su parte para llevar el proyecto a gran escala dentro del país.

Rogelio de los Santos actualmente es socio fundador y director en Dalus Capital, uno de los principales fondos de inversión en México, anteriormente conocido como Alta Ventures México, que nació en 2008. Rogelio es también cofundador de la sede del Founder Institute en Monterrey, una de las aceleradoras de *startups* previo a la ronda *seed* (semilla) más grande del mundo y ha ayudado a lanzar más de 4500 empresas en más de 200 ciudades y seis continentes. Desde 2013 fundó y preside incMTY, el festival de emprendimiento de origen regiomontano con alcance en Latinoamérica por la importancia y apoyo al ecosistema tecnológico desde su nacimiento. Su trayectoria en la creación de eventos educativos en este sector y la construcción de relaciones que se derivó de ello fueron necesarios para su desarrollo como *venture capitalist* y posteriormente convertirse en uno de los empresarios más importantes de México.

Wollef Capital, antes conocido como Jaguar Ventures, nació en el *e-commerce* Gaudena. Seis meses después, en enero de 2013, Cristóbal Perdomo, cofundador y *general partner*, vino a México a una junta de consejo y ahí les comentó que querían construir un fondo. Ahora Wollef invierte en mercado de habla hispana en Latinoamérica, en donde México predomina. En su portafolio cuenta con unicornios como Nubank, Loft, Konfío y Kavak.

Los fondos internacionales de VC que comenzaron a entrar en las conversaciones del emprendimiento en México, por mencionar a algunos son Softbank, moonashes, Tiger Global, Sequoia y Broadheaven. También existen los fondos de *Corprate Venture Capital* (CVC) que surgieron a raíz de los años 2000, de los cuales podría destacar a Cemex Ventures, Wayra (Corporate Venture Capital de Movistar), GBM Ventures, Fiinlab, Arca Continental y BBVA con su asociación con Propel Venture Partners, su primer fondo de CVC con enfoque en *FinTech*.

Por otro lado, LAVCA (Association for Private Capital Investment in Latin America) y la amexcap (Asociación Mexicana de Capital Privado) han sido fundamentales en el desarrollo del mismo ecosistema, así como un sinfín de entidades que siguen apostando por los emprendedores de alto impacto. Esta última, fundada en 2003, es una organización sin fines de lucro, cuya misión es fomentar el desarrollo de la industria de capital privado y capital emprendedor en México. Al cierre de 2022, representó a más de 80 firmas de capital emprendedor, capital emprendedor corporativo, crédito privado, capital de crecimiento, bienes raíces e infraestructura y energía; así como a más de 40 firmas de asesoría especializada.

Por último, se encuentran los *dealmakers*, quienes, en palabras de la experta en estructurar proyectos de *fundraising* Daniela Primera (2023), se encargan de "hacer *fundraising* de la forma correcta y no morir en el intento". Para ella, levantar capital es prepararte para el maratón más importante de tu vida, porque te permite no solamente obtener un profundo conocimiento de tu organización, sino también de la relación con tus cofundadores, equipo y cualquier agente que tenga que ver con la empresa. "Hacer *fundraising* es volver a pensar y repensarte, comprender tu posición en el mercado y si eres un *real big deal*".

Salir a bolsa en México

Así como en Estados Unidos hay dos bolsas de valores —la más tradicional, New York Stock Exchange (NYSE) y la más innovadora y enfocada en el sector tecnológico National Association of Securities Dealers Automated Quotation (NASDAQ)—, en México tenemos la Bolsa Mexicana de Valores (BMV), que existe desde 1894, y la Bolsa Institucional de Valores (BIVA), que se fundó apenas en 2018. Actualmente, no hay mucha diferencia entre ellas (Elizondo, 2023), salvo que la última promueve la inclusión financiera y brinda nuevas oportunidades para el mercado mexicano (Ariza, 2024).

Según María Ariza (2024), CEO de BIVA, esta reciente bolsa de valores mexicana tiene su origen en la Central de Corretajes SAPI de CV (CENCOR) —formada por las empresas Enlace, PiP, MEI y BIVA—, la cual ha contribuido al crecimiento de los mercados financieros en México, Estados Unidos y Latinoamérica desde hace más de 30 años. En febrero de 2013, la CENCOR presentó a las autoridades financieras mexicanas el proyecto para crear una nueva bolsa de valores. Desde entonces, trabajó en su desarrollo de manera estrecha junto a la Secretaría de Hacienda y Crédito Público, el Banco de México y la Comisión Nacional Bancaria y de Valores. En octubre de 2015, solicitó formalmente una concesión para organizar y operar la nueva bolsa de valores, la cual le fue otorgada en agosto de 2017. Sin embargo, fue hasta el 25 de julio de 2018, que biva inició oficialmente su operación.

Como está regulada por la CNBV, las empresas interesadas en listar sus acciones en BIVA deben cumplir con ciertos requisitos de elegibilidad y presentar la documentación requerida para su revisión y aprobación. Una vez que se cumpla, las acciones de la empresa estarán disponibles para ser compradas y vendidas por inversores en el mercado secundario, a través de intermediarios financieros autorizados, como plataformas electrónicas de negociación. Después de que se realiza una transacción, BIVA garantiza que se realice la liquidación y compensación de la operación de manera adecuada y oportuna. Esto implica la transferencia de la propiedad de las acciones y el pago correspondiente entre las partes involucradas en la transacción.

A la vez, BIVA supervisa el cumplimiento de las normas y regulaciones del mercado por parte de las empresas listadas y los participantes del mercado. Esto incluye la divulgación oportuna y precisa de información financiera y corporativa por parte de las empresas, así como la supervisión de las actividades de negociación para garantizar la integridad y transparencia del mercado.

La incursión de BIVA en el mercado de valores aporta beneficios al mercado financiero. Proporciona una alternativa a la BMV, lo que promueve la competencia, la transparencia en la negociación de valores y la diversificación en el mercado bursátil mexicano. Incentiva la innovación mediante la creación de mejores servicios, procesos de eficiencia y tecnología que hagan más eficiente y accesible el mercado. Fomenta la inversión tanto nacional como extranjera en México, pues se enfoca en brindar servicios a inversionistas institucionales y a empresas de todos los tamaños con potencial de crecimiento. Además, genera nuevos índices bursátiles modernos e incluyentes, asegura la continuidad del mercado, aumenta la visibilidad y liquidez de las emisoras, entre mucho más. En consecuencia, la BIVA no solo llegó a dinamizar el sector bursátil que por más de 100 años estuvo bajo un monopolio, sino que ha contribuido el crecimiento del sector financiero.

Si bien México cuenta con el mismo número de bolsas de valores que Estados Unidos, vemos una tendencia de los unicornios a listarse en este país. Por ejemplo, Mercado Libre logró su IPO en el 2007 en NASDAQ y Nubank en 2021 en la Bolsa de Nueva York. La razón es un tema de valuación: la sofisticación del inversionista estadounidense le permite reconocer el modelo de negocio de los unicornios, por lo que puede conseguir una valuación más acorde a lo que buscan los emprendedores y sus inversionistas. En México todavía hay una escasez de inversionistas que cuenten con equipos de analistas que puedan valuar adecuadamente este tipo de negocios.

Para María Ariza (2024), la migración de las emisoras nacionales a mercados extranjeros es un reto para el desarrollo del mercado bursátil mexicano. La dificultad de atraer y retener a las *startups* en nuestro país radica en razones estructurales del mercado mexicano y estadounidense, como son:

- Acceso a un mercado más grande: las bolsas de valores de Estados Unidos son los mercados financieros más grandes y líquidos del mundo. Esto proporciona a las *startups* mexicanas acceso a una base de inversionistas más amplia y diversificada.
- Mayor visibilidad y reconocimiento internacional: cotizar en una bolsa de valores de Estados Unidos puede otorgar a las *startups* mexicanas una mayor visibilidad y reconocimiento a nivel internacional. Esto puede ser especialmente importante para atraer inversores institucionales.
- Atracción de inversionistas especializados en tecnología: las bolsas de valores de Estados Unidos son conocidas por tener una base de inversores más sofisticada y especializada en tecnología y *startups*. Esto puede ser atractivo para las empresas mexicanas que operan en sectores tecnológicos y de innovación.

A ello suma Mario García Dávila (2023), de Angel Hub Ventures: "Las *startups* mexicanas no salen a la bolsa en México. Si se están yendo a hacer IPO a otros mercados como Estados Unidos, o recientemente lo están haciendo en Inglaterra, son mercados en donde hay más bursatilidad y si hay quien compre acciones de una *startup*, aquí en México, hay mucha desconfianza de comprar ese tipo de acciones, están saltando y se van a otras bolsas de valores".

Y complementa Cristobal Perdomo (2023), de Wollef Capital: "Es difícil salir a la bolsa en Latinoamérica, porque son chicas, la de Brasil es más grande que todas juntas. En Estados Unidos, para ser una empresa pública, necesitas tener un tamaño muy grande y dependiendo del momento, tiene que ser rentable. Creo que serán pocas y lo más normal es que haya una adquisición, el problema es:

las empresas latinoamericanas no están acostumbradas a comprar, muchos tienen el pensamiento de: 'si yo compro a alguien, estoy admitiendo que son mejores que yo' y eso limita este tipo de salidas, para las empresas americanas y europeas, seguimos siendo un mercado chiquito".

El reto principal para BIVA (Ariza, 2024) es impulsar el desarrollo del mercado de la mano con los principales actores del sector, proponiendo soluciones y alternativas que hagan más atractivo el mercado nacional para los empresarios, los intermediarios y los inversionistas con el objetivo final de que busquen colocarse con nosotros. En respuesta a este problema y como parte de las conversaciones con estas empresas, en BIVA están trabajando en una alternativa que les permita salir al mercado de forma simultánea en México y otros mercados (*dual listing*). Desarrollaron un programa para que los unicornios se queden con un pie en México mediante un *listado dual*, lo cual ofrece beneficios complementarios a solo pertenecer a una sola bolsa, como incrementar el volumen intercambiado en el mercado secundario y el nivel de capitalización. A nivel global, es una estrategia en tendencia que permite a las empresas tener presencia en distintos mercados y que más de 120 empresas ya están aplicando en los últimos años.

Al respecto de los unicornios mexicanos, María Ariza (2024) comenta lo siguiente:

Considero que el ecosistema emprendedor mexicano ha experimentado un crecimiento notable en los últimos años. De acuerdo con un estudio realizado por Endeavor y Santander México, al cierre de 2023 existen cerca de 407 *startups* activas en seis industrias y cuyo capital recaudado desde 2016 es de aproximadamente mil 800 millones de dólares. Esto es un indicador positivo del dinamismo y la innovación que existe en el país.

Si bien es cierto que los unicornios mexicanos tienen la oportunidad de posicionarse como líderes en economías locales o globales, aún necesitan desarrollar estrategias sólidas para competir. Hay que considerar que los unicornios generan empleos, impulsan la economía digital y contribuyen al desarrollo del país. Además, su éxito puede inspirar a otros emprendedores a crear nuevas empresas y generar un círculo virtuoso de crecimiento. Por lo regular, las *startups* son financiadas mediante *venture capital* (o capital de riesgo) el cual consiste en financiar emprendimientos con potencial de crecimiento que encuentren cierto grado de madurez que les permita crecer. En BIVA tenemos nuestro programa BIVA 360 que precisamente brinda acompañamiento a aquellos emprendimientos y empresas que tienen potencial para crecer con el respaldo del financiamiento bursátil.

Un ecosistema en desarrollo

Como menciona la mayoría de las personas a las que he entrevistado en este libro, en el ecosistema emprendedor mexicano todo es muy nuevo. Aún estamos aprendiendo, creciendo y demostrando que es posible. Sin embargo, he listado una larga serie de iniciativas, personalidades, figuras y proyectos que están hoy en día construyendo ese ecosistema. Ahora, de cara al futuro, me gustaría cerrar este capítulo con algunas perspectivas respecto al panorama nacional y latinoamericano para los próximos años:

"En la próxima década, cada sector de la economía experimentará una transformación debido a la tecnología. La vida cotidiana en América Latina se enfrenta a grandes fricciones. La mayoría de las personas perciben estas ineficiencias como obstáculos, pero los emprendedores las ven como oportunidades. La próxima generación de fundadores construirá el futuro de México y América Latina".
—BRIAN REQUARTH, cofundador de Latitud

"No hay limitantes imposibles para emprender en campos de ciencia en México, pero debemos acoplarnos al interés internacional para así salir adelante y no estancarnos. Sabemos que en México hay talento y altas tecnologías que no son apoyadas, nosotros buscamos demostrar que en México tenemos todo y lograr esta atracción con casos de éxitos como nosotros".
—WALTER MATA, CEO de WasCo México

"En los próximos años, espero ver un aumento en la cantidad y calidad de *startups* mexicanas, así como una mayor diversificación en los sectores en los que operan. La colaboración entre el gobierno, el sector privado y las instituciones educativas por igual será fundamental para fomentar un ecosistema emprendedor sólido y sostenible. México cada vez atrae a más inversionistas y talento de toda América Latina. Con un enfoque continuo en la innovación, la tecnología y el apoyo a las *startups* de alto impacto, el futuro del emprendimiento en México se presenta emocionante y lleno de posibilidades".

—VALERIA GARCÍA, PR & *Comms Manager* en Angel Ventures

"Por primera vez en la historia, estamos viendo un gran cambio de una plataforma tecnológica como la inteligencia artificial, se está dando en México como en cualquier otro lado del mundo. Hemos tenido barreras de entrada con otras tecnologías, hoy con la IA, el mismo día que lanzó CHATGPT en Palo Alto, se lanzó en México. Por primera vez estamos en una igualdad de circunstancias adoptando una nueva tecnología y es prometedor para América Latina; en el uso de nuestra data y detonarla para crecer los futuros negocios".

—JIMENA PARDO, cofundadora y *partner* de Hi Ventures

"Estamos en el inicio de una curva exponencial. Llevo siete años dando clases a universitarios y en ese tiempo me ha tocado ver que cada vez más chavos consideran emprender como primera experiencia profesional. Esa cantidad de experiencia va a tener un efecto compuesto en la industria del emprendimiento, cada vez habrá más herramientas, facilidades, habilitadores, etc. para emprender, ya sea algo grande o algo pequeño, algo pensando en salir a bolsa o algo pensado en generar un ingreso extra".

—IGNACIO ÁLVAREZ, cofundador y director general de Moneypool, inversionista, mentor y consejero de múltiples *startups*

"En el 2010 sucedía algo tristísimo: preguntabas ¿quién quiere emprender? y solamente muy pocos levantaban la mano. Y les preguntaba; ¿Quién te inspira? A lo que respondían; Steve Jobs, Mark Zuckerberg, Elon Musk, y está perfecto, son increíbles. ¿Pero en dónde están los admirados locales, la gente hecha crecida y curtida en México? Y hoy ya vemos a los Kavak, los Clip, los Bitso, los Nowports. Ellos desbloquearon las nuevas generaciones de emprendimiento".

—VINCENT SPERANZA, *Managing Director* en Endeavor México

"México tiene un enorme potencial para convertirse en un *hub* de innovación y emprendimiento en América Latina. Contamos con una población joven y talentosa, una creciente clase media, un ecosistema de *startups* cada vez más dinámico y una economía con capacidad de soportar los proyectos emprendedores. Adicional a ello, señalaría que el crecimiento del emprendimiento tecnológico y de alto impacto ya es una realidad en México. Algunas de estas *startups* ya están empezando a tener un impacto importante en la economía mexicana, creando empleos y generando riqueza. Soy optimista sobre el futuro del emprendimiento tecnológico y de alto impacto en México. Creo que, con las políticas públicas adecuadas, podemos convertirnos en un líder regional en innovación y emprendimiento. Para ello, es importante que sigamos invirtiendo en educación, en investigación y desarrollo, y en la creación de un ecosistema favorable para las *startups*. Soy de la idea que el mundo del emprendimiento tiene un futuro muy brillante en México. Tenemos todos los ingredientes necesarios para convertirnos en un líder en innovación y emprendimiento. Solo necesitamos seguir trabajando juntos para hacer realidad este potencial. Con el esfuerzo y la colaboración de todos, podemos hacer de México un país líder en emprendimiento tecnológico y de alto impacto".

—MARÍA ARIZA, CEO de BIVA

A medida que avanzamos, es necesario seguir fortaleciendo este ecosistema del que todos somos parte y cada vez se unen más soldados a la guerra —porque verdaderamente lo es—. A pesar de las dificultades y retos, tanto de género como de acceso a financiamiento, los emprendedores mexicanos continúan perseverando y buscando oportunidades de crecimiento. No obstante, es necesario fomentar la inclusión y generar condiciones propicias para el florecimiento de nuevas empresas y negocios innovadores.

La capacidad de adaptación y su creatividad son fundamentales para enfrentar todas estas adversidades. Sin embargo, quisiera resaltar algo muy importante: la colaboración entre diversos actores del ecosistema emprendedor es lo que ha hecho que todo esto sea posible. Hoy en día vemos empresas tradicionales colaborando con *startups*. Cada vez será más común que dentro de un corporativo importante comiencen a implementar sus propias prácticas de intraemprendimiento y líneas de nuevos negocios enfocados en tecnología. No es el momento de la competencia, es el de la colaboración.

La resiliencia del ecosistema emprendedor en México nos inspira a continuar apoyando y promoviendo el espíritu emprendedor en el país, con la esperanza de un futuro más próspero y equitativo para todos los emprendedores y personas que llegarán a trabajar en un emprendimiento tradicional o una *startup*. El mejor ejemplo es la pandemia de covid-19 cuando, desafortunadamente, muchos fueron parte de esa estadística y un acontecimiento de ese nivel terminó con esfuerzos, sacrificios y emprendimientos. Pero, si lo vemos con otra perspectiva, muchas de las cosas que hoy tenemos a nuestro alrededor y las cifras de que el ecosistema ha crecido no hubieran aparecido: de 10 negocios que cerraron, nacieron 20 nuevos.

Hoy, México necesita que más personas se interesen en cómo funciona el ecosistema emprendedor, que se acerquen a él y encuentren la manera de participar, y por qué no, venzan sus miedos y se lancen a emprender. Así lo he vivido personalmente: el conocimiento nutrido de las enriquecedoras conversaciones con amigos emprendedores, la asistencia a eventos del ecosistema y mis experiencias laborales detonaron en mí reflexión, inspiración y aprendizajes continuos que me llevaron a escoger este camino también. En verdad es algo que se contagia, por más difícil y rudo que pueda ser. Fortalecer el ecosistema emprendedor del país brindará más herramientas de desarrollo personal y profesional a los que se aventuren en este mundo y, en consecuencia, atraerá más emprendedores en un círculo virtuoso.

PARTE 2

EL MARAVILLOSO MUNDO DE LOS UNICORNIOS MEXICANOS

1

CLIP, CAMBIANDO LA CULTURA DE PAGOS EN MÉXICO

"La historia de los emprendedimientos tecnológicos en México, empieza con la historia de Clip".
—Adolfo Babatz, fundador y ceo de Clip

Estoy casi segura de que en algún momento todos hemos desliza-do nuestra tarjeta de crédito o débito en una terminal de Clip, esa de un vistoso color naranja tan característico. Quizás incluso la hemos percibido como una versión más moderna de las terminales bancarias tradicionales. Pues Clip representa mucho más que eso: es la primera solución de pagos *FinTech* para miles de negocios en México que acabó con la dependencia a las terminales bancarias convencionales. Además, la palabra *clip* ya se ha asimilado al es-pañol de México, pues por todos lados se suele escuchar la pregun-ta: *¿tiene clip?*, sobre todo, en establecimientos en donde anteriormente habría sido imposible pagar con tarjeta —taquerías, tienditas, restaurantes e incluso comercios ambulantes—. Para que todo esto fuera posible o al menos para que no tardaran mucho más en llegar, tenemos un nombre y una historia: Adolfo Babatz, el primer emprendedor tecnológico de Endeavor México, entre miles de reconocimientos más que tiene a nivel nacional e internacional.

Con una sudadera del Club América, apareció Adolfo después de dejar a sus hijos en un entrenamiento de dicho equipo deportivo. Me hace sentido ahora, pues Adolfo forma del consejo de administración del club de futbol América. Le comenté que ese día era muy emocionante para mí porque esa entrevista era un gran logro por lo improbable que me había parecido conseguirla, y le confesé que llevaba mucha cafeína en mis venas. Ese no fue el único momento en que nos reímos; Adolfo tiene una personalidad divertida y carismática. A pesar de ser muy duro al hablar, sus sarcásticas analogías en comparativas que hacía sobre el ecosistema de tecnología en el país me parecían simpáticas y atinadas.

Lo primero que le dije a Adolfo fue: "quiero conocer tu verdadera historia". "¿Cuál, la mía o la de Clip?", me respondió. "La tuya —dije—, porque sin Adolfo Babatz, no habría Clip".

Un pedacito de la *PayPal Mafia* para México

Adolfo se considera una persona que tardó "muchos, muchos, muchos, muchísimos años" en encontrar lo que verdaderamente quería hacer a nivel profesional. Quería ser doctor, pero también arquitecto, pero quizás también diseñador o ingeniero. Su familia era muy tradicional y lo "sexy" del mundo *tech*, como él lo describe, aún no existía. Estudió la licenciatura en Administración de Empresas en el ITAM y tuvo trabajos que él considera como "muy buenas chambas", pero que al mismo tiempo define como "chambas del deber ser", pues por un lapso de su vida siguió el camino tradicional que "tenía que seguir". Con todo, la teoría que aprendió en anteriores empleos en The Carlyle Group (uno de los fondos de *private equity* más grandes del mundo), Arthur Andersen y Desc, ahora llamado Grupo Kuo, fueron las bases de lo que vendría después.

Por ahí de 2002 llegó a México un personaje importante del sector del capital privado: David Rubenstein, probablemente el *fundraiser* más famoso del mundo, quien levantaba dinero para los fondos de The Carlyle Group. El jefe de Adolfo le habló para contarle que estaría en México para levantar dinero de los fondos: "te vas a ir tú con él", le indicó. Babatz se fue de traductor para aclarar cualquier duda que David necesitara.

Sin embargo, fue hasta que entró a estudiar un MBA en el Instituto de Tecnología de Massachusetts (MIT) enfocada en Economics of Information, Entrepreneurship, Internet and Tech Strategy, que todo le comenzó a *hacer clic*. En el verano de 2006 aplicó a un *internship* en PayPal, con sede en San José, California. Esta experiencia lo llevó a trabajar después tiempo completo como *business manager* en México en donde lideró el equipo que estableció las operaciones de PayPal México. Se involucró en la estrategia de país, desarrollo de productos, marketing, ventas, atención al cliente, asuntos legales, fiscales, relaciones públicas, contratación de talentos, gestión de contenidos e infraestructura de oficinas locales en nuestro país. Seguido a esto, Adolfo escaló hasta convertirse en *product marketing & engagement manager* de Latinoamérica, en donde lideró el primer proyecto de pensamiento basado en diseño de PayPal para un producto de pago. De hecho, fue el tercer empleado de PayPal para Latinoamérica.

Era 2008, el iPhone acababa de salir, pero no existía aún la App Store; en ese entonces, venía configurado solamente con algunas apps que ya estaban establecidas o precargadas. En la cafetería de PayPal, Adolfo conoció al equipo de *mobile* y juntos hicieron un prototipo que logró *hackear* un iPhone, así que comenzaron a trabajar en un proyecto de pago con tarjeta desde este dispositivo; uno de ellos era pagar a través de mensajes de texto. Más tarde, cuando lanzaron PayPal México, en unos seminarios de *e-commerce* en Cancún, mostraron que habían logrado que los comercios podían aceptar tarjetas directamente en el teléfono. Recibieron un *feedback* increíble, con lo que descubrieron que tenían algo interesante en sus manos. A su regreso a San Francisco, Adolfo lo comentó con su jefe, pero este le dijo: "*focus*, tienes que enfocarte ahora en abrir PayPal México". Así que, con esta respuesta y por poner absoluto enfoque en lo que era su trabajo en ese momento, el proyecto se archivó.

Un año después surgió Square Inc. en Estados Unidos, la cual atacó la misma problemática que ellos encontraron meses atrás. Para Adolfo, la IPO de PayPal y la de Square Inc., hoy Block, "son los dos momentos clave del mundo de la historia *FinTech*". Y remarca que hoy en día "vale una fortuna". Desde su escritorio en PayPal, el mexicano veía lo que sucedía con algo no idéntico, pero sí muy parecido a lo que había conseguido el prototipo de PayPal: "yo lo había tenido en mis manos, en Cancún y lo estaba probando con comercios". Mientras que en Paypal el producto se archivaba, Square triunfó. "Se nos fue", comenta Adolfo, y añade: "Muchos emprendedores se pierden en entender que la clave no es la idea, es la ejecución, gana el que ejecuta".

Sin embargo, él no había abandonado del todo el proyecto. Por las noches seguía trabajando en desarrollar la idea y los primeros prototipos de lo que en un futuro sería Clip. Cuando PayPal lanzó un producto competitivo, Adolfo decidió, "con la valentía que da la ignorancia", renunciar para construir su propia *startup*. Su sangre ya estaba contagiada del espíritu de emprender. Esta experiencia profesional le había hecho descubrir que su pasión se encontraba en desarrollar productos. Además, considerando la ineficiencia de pagos que vivimos en México, él podía ejercer esa pasión al mismo tiempo que su libertad personal, pues viene de una familia muy estricta en la que emprender no era lo común.

Lo que Adolfo buscaba era resolver el dolor que la gran mayoría de los comercios en el país enfrentaba: el complejo sistema de pagos electrónicos y la inaccesibilidad a pagos con tarjeta. Tener acceso a una terminal bancaria para vender sus productos o servicios requiere muchos pasos burocráticos, así como un tiempo de espera de entre tres y seis meses. Se necesita una cuenta empresarial en el banco que más te interese, seguido de diferentes procesos que pueden ser complicados para los pequeños y medianos negocios, tales como requisitos de facturación mínima, renta mensual, papelería, así como tener un requisito de monto en las cuentas empresariales, para que el banco te permita tener manejo de tu propio dinero. Por ello, muchas pymes solamente tenían la opción de aceptar efectivo en sus negocios (Clip, s. f.).

Además, quería regresar algo al país, pues él confiesa que se sentía sumamente privilegiado al acudir a prestigiosas universidades en donde había tenido la oportunidad de abrir su mente y eso tendría que regresar de alguna u otra forma a su país. "Es una realidad, hay personas que nacemos a 10 metros de la meta, mientras que hay otras que nacen 100 metros detrás. El privilegio es una realidad, el emprendimiento, nadie te lo dice, pero es también una cuestión de suerte que puede jugar a tu favor o en tu contra".

En ese entonces, Adolfo tenía la visa de trabajo H1B, misma que utilizan muchos emprendedores en tecnología en Estados Unidos con la intención de obtener la ciudadanía y después fundar compañías en sus propios países. En ese ínter, su esposa estaba embarazada, por lo que no podían mudarse de inmediato a México. Cuando les fue posible, regresaron a la Ciudad de México con la intención de fundar la competencia de Square, la cual no tenía presencia en México.

Pero pasó algo curioso justo tres días después de haber renunciado: chateaba con una amiga que se dedicaba a traducir sitios web al español de México y ella le comentó lo siguiente: *"¡Qué crees! Estoy en un lugar que te fascinaría trabajar Adolfo, no sabes las cosas tan geniales que estamos haciendo aquí"*. Se trataba de Square. Adolfo se quedó impactado. Todo lo que se traía entre manos caería por la entrada de esta compañía al país, que en ese momento ya era gigante. Por la profesión de ella, supo que venía algo grande, ¿cómo iba a competir?

De inmediato comenzó a investigar en el ecosistema y confirmó que estaban en pláticas muy avanzadas. Sin embargo, en Square se dieron cuenta de los retos que implicaba abrir en México: el constante fraude, las tarjetas no tenían chip todavía, el sistema de pagos en México era local así que estaba aislado del resto del mundo, las leyes y mucho más. Además, Babatz comentó que para ese entonces aproximadamente 90% de los comercios seguía utilizando el efectivo como método de pago principal. Finalmente, Square decidió no entrar al país. Esa decisión se convirtió en una gran oportunidad para la historia de Clip.

Desafiando el oligopolio de los bancos

Un *agregador de pagos* es una entidad comercial, empresa o individuo legal que forma parte de la Red de Pagos con Tarjetas, y ofrece el servicio y la infraestructura necesaria para la aceptación de pagos con tarjetas a través de terminales punto de venta. Existen dos tipos: los físicos, que tienen terminales de punto de venta (TPV), y los digitales, que funcionan por medio de plataformas digitales (Clip, 2023).

La Red de Pagos con Tarjeta, bajo la supervisión de la Comisión Nacional Bancaria y de Valores, abarca a todos los proveedores de "infraestructura, herramientas, programas o sistemas relacionados con el uso de medios de pago como tarjetas de débito, tarjetas de crédito, cheques, órdenes de transferencia de fondos, domiciliación y dispositivos o interfaces que facilitan las transacciones financieras" (Clip, 2023). Esto se logra por medio del desarrollo de *hardware* y *software* para procesar pagos, así como de la gestión de transacciones entre entidades bancarias, autorizaciones y el manejo de los flujos financieros correspondientes (Clip, 2023).

El sistema de pago de una TPV actúa como intermediario entre la tarjeta del cliente, el banco emisor y la cuenta bancaria del comerciante, mediante un *software* especializado que se encarga de procesar la información de la transacción, verificar el saldo disponible y transferir los fondos a la cuenta del negocio. En palabras de Adolfo:

> Tú tienes a dos switches que procesan transacciones en el mundo, Visa y MasterCard, luego entra el banco adquiriente, (quien es quien da la terminal), el banco emisor (el que te da la tarjeta a los consumidores), el comercio y la persona. Cuando se hace una transacción, tú pasas tu tarjeta en la terminal, esta terminal la manda al switch adquiriente, el cual, a su vez, al banco emisor. Este último regresa la autorización a la terminal, termina la transacción y listo. Visa y Mastercard compiten entre ellos, sus clientes son los bancos, y los bancos compiten entre ellos por tener más terminales y más tarjetas. Las reglas las ponen Visa y Mastercard; todo esto supervisado por los reguladores.

¡Bienvenida a México! El sistema de Clip funciona igualito. Visa y Master no operan en México, operan en dos *switches* que se llaman e-global y Prosa, y los bancos son los dueños de esos *switches*; las reglas las ponen los bancos. Entonces hacen lo que se les *da su regalada gana* y, por eso, los bancos tienen rentas extranormales. No es porque sean muy buenos, es porque tienen un oligopolio, y un oligopolio extrae el excedente del consumidor y del productor, beneficiando al oligopolio y en perjuicio directo del consumidor y de los comercios.

México hoy, dado este sistema, tiene niveles de penetración de pagos digitales inferiores a Guatemala (…), un país que tiene un tercio de nuestro ingreso. Ese es el problema, a eso es a lo que nos enfrentamos.

Clip diseñó diferentes opciones para las terminales a pesar de lo complejo del panorama del sector en México. Sin embargo, cuando pidieron un contrato para procesar pagos, les dijeron que no, que no se podía porque esa figura no existía en nuestro país. "Y literalmente lo que dijimos fue: ¡a la *fregada* si no nos dan el contrato aquí, nos vamos a buscarlo a Estados Unidos!". Entonces, comenzó la primera batalla. Conectaron a un procesador en ese país, lo cual les tomo dos semanas, y comenzaron a mandar las transacciones a Estados Unidos. Esto iba "en contra de todas las reglas de Visa y Mastercard, pero como no operaban en México, no nos podían decir nada. Entonces cobraban en dólares, pero para que el cliente no dijera "me están cobrando más", en el *backend* cambiaban un poquito el tipo de cambio a favor del consumidor.

Si la transacción le llegaba por 100 pesos, le llegaría un cargo por 98. ¡Obvio que perdíamos dinero! Pero asunto solucionado, ningún consumidor se quejó. Cuando un sistema es cerrado tienes que encontrar la solución a lo que te estás enfrentando. Estábamos en ese estire y afloje, hasta que American Express nos buscó y nos dió un contrato. Amex no funciona bajo estas reglas. Cuando ellos nos prestaron atención, fue entonces que todo el ecosistema en México dijo: "¡ah cabrón!". Y fue cuando comenzamos a procesar de forma local.

La segunda batalla fue con algunos de los bancos, que aplicaron algunos cambios que perjudicaban la figura del agregador. Por ejemplo, BBVA, que tiene 45% del volumen del país (Babatz, 2023), lanzó un producto que se llamaba Flap y durante un mes mandaron la aceptación de transacciones a cero: de cada 10 que se hacían con este banco, pasaban cero. Como justificación, pusieron un pretexto que Adolfo califica de "estúpido". Sin embargo, la jugada se les volteó porque Flap no estaba funcionando. "Los consumidores les reclamaron a ellos, y Clip ganó". Adolfo dice entre risas: "tampoco es que en Clip seamos genios, solamente creamos un buen producto, con un excelente marketing y algo que realmente funciona: en vez de esperar casi ocho meses a que te aprueben una terminal, si es que te la aprueban, vas al OXXO, a Walmart, a Office Depot, Liverpool, entre otras, pides una Clip y, además, si te atoras en algo, te contesta un verdadero ser humano, no después de mil horas con un robot".

Rompiendo brechas con Silicon Valley y Softbank

Tras ganar las primeras batallas, Adolfo sabía que para poder capitalizar y crecer su emprendimiento, necesitaba inversionistas, así que Clip inició la búsqueda. Así describe Adolfo el proceso: "un momento en el que te enfrentas a interrogantes constantes y te encuentras explicando incluso lo que desconoces en ese momento; así como enfrentarse a innumerables rechazos". Pero era 2012, apenas nacía la historia del *venture capital* y había pocos emprendedores tecnológicos en ese entonces, no había grandes historias de las cuales pudiera replicar las técnicas para escalar. Adolfo comenta que algo muy interesante es que en México, la historia del *venture capital* y de los emprendimientos tecnológicos surgió al mismo tiempo, se necesitaron unos a otros para poder escalar y coexistir.

En diciembre de ese año, Clip obtuvo su primera inversión en etapa *seed* con un cheque de millón y medio de dólares proveniente de Accion Venture Lab, un fondo que se enfoca en mercados emergentes, proveniente de Washington. Adolfo confiesa que fue su experiencia laboral en The Carlyle Group, lo que lo enseñó sobre términos de levantamiento de capital que quizás hoy no conocería. Esta ronda también incluyó diversos inversionistas individuales reconocidos provenientes de Silicon Valley, así como fondos locales como Angel Ventures y Alta Ventures, hoy Dalus Capital. "Fue ese cheque el que nos comenzó a dar desde ese día la credibilidad".

Con estos recursos, comenzaron a desarrollar los primeros prototipos del lector. El diseño industrial estaba basado en ofrecer un modelo de confianza al consumidor para contrarrestar los fraudes. Una característica que suena obvia y hasta normal, pero que en ese entonces era un enfoque novedoso.

En 2015 llegó su Serie A, liderada por Alta Ventures (Dalus Capital), una ronda que, confiesa Adolfo, fue un trabajo inmenso levantarla, porque no tenían tracción y la compañía no estaba creciendo mucho. Aquí mismo se sumó Amex Ventures, lo cual contribuyó a darles credibilidad en el *cap table*. "Fue una ronda de cuatro millones de dólares, nadie había levantado esa cantidad en México para un tema de *tech*".

Sin embargo, estaban viviendo un capítulo difícil: el manejo de personal de Clip estaba yendo por un mal camino. Adolfo confiesa haber cometido muchos errores, al punto que, en ese mismo año, 98% de los empleados fue despedido o renunció. Se dieron cuenta de que se estaba acabando el dinero y tuvieron que emitir notas convertibles. Afortunadamente, a principios de ese año lograron hacer cambios importantes para la compañía para contrarrestarlo. A finales de 2014 y principios de 2015 lograron hacer un gran cambio para el crecimiento de la compañía

En 2016, gracias a esas decisiones que tomaron, comenzaron un nuevo proceso de levantamiento de capital. Según Adolfo, tenían aproximadamente seis meses más de vida antes de que se acabaran todo el dinero que tenían; es decir, un *cash burn rate* de medio año porque estaban creciendo mes a mes 15% su número de usuarios, transacciones y volumen procesado. Ese dinero iba a invertirse en eso mismo.

En diciembre, lograron cerrar la transacción de *venture capital* más grande de la historia de México: 30 millones de dólares, con

General Atlantic como inversionista, uno de los más grandes del mundo con amplia experiencia en el sector pagos. Esta ronda se mantuvo privada, "a partir de 2016 no ves nada de anuncios de rondas y fue a propósito, esta sería nuestra ronda B, decidimos no anunciarla porque calladitos nos vimos más bonitos y nos pusimos a trabajar", dice Babatz (2023). Cuando se anunció, esta ronda fue un escándalo porque no existían rondas de ese tamaño. Así, con solo 30 colaboradores, Clip se convirtió en el quinto adquirente más grande de México por número de comercios.

Según Babatz (2023), la entrada de General Atlantic marcó el inicio de la profesionalización de la compañía. Durante este periodo, se dedicaron a fortalecer su equipo: se estableció el comité de auditoría y el equipo directivo actual, la mayoría incorporándose en 2017. En aquel entonces, solo contaban con Clip clásico, el naranja, así que se enfocaron en desarrollar nuevos productos y servicios. A la par, empezó a generar un gran impacto en la opinión pública; los anuncios de Clip adornaban numerosos espectaculares por toda la Ciudad de México. No obstante, fueron meses desafiantes debido a la elección de Donald Trump como presidente de los Estados Unidos, lo que provocó una fuerte volatilidad en el tipo de cambio.

Posteriormente, a mediados de 2018, llevaron a cabo otra ronda de financiamiento con General Atlantic como principal inversor por un monto de 100 millones de dólares. Esta ronda, que también mantuvieron en privado, no solo marcó un hito para Clip, sino también para México en ese momento al ser la primera de su tipo en el país. "En donde hay dinero, hay negocio, la razón por la que decidimos no anunciar estas rondas fue para no caer en la distracción. Comenzamos a crecer increíblemente con más publicidad, creación del Clip Plus y más personas interesadas en nuestro producto, eso era lo que verdaderamente nos importaba" (Babatz, 2023). Clip cerró ese año como el adquirente más grande de México, por encima de BBVA, que era el más grande en ese entonces. Gracias a estas rondas de inversión, Clip logró crecer y escalar no solamente en usuarios, sino también en transacciones. Adolfo confiesa que Clip es muy poco *gastalón* y cuando recaudan capital, era porque verdaderamente lo necesitaban.

También ocurrió algo maravilloso: la primera inversión de Softbank en México y Latinoamérica. Softbank Group Corp es conocido por ser el "creador de unicornios", así lo llaman en el ecosistema y en muchos medios de comunicación. Masayoshi Son, un joven emprendedor japonés, que apenas tenía 24 años fundó en 1981 una empresa distribuidora de *software*. Un año más tarde, entró al negocio editorial con el lanzamiento de *Oh! PC* y *Oh! Revistas MZ*. Rápidamente se convirtieron en el mayor editor japonés de revistas de informática y tecnología (Softbank, s. f.).

SoftBank continuó expandiendo su cartera de inversiones, participando en una variedad de sectores tecnológicos en todo el mundo. La empresa ha invertido en empresas como Yahoo! Japan, ARM Holdings, Uber, WeWork, y una serie de otras *startups* y empresas establecidas.

En 2016, SoftBank Investment Advisers (s. f.) lanzó el Vision Fund, un fondo de inversión de tecnología de 100 mil millones de dólares, que es uno de los mayores fondos de capital riesgo del mundo. Ha respaldado a algunas de las *startups* más prometedoras y disruptivas en sectores como la inteligencia artificial, la robótica, la biotecnología y las *FinTech*. Tres años más tarde, Softbank llegó a apostar por compañías emergentes en América a través de su fondo Softbank Latin America Fund I (s. f.) con 5 mil millones de dólares destinados a la región y posteriormente comprometió otros 3 mil millones.

Pero desde 2018, incluso antes del lanzamiento oficial de este fondo, Clip fue la primera *startup* que recibió inversión de Softbank (Babatz, 2023). Después se sumarían a su portafolio de inversiones Nu Holdings como empresa pública, Kavak y Rappi.

El primer unicornio mexicano que se fue corriendo

A partir de entonces, el crecimiento de Clip en 2019 fue imparable. A finales de ese mismo año, recibió un *term sheet* que los convertía en el primer unicornio mexicano. Sin embargo, el consejo creía que iban a tener una valuación más alta. Entonces, por primera vez contrataron un banco y se prepararon para la *due diligence*, el *pitch* y el *data room*, absolutamente todo. A la par, el 7 de marzo de 2020 lanzaron el nuevo Clip Total, una terminal móvil con la que puedes imprimir tickets y comandas sin necesidad de una impresora.

Un domingo por la noche, al regreso de Adolfo a México, tras un viaje a Nueva York, tuvieron una llamada con el banco. Les sugirieron esperar un poco, ya que comenzaba el ruido sobre la llegada del covid-19 a México. "Vamos a esperar unas dos o tres semanas para lanzar", les dijeron.

> Y todo se fue a la mier… cerraron los mercados, las valuaciones se fueron y pasamos de tener ese *term sheet* a tener que levantar dinero de emergencia. Se cerró México y el mundo entero, estábamos en emergencia. Fueron unos meses complicados, un año complicado en general, el unicornio se fue corriendo (Babatz, 2023).

A finales de 2020 levantaron una ronda adicional en donde entró Banorte, Grupo Televisa y Goldman Sachs. Ahí consiguieron ya una valuación mucho mejor que en la ronda de emergencia, pero el unicornio ya se había escapado. Además, esta ronda importante trajo un problema, donde se mezcla la identidad personal de Adolfo y la de la compañía.

En esos trayectos, David le enseñó una filosofía que él no entendía en ese momento, pero mucho tiempo después le hizo sentido: "Cuando tu recibes un *term sheet* hay tres cosas que importan y son en este orden. La primera es el nombre del fondo: ¿quién te está respaldando? La segunda son los términos; ¿qué estructura tiene? La tercera es la valuación. No pongas la valuación primero, no es lo más importante". Esta enseñanza se le quedó muy grabada: "Me acordaba mucho de eso y yo siempre privilegié eso en Clip". A partir de este aprendizaje, dejaron fuera a fondos que no añadían valor.

Cuando en 2020 y 2021 se creó y creció la burbuja que convirtió a muchas *startups* mexicanas en unicornio, esta decisión comenzó a jugar en contra. Adolfo veía los casos de valuaciones altísimas que no le hacían sentido y entonces se dio cuenta de que algo no estaba bien, "algo está mal conmigo". Sobre todo, porque llegaban fondos a decirle que no estaba "gastando lo suficiente" para crecer, lo cual iba en contra de la filosofía de la compañía y de Adolfo. En marzo de 2021, Clip alcanzó el estatus de unicornio con una valuación cercana a los dos mil millones de dólares, aunque no se anunció hasta junio. Adolfo admitió que inicialmente no tenía la intención de hacerlo público, pero lo vio como una oportunidad de marketing, de atraer talento y de ganar visibilidad con otros fondos. Después de debatirlo con la junta directiva, decidieron que era necesario comunicarlo. Babatz reconoce que su reticencia inicial fue un error y que la decisión de anunciarlo resultó ser la correcta.

Si ves a alguien en la calle con ropa de marca, más allá del mal gusto —dice entre risas—, ¿creerías que tienen mucho dinero? Quizás sí, quizás la siguen pagando, quizás la compraron a crédito o están endeudados por miles de pesos a miles meses por obtenerla. Es lo mismo que pasa con los unicornios, es una medida de vanidad que realmente no significa nada más que la etapa de la compañía. Con el paso del tiempo nos iremos dando cuenta quién sí y quién no: los que verdaderamente tienen modelos de negocio buenos, los que manejaron el dinero de manera correcta y algunos se mantendrán con el estatus o quizás lo escalen a valuaciones más grandes. Mientras, otros lo perderán, tuvieron un exceso de capital con valuaciones y equipos inflados, con mercados inexistentes, y todo eso se demostrará con el paso del tiempo. Lo que va a determinar esto es el mercado (Babatz, 2023).

Más adelante, agrega respecto a las condiciones que faltan para la creación de unicornios:

Lo que se necesita en México son condiciones de competencia, no solamente en el ecosistema de *startups*, en toda la economía mexicana, hoy alguien que comienza una compañía, no importa si es una empresa de tacos o de tecnología, no tiene condiciones de igualdad, porque el tablero está asegurado hacia algunos pocos. Si esto no sucede, en vez de tener un establo de unicornios, vamos a tener un circo de ponys (y con muy poquitos) (Babatz, 2023).

Hasta el momento de mi entrevista con Adolfo en 2023 y en otra conversación en 2024, Clip no ha vuelto a levantar capital. Desde su perspectiva, la valuación actual puede ser mayor o menor, pues depende de mercados públicos. No obstante, Clip fue seleccionada como la marca *FinTech* más valiosa de México por el reconocido listado de Kantar BrandZ en el *Top 30 marcas mexicanas más valiosas*, donde registra un valor aproximado de 981 millones de dólares. Esto destaca la importancia que tiene para una *startup* considerar estos recursos de branding, marketing y relaciones públicas, pues para Adolfo, este siempre ha sido el distintivo de la compañía (Clip, 2023).

La historia de Clip se remonta a sus humildes inicios, cuando contaba solo con un empleado, Adolfo, quien trabajaba desde la librería de San Mateo, California y en el comedor de su casa. Desde entonces, la empresa ha experimentado un crecimiento significativo. Ahora cuenta con aproximadamente 900 empleados y oficinas en México, Buenos Aires, además de tener presencia en Guadalajara y en San Francisco. Con el Clip clásico demostraron su capacidad y determinación. Hoy han expandido su línea de productos de *hardware* para satisfacer diversas necesidades. La compañía hoy tiene cuatro áreas principales: la primera es pagos (pagos presenciales y pagos remotos) como hacerlos a través de WhatsApp, la segunda son los servicios financieros (préstamos, créditos para comerciantes y la cuenta digital), tercero servicios que ayudan a aumentar sus ventas y facilitando pagos de servicios y operaciones en línea (como pagos de servicios y recargas) y por último, la empresa también se dedica a la verticalización de *software* y API, abriendo su estructura para que otros puedan beneficiarse de ella.

Su impacto es claro. Antes, pensar en que una pyme pudiera aceptar una tarjeta de débito o crédito era imposible de imaginar. Hoy han salido al mercado diversos agregadores de pago que facilitan esta bancarización a los negocios. Desde diciembre de 2014 hasta junio de 2023, el número de terminales de punto de venta (TPV) gestionadas por agregadores y adquirentes no bancarios aumentó en promedio 54.2% al año, mientras que las instaladas por instituciones financieras mostraron un incremento promedio de 6.8% en el mismo periodo. En junio de 2023, de cada 100 terminales, 76 estaban provistas por un agregador o un adquirente no bancario (Juárez, 2023).

"La historia de los emprendimientos tecnológicos en México, comienza con la historia de Clip", dice Babatz (2023). Esta *startup* fue la primera en traer inversión de Silicon Valley, la primera en conseguir una megarronda de inversión, la primera que apostó a disrupción masiva en un sector altamente controlado por un oligopolio. Ahora Clip es el líder en el servicio de aceptación de pagos para comercios pequeños y medianos en nuestro país.

Sobre los planes a futuro, dice Adolfo que nos sorprenderá: Clip continuará creciendo en México, donde opera exclusivamente. Esto se debe a que Adolfo considera que aún hay un largo camino por recorrer en cuanto a la inclusión financiera en el país.

El costo invisible

Uno de los temas más importantes que me gustaría destacar en la historia de Clip es algo de lo que se habla muy poco en el ecosistema de emprendimiento: la salud mental. Adolfo lo enfatiza al referirse a algo que he escuchado en un sinfín de ocasiones; cuando alguien decide emprender la identidad de la compañía se entrelaza con la del emprendedor, lo cual en muchas ocasiones puede llegar a ser una gran ventaja, pero a veces, algo peligroso.

Adolfo confiesa que siempre ha llevado consigo el síndrome del impostor, el cual es muy común entre los emprendedores. También reconoce que, en el camino del emprendimiento, a pesar de que estás rodeado de personas todo el tiempo, es un camino completamente solitario, por ello es necesario contar con una red de apoyo. Puede ser desde la familia o tus amigos que nada tienen que ver con el ecosistema o gente no cercana al ecosistema; organizaciones como Endeavor fueron de mucha ayuda para él y en algunos casos tus inversionistas.

En un mundo de rockstars, de revistas, de métricas de vanidad, Adolfo Babatz ha formado parte de ese mundo en diversas ocasiones, destacando en los mejores eventos y en los mejores medios de comunicación. Se ha dado cuenta y ha aprendido con el paso del tiempo de que "los altos no son tan altos y los bajos no son tan bajos. El problema es que cuando estás allá arriba, se siente bien chingón y la bajada, muy feo". Por ello, relaciona las métricas de vanidad con la vida de Instagram, donde todo es perfecto, pero para hacer un video de 20 segundos, tuvieron que haber pasado dos horas de preparación. De ahí que enseñe a sus hijos que lo que ven en redes sociales no es real. "Pasa un poco lo mismo con los emprendedores; tratamos de dar una imagen de que todo siempre está perfecto y todo está bien y la verdad es que no es cierto. En una *startup*, todo está siempre a punto de caerse y esta es una incertidumbre con la que tienes que aprender a vivir y comunicarlo, porque no puedes mantener esta dualidad de tener dos mundos".

Con Clip, Adolfo vive la tercera etapa de su vida: después del deber ser y el descubrimiento, vino un proceso de profundo autoconocimiento: "Las *startups* son duras. Todos creemos; si yo me veo al espejo, me veo como Brad Pitt, una verdadera hermosura. Pero las *startups* realmente te hacen verte al espejo desnudo, y adivina qué, Paola, no eres Brad Pitt. Tienes las patas flacas, tienes lonjas, los brazos delgaditos, estás cabezón, se te está cayendo el pelo. Una *startup* te desnuda y 99% de lo que vas a ver ahí no te va a gustar. Eso defino como etapa de *autoconocimiento*, lo que fue y sigue siendo Clip hasta ahora para mí".

Me gustaría cerrar este capítulo haciendo un llamado hacia el verdadero cuidado de la salud mental de los emprendedores y a controlar el ego que desencadenan las métricas de vanidad que tanto se han puesto de moda en el ecosistema, como una manera de medir el éxito, con una analogía que Adolfo me compartió: *"Don't drink your own kool-aid"*; es decir, *no te tomes tu propio veneno*. No pierdas el piso porque, en el mundo del emprendimiento y de *startups*, las cosas siempre cambian.

Top aprendizajes con Adolfo Babatz

- Lo que hace a una empresa o la mata es la gente. La prioridad número uno de cualquier fundador de una compañía debe ser su talento; no es el producto ni el dinero, es la gente.
- No importa si eres el primero en crear algo o el último; lo realmente importante es seguir tu misión, sea cual sea.
- Los oligopolios y monopolios pueden ser muy poderosos y representar un reto aparentemente difícil de resolver. Sin embargo, en ellos abundan puntos ciegos y ventanas de oportunidad.
- Cuídate de no perder el piso, pero tampoco te pierdas de las oportunidades que hay en hablar de tus logros.
- Si esperas toda la vida en atreverte a hacer algo que realmente quieres es posible que nunca lo hagas. Uno tiene que vencer sus miedos y aventarse.
- La salud mental de una persona que tiende a emprender es lo primero que debe atenderse, con el crecimiento profesional suele no priorizarse y debería de ser la principal fuente de inversión para uno mismo y para la compañía.

2
BITSO, DESBLOQUEANDO LAS OPORTUNIDADES DE LAS CRIPTOMONEDAS

"A veces uno como emprendedor,
tiene que decirse a uno mismo:
ten un poco más de paciencia".
—Daniel Vogel, cofundador y ceo de Bitso

Con menos de dos décadas desde la creación del Bitcoin, obra de Satoshi Nakamoto, un seudónimo que oculta la identidad de su creador o creadores —aún no se ha determinado si se trata de una persona o un grupo de individuos— la trayectoria de las criptomonedas es relativamente breve. La historia de Daniel Vogel y Bitso es un ejemplo de cómo sí es posible emprender en sectores que aún no han nacido.

Vogel vivió en México hasta los 18 años, momento en el cual se trasladó a Silicon Valley para cursar dos ingenierías, una en Computer Systems Engineering y otra en Economía, en la Universidad de Stanford. Durante su tiempo en la universidad, experimentó la cultura emprendedora predominante en Silicon Valley y con ella la efervescencia del emprendimiento. Asistió a numerosos eventos, conferencias e incluso las clases mismas enseñaban sobre la cultura del emprender. Eso sin mencionar que siempre sintió un llamado y pasión por las computadoras.

Vogel fue testigo de la transición del sector bancario hacia el mundo de la tecnología. Antes, los trabajos más codiciados entre los estudiantes eran en el ámbito bancario, particularmente en instituciones como JP Morgan. Sin embargo, la crisis financiera de 2008 provocó una drástica disminución en las oportunidades laborales en este sector, lo que incentivó el crecimiento de la tecnología. De hecho, a pesar de la burbuja tecnológica de principios de los años 2000, esta industria ya contaba con la presencia consolidada de empresas como Google, Facebook y Amazon.

En su último verano de la universidad, Daniel decidió postular a pasantías en grandes empresas como Facebook y Google. Por mera casualidad, aplicó a una *startup* llamada Quantcast, que en ese entonces contaba con apenas 20 empleados sin saber que su experiencia en esa *startup* de San Francisco transformaría por completo su perspectiva sobre el mundo laboral. Pronto abandonó la noción convencional de ingresar a una empresa establecida y estructurada, pues se encontró inmerso en un ambiente de constante cambio, caos e incertidumbre, con una idea aún en desarrollo.

A pesar de esto, quedó cautivado por el potencial y la promesa que vislumbraba en aquel lugar. Además, ahí vio al equipo crecer de 20 a 350 personas y desarrolló muchos emprendimientos personales "chiquitos", que nunca los consideró empresas, pero de los cuales tuvo grandes aprendizajes. Su fascinación fue tal que decidió continuar trabajando a tiempo parcial mientras completaba su último año de estudios y, tras graduarse, se unió a Quantcast a tiempo completo.

Tras su salida, se fue a estudiar una maestría en administración de empresas (MBA) por la Harvard Business School en Boston. Tenía en mente que al terminar sus estudios quería formar una empresa formal como en la que había operado anteriormente.

Emprender con Bitcoins

La primera vez que Daniel escuchó sobre Bitcoin fue gracias a sus vecinos de enfrente, un grupo de venezolanos y uruguayos en noviembre de 2010. Durante una visita a su casa, uno de ellos le preguntó si había oído hablar de esta criptomoneda. Él respondió con sinceridad: "No tengo ni idea de qué me estás hablando". Entonces, le sugirieron: "Investiga sobre ello, creo que te interesará". El conocimiento que Daniel tenía en economía y tecnología le hizo pensar a ese par de amigos que sería un mundo fascinante para él.

Ese día regresó a su casa y buscó *Bitcoin* en el navegador, para que no se le olvidara. El primer link decía algo como: "Bitcoin es un experimento económico para crear una moneda descentralizada que funciona *peer-to-peer* (P2P) y que no depende de ningún gobierno". "¿QUÉ?", pensó confundido. En el ámbito financiero, la expresión P2P es un modelo de negocio que lleva a cabo transacciones de manera directa entre personas, prescindiendo de intermediarios convencionales, como bancos u otras entidades financieras, lo cual se enmarca dentro de los principios de descentralización y autonomía en materia financiera.

A diferencia de lo que ocurre en los mercados financieros convencionales, el mercado de las criptomonedas suele ser descentralizado y no está sujeto a regulación por una única entidad central. Su soporte está en la tecnología *blockchain*, que consiste en un registro digital descentralizado de transacciones compartidas entre una red, caracterizado por su inmutabilidad o incapacidad de ser modificadas y se basa en el concepto *tecnología de libro mayor distribuido*, además de ofrecer seguridad y confiabilidad.

Desde aquel día, Daniel confiesa que se vio inmerso en una especie de obsesión, teñida de escepticismo, confusión e incluso desconfianza, pero que no pudo evitar explorar a fondo. A menudo, se encontraba trasnochando hasta las seis de la mañana, sumergido en la lectura sobre el tema. Hasta le apodaron el "Bitcoin Guy" en su trabajo en Quantcast porque tenía una obsesión con aprender y entender cómo funcionaba y de qué manera podría revolucionar el mundo financiero. "Yo me di cuenta de que pensaba, estudiaba, respiraba y hablaba todo el tiempo de eso, lo único que hacía era hablar de Bitcoin".

Esta narrativa se entrelaza con otra experiencia: durante sus largas jornadas laborales, cuando la oficina quedaba desierta y el personal de limpieza hacía su entrada antes de la reapertura del día, Daniel entabló amistad con Julio, un trabajador mexicano. Con él compartía conversaciones sobre los acontecimientos del país, como el Mundial y las selecciones nacionales. En cierta ocasión, Julio le pidió prestados 300 dólares. Daniel, le expresó su preocupación pues su larga historia juntos nunca había tenido solicitudes de préstamos, entonces quiso comprender mejor su situación. Este le explicó que el dinero que necesitaba Julio era para enviar a su hija y comprar útiles escolares en México, donde aún residía su familia. Como él aún no había recibido su pago y tenía que enviar una cantidad pequeña, le saldría más caro debido a los altos costos fijos de las remesas. Daniel accedió y Julio le regresó los 300 dólares el mismo jueves que le pagaron.

"No podía entender cómo es que alguien que había salido de su país, para ir a trabajar y ganar más dinero en Estados Unidos, podía perder tanto en algo tan básico como enviar dinero de regreso a casa" (Vogel, 2023). Sin embargo, en ese momento vino a su mente todo lo que había aprendido de las monedas digitales y se preguntó: ¿qué pasaría si Julio envía este dinero a través de Bitcoin?

Con esa idea en mente, Daniel creó una empresa llamada Swaply, que buscaba mandar remesas de Estados Unidos a México con Bitcoin. Sin embargo, falló porque sí podían convencer a las personas de que mandaran Bitcoin desde Estados Unidos a México, pero los que las recibían se preguntaban: "¿y luego yo que hago con esto? ¿Cómo utilizo esto en México?". Se dieron cuenta de que realmente lo que se necesitaba era una manera de poder convertir las monedas digitales en pesos mexicanos. "Necesitamos poder hacer puente entre estas dos monedas en México", dijo Vogel.

Alrededor del mundo había ya varios negocios que manejaban el modelo de negocio *exchange*, en el cual es posible almacenar las criptomonedas en apps de *wallets* (carteras) e intercambiarlas por monedas tradicionales. En ese momento, Daniel ya estaba familiarizado con Ben Peters y Pablo González, y compartían con él la visión de establecer este modelo en México. Así que comenzaron a explorar la posibilidad de colaborar para materializar esta idea en conjunto. Así, fundaron Bitso en 2014. En una *exchange* de cripto se puede almacenar y hacer *trading* de criptomonedas, monedas tradicionales, y monedas estables como dólares digitales u otras monedas locales en su versión digital.

Daniel admite que fue muy difícil tratar de crear algo realmente útil. "Hicimos mil cosas que nunca llegaron a nada", desde cajeros automáticos físicos hasta integradores con proveedores. Uno de los retos más grandes era encontrar el famoso *product market fit*. Pero es parte del proceso de picar piedra, hasta encontrar una oportunidad.

Uno de los productos que construyeron al principio y siguen siendo relevantes en la actualidad es una plataforma digital de pagos, algo que hoy parece muy normal, pero en 2014 no solo no lo era, sino que había una enorme desconfianza hacia las transacciones financieras digitales. Incluso había clientes que marcaban preguntando por la sucursal de Bitso y ellos tenían que decir: "no hay sucursal, somos completamente digitales", lo que a muchos les parecía extraño, pues estaban acostumbrados a sucursales bancarias físicas en donde pudieran realizar transacciones y aclarar dudas.

A lo largo del desarrollo y creación de Bitso, Daniel tuvo que lidiar con escuchar muchas veces: "eso no va a funcionar". Incluso admite que las personas más cercanas a él lo llegaban a tachar de loco, pues a sus 28 años tenía una idea que parecía no ser viable y que además peleaba con el sistema tradicional financiero. Vogel insiste en que no lo hacían porque no lo conocieran o porque creyeran que era un tipo irrazonable, sino porque se preocupaban por él. Sobre todo, porque contrastaba con su entorno familiar muy tradicional: sus hermanos trabajaban en grandes empresas de renombre y en el mundo financiero tradicional, y él quería emprender con Bitcoins. Sus maestros de la maestría le decían: "¿Cómo vas a hacer eso? Ve a trabajar a Amazon de *product manager*, tienes un MBA, un *background* técnico". Había mucho escepticismo alrededor del tema.

Las criptomonedas en el mundo

El auge de las criptomonedas derivó en la creación de varias monedas. Bitcoin es la más popular; le sigue Ethereum, Tether, Solana y Polygon, entre muchas otras más. Según CoinMarketCap, existen más de 23 mil alrededor del mundo.

En 2021, El Salvador se destacó a nivel mundial al adoptar un enfoque pionero con base en criptomonedas. La decisión histórica del presidente Nayib Bukele de aceptar Bitcoin como moneda de curso legal captó la atención global y generó titulares en todo el mundo. Esta medida fue acompañada por la creación de una billetera electrónica denominada Chivo Wallet, diseñada para facilitar el uso de la criptomoneda en el país. También el gobierno anunció la adquisición de 400 Bitcoins, que se utilizarían para respaldar un innovador programa de distribución de bonos. Cada ciudadano tendría acceso a un bono equivalente a 30 dólares a través de Chivo Wallet. Esta estrategia marcó un hito en la inclusión financiera a nivel mundial.

Estas iniciativas y leyes impulsaron la adopción de Bitcoin en la vida cotidiana, permitiendo que las tiendas mostrarán sus precios en esta criptomoneda y que los ciudadanos pudieran pagar impuestos utilizando Bitcoin. Además, se implementaron más de 200 cajeros automáticos en todo el país para facilitar el intercambio entre Bitcoin y efectivo. Hasta la fecha, El Salvador ha acumulado un total de 5 702 BTC en su reserva, con la visión de capitalizar el potencial a largo plazo de esta criptomoneda y fomentar la prosperidad económica del país en el futuro. Según Tim Draper, un inversionista americano y evangelista de Bitcoin, El Salvador pasará a ser uno de los países más ricos en el futuro, ya que desde hoy está abrazando la inclusión financiera y educación para los criptoactivos.

Hoy más países han abierto sus puertas, digitales, a las criptomonedas. Entre algunos que manejan las criptomonedas como activos legales se encuentra la República Centroafricana, país que no solo ha reconocido legalmente el uso de las criptomonedas, sino que también ha adoptado el activo digital BTC como una de sus monedas oficiales, como el franco CFA. Suiza no solo ha implementado políticas favorables hacia las criptomonedas, sino que en varias ciudades del país se reconoce al BTC como una moneda de curso legal. En Alemania, las criptomonedas son clasificadas como *monedas privadas* y medios de pago alternativos, en lugar de ser tratadas como inversiones. Esta distinción las exenta de ciertos impuestos.

¿Y México? Pareciera difícil pensar que México, un país con pobreza extrema y diversas problemáticas sociales, podría adoptar un sistema de criptoactivos, pero ya es una realidad. En 2023 se posicionó como uno de los 16 países que lideran el uso de las criptomonedas. Un número creciente de negocios están adoptando la aceptación de activos digitales como método de pago, lo que brinda a los consumidores la oportunidad de efectuar transacciones de manera ágil y segura, con costos reducidos y prescindiendo de intermediarios. Dos ejemplos son Elektra y Rappi por sus créditos; la primera es pionera en aceptar criptomonedas como pago oficial. Otro sector importante que ha adoptado las criptomonedas como medio de pago es el inmobiliario; de hecho, México se encuentra entre los países con más propiedades disponibles para comprar con criptomonedas.

Sin embargo, a pesar de los grandes avances, el gobierno federal y la Condusef reiteran que el Bitcoin no es una moneda de curso legal. Advierten tanto a usuarios como a dueños de negocio que su uso es bajo su propio riesgo y responsabilidad. Incluso señalan que han detectado su uso en operaciones ilícitas, como fraude y lavado de dinero.

Un criptomundo que pide confianza a gritos

La advertencia no es gratuita. La principal razón de la desconfianza es que comprar criptomonedas no te asegura absolutamente nada, ya que pueden tener caídas abruptas y puedes terminar perdiendo todo lo que hayas invertido. Según datos de BBVA (2021): "Una de las principales características de las criptomonedas es su gran volatilidad, que puede hacer que su precio caiga más de 50% en pocos días o, por el contrario, aumente 12% en solo unos meses. El equilibrio entre la oferta y la demanda, su utilidad, el sentimiento, las prácticas especulativas y las llamadas 'ballenas' son algunos de los factores que condicionan su fluctuación". Por ejemplo, al cierre de esta edición, el valor de 1 Bitcoin (BTC) era de 1 162 870.76 pesos, pero mañana o en el momento en que se lea este libro, puede seguir creciendo o caer de manera dramática.

El valor de estos activos se determina por la interacción entre la oferta y la demanda o, más simple, por lo que los individuos están dispuestos a pagar por él. También es importante comprender, que como no existe ningún organismo que las controle, suben y bajan en relación con el mercado. Por ejemplo; hace algunos años, Elon Musk colocó un tuit, de que Tesla dejaría de aceptar Bitcoin como moneda de pago por sus automóviles y el precio se desplomó hasta 15%. Sin embargo, a pesar de que hoy el Bitcoin ha subido radicalmente, muchos consideran que se puede tratar de una burbuja financiera que en cualquier momento va a caer y las personas perderán muchísimo dinero.

De hecho, dos eventos destacados a nivel dan cuenta de ello. Uno de ellos es el colapso de FTX, una plataforma de intercambio de criptomonedas con sede en las Bahamas. Su fundador, Sam Bankman-Fried, aclamado como el gurú de las criptomonedas, había aparecido en importantes revistas y medios de comunicación de todo el mundo, hasta que fue condenado a 25 años de prisión por fraude, conspiración y lavado de dinero.

La crisis de FTX comenzó en mayo de 2022, cuando se detectó la transferencia de fondos de los inversores de FTX a Alameda Research, una empresa fundada en 2019 también por Bankman-Fried, lo que provocó que creciera la desconfianza entre los usuarios. A principios de noviembre, Binance, otra empresa líder en el mundo de las criptomonedas, anunció la venta de su participación en FTX, valorada en 529 millones de dólares. Con ello vino una oleada de retiros de fondos por parte de numerosos usuarios, quienes reaccionaron ante informaciones que cuestionaban la solvencia de la empresa. De tener una valoración de 32 millones de dólares, FTX colapsó. Ahora, Sam está en prisión y debe regresar por lo menos más de 11 mil millones de dólares por cargos relacionados con fraude y lavado de dinero.

Otro caso sonado a nivel mundial fue el de Binance, la mayor plataforma de intercambio de criptomonedas a nivel global. Durante un extenso periodo, ha estado rodeada de especulaciones sobre prácticas fraudulentas y bajo el escrutinio de investigaciones federales. Recientemente, el Departamento de Justicia de Estados Unidos (DOJ) presentó cargos penales contra la empresa y su CEO, Changpeng Zhao (conocido como CZ), alegando que habían facilitado el lavado de grandes cantidades de dinero ilegal a nivel mundial, incluyendo transacciones con países sancionados como Cuba, Irán y Rusia. Esto desató una sacudida al mundo de los activos digitales.

Esta acusación implica miles de millones de dólares en transacciones que violan las leyes estadounidenses contra el lavado de dinero, incluyendo más de mil millones en prácticas delictivas reales y evasión de sanciones. Zhao se declaró culpable de un delito grave de lavado de dinero, y como parte de un acuerdo con el DOJ, Binance accedió a pagar una multa de 4 300 millones de dólares para continuar operando. Aunque Binance comenzó a implementar normas más estrictas para identificar a los clientes en 2021, según la acusación, aún permitía violaciones de las sanciones y el lavado de dinero. La empresa ignoraba transacciones sospechosas y permitía a usuarios con números de teléfono iraníes seguir operando en la bolsa.

Estas dos historias volvieron a poner en la mesa las palabras *desconfianza* e *inseguridad*. Tras ello, Daniel Vogel reafirmó su compromiso con Bitso y con la transparencia de información. Para contrarrestarlo y comenzar a crear esta confianza en el mercado utilizaron todos los recursos disponibles para generar confianza. Por un lado, consiguieron alinearse a las regulaciones existentes y apoyaron a crear las locales. Por otro, el respaldo de los levantamientos de inversión dio confianza tanto a más inversionistas como a los clientes de Bitso. A ello hay que sumar que el ser emprendedores Endeavor les brindó *social proof.*

Un paso delante de las regulaciones

Vogel (2023) asegura que desde el primer día que operaron, trataron de hacer que fuera un negocio regulado: "Hemos sido pioneros en avances regulatorios, desde liderar la Ley FinTech en México en 2018 hasta obtener licencias financieras clave en México, Gibraltar, Brasil y otros. Tenemos más de 10 entidades reguladas". Sin embargo, este proceso ha sido uno de los desafíos más complejos que han enfrentado.

En este tema, es crucial tener en cuenta que cada país establece regulaciones específicas para las transacciones que involucran sus monedas nacionales, como dólares, euros, reales, pesos, entre otras. Este mismo principio se extiende a las criptomonedas, cuyas normativas varían según el territorio.

Sin embargo, al principio no existían leyes para regular las criptomonedas, pero contrataron a un colaborador que venía de la Secretaría de Hacienda con mucha idea de cómo operan los temas regulatorios y foco en su cumplimiento. También se encontraron con una encrucijada: no había claridad sobre si las suyas caían dentro de las actividades restringidas por algunas entidades financieras en México. Cuando se acercaban a la CNBV en busca de orientación, recibían respuestas ambiguas como: "eres todo y no eres nada", se los confundía con una casa de bolsa o se les comparaba con un banco, lo que generaba incertidumbre sobre su estatus.

Para abordar este problema, se embarcaron en una misión de comprensión profunda del *espíritu de la ley* y decidieron autorregularse. Adoptaron las mejores prácticas de entidades financieras, como políticas de prevención de lavado de dinero, políticas de privacidad de clientes y procedimientos de cumplimiento normativo. Construyeron su negocio basándose en lo que "podían ser" dentro del marco regulatorio existente en ese momento.

Lo que le ayudó mucho fue presentarse personalmente con todas las entidades: con el presidente de la Comisión, con el gobernador del Banco de México, con el secretario de Hacienda. Trataron de hacer todo de la mejor manera posible para que vieran que eran un jugador que estaba haciendo algo innovador pero que también querían hacerlo bien. Gracias a estas relaciones que desarrollaron, muchos de ellos viajaron a Estados Unidos para entender mejor el mundo *FinTech* y participar en las primeras juntas para la creación de la Ley FinTech. Así, estuvieron picando piedra desde el día cero de la empresa.

Gracias a ello, Bitso es una de las pocas bolsas reguladas en Latinoamérica que respetan los estándares de la GFSC Gibraltar, el regulador de un centro de servicios financieros internacionales tanto en Gibraltar como en otras jurisdicciones.

El lado oscuro de los unicornios

En 2015 Bitso cerró su primera inversión respaldada por Digital Currency Group, por un monto no revelado. Daniel los había conocido cuando él estaba estudiando en Boston. Al año siguiente, Bitso estaba cerrando una Serie A1 con el apoyo de nueve inversionistas, entre los que destaca Monex por ser un banco que apostó por el crecimiento de una empresa mexicana enfocada en criptomonedas. Esta ronda fue por 2.5 millones dólares, los cuales irían destinados a ampliar su gama de servicios para llevar los beneficios de Bitcoin a los consumidores y pequeñas empresas en México, especialmente en áreas como la inclusión financiera y el manejo de remesas. En ese mismo año, Bitso fue acelerado por MassChallenge. Esto los llevó hasta el 2019 en donde hicieron una ronda A2.

En 2020 cerraron una Serie B de 62 millones de dólares liderada por las firmas de inversión Kaszek Ventures y QED Investors, especialistas en la industria *FinTech* y en el mercado latinoamericano. Sin embargo, el imparable ritmo de crecimiento del negocio mantenía a Daniel constantemente pegado a la computadora, aun estando de vacaciones con su familia: padres, hermanos, esposa e hijo. A pesar de los llamados de atención de su padre, quien le advirtió que se estaba desgastando, Daniel se veía incapaz de desconectar en un momento crucial para la compañía.

En mayo de 2021, Daniel estaba superando el malestar de los efectos secundarios de la segunda dosis de la vacuna contra el

188 | CREANDO UNICORNIOS

covid-19. Por primera vez en años se fue a la cama temprano, solo para despertar al día siguiente con una sorpresa inimaginable: un *term sheet* de Tiger Global valorando a Bitso en 2.25 mil millones de dólares en la ronda Serie C. Participaron inversores como Tigre Global, Coatue, Paradigm, BOND, Valor Capital Group, QED, Pantera Capital y Kaszek. La plataforma alcanzó una valuación superior a los 2 mil millones de dólares, con lo cual la realidad superaba la ficción: aunque Kavak se había convertido en unicornio antes que Bitso, Daniel recibió este acuerdo antes de que dicha *startup* anunciara su propia ronda de financiamiento, la cual los proclamaba como unicornios. Con ello, se consolidó como la principal *FinTech* de América Latina en alcanzar el estatus de unicornio en México, pero fue anunciada después.

La incredulidad lo invadió: "¿Estoy alucinando? Llevo meses sin dormir y acaban de vacunarme", confesó Daniel. Después de meses de trabajar incansablemente, dedicando cada hora del día, cada día de la semana, a sumergirse por completo en su labor, Daniel comenzó a creer que lo que estaba experimentando era simplemente una especie de alucinación efecto de la vacuna del covid-19. Fue solo cuando se comunicó con el equipo de Bitso, quienes también estaban incluidos en el correo, que finalmente comprendió que no era una ilusión, sino una realidad. "Hubo una gran emoción, eso es cierto", admitió Daniel. "Pero lo que la gente no comprende es que también hubo un costo increíblemente alto que es difícil de describir. Hay un lado oscuro en todo esto que no se ve fácilmente".

El crecimiento no se detuvo ni siquiera durante enero, febrero y marzo del siguiente año. En marzo de 2021, con la llegada de las vacunas contra el covid-19 al país, Daniel y su familia se encontraban exhaustos. Las largas jornadas de trabajo, de hasta 20 horas frente a la pantalla, comenzaban a afectar su bienestar y sus relaciones familiares. Las conversaciones sobre su excesiva dedicación laboral se tornaban cada vez más recurrentes.

Incluso en medio del caos y el agotamiento, los emprendedores a menudo sacrifican —sin ninguna mala intención de su parte o tal vez hasta de manera inconsciente— sus relaciones personales por el bienestar de sus empresas. Un día, la esposa de Daniel le confesó: "Me siento como tu *roomate* de piso. Te levantas antes que yo y te acuestas después".

Daniel no estaba solo en este viaje agotador. En Bitso, todo el equipo había estado sacrificando horas de sueño durante meses. Este nivel de dedicación había llevado a muchos a enfrentarse a dificultades personales y familiares. El compromiso del equipo fue y sigue siendo increíblemente alto. Cuando lo comenzaron a comentar entre ellos el alcance que tenía el estatus de unicornio, los colaboradores sintieron que su trabajo había sido justificado.

Esto a Daniel le llamó la atención porque al final de cuentas esa no era la meta final. Incluso, a pesar de ser muy activo en X, antes Twitter, optó por no compartir la noticia en sus redes sociales, donde suele informar sobre los acontecimientos tanto dentro de Bitso como en el mundo de las criptomonedas y otras noticias relevantes. Esta decisión de no anunciar personalmente un logro tan significativo sorprendió a muchos y generó interrogantes.

La razón es que Daniel percibe este hito como un paso más en el largo camino que la compañía aún tenía por recorrer, en lugar de considerarlo como que habían llegado a la meta final. Aunque celebraron el hito internamente, para él, era importante que tanto el equipo interno como el público no interpretaran este logro como el fin de la misión de Bitso. En ese sentido, Daniel transmitió a su equipo que estaba orgulloso de lo que habían logrado, pero también les recordó que todavía quedaba mucho trabajo por delante.

Sobre las altas valuaciones de los unicornios, Daniel admite que es evidente que fue una burbuja que sucedió en un momento en el tiempo. "Nadie sabe cuánto valen estas empresas hoy en día, pero esta es la narrativa incorrecta, la narrativa correcta debe ser: ¿qué oportunidad tienen estas empresas de verdaderamente cambiar las cosas en el país? Y esa es la parte que me emociona. Sobre el *hate*, siempre existirá, desde que empezamos ha existido, pero es una fuente de energía para mí, porque me doy cuenta de que existen oportunidades de mejorar la narrativa y lo que estamos haciendo. El conflicto no es algo malo, es una de las mejores maneras que tenemos para crecer".

Cuando finalmente se hizo público el estatus de unicornio, tuvieron muchísima cobertura en medios y noticias. Para Daniel inmediatamente creció tanto la presión como su sentido de responsabilidad para México. Una de las verdaderas emociones que Daniel siente al haber obtenido la valuación, es que más personas como Julio pudieran conocer a Bitso para hacer el proceso de envío y recepción de remesas más fácil. Quiere construir una superhistoria de éxito para el sistema de emprendimiento en México, siente compromiso en verdaderamente inspirar a más jóvenes, pero al mismo tiempo, siente más presión, pero lo ve como algo bueno; más compromiso con el país y con su historia.

Siguientes pasos

Con el paso del tiempo Bitso se ha transformado de solamente funcionar como una plataforma de *exchange* a ofrecer un catálogo de soluciones en criptomonedas que incluyen la compra, venta, custodia y mucho más. Ahora tiene dos tipos de clientes: institucionales y *retail* (consumidores finales).

Para las empresas, simplifica sus operaciones cotidianas, como la emisión y recepción de pagos y transferencias, dentro y fuera de México, de y a clientes, además de gestionar eficientemente los fondos empresariales. Con ello, desempeña un papel crucial en la transformación empresarial al aprovechar el potencial de las criptomonedas. El verdadero negocio de esta línea está en la transmisión de dinero entre jurisdicciones. Tan solo en 2022 tuvieron transacciones por más de 4.3 mil millones de dólares de remesas entre Estados Unidos y México.

Para la parte de consumidores finales, ofrece inversión en criptomonedas, en dólares digitales y rendimientos, conocido anteriormente como Bitso Plus, en donde recibes recompensas si tienes dólares digitales. También en 2023 llegó la tarjeta de Bitso, la cual tiene versión física y digital, está respaldada por Mastercard y Nvio Pagos México (la cuál es la razón social regulada de Bitso) y puede utilizarse en comercios de todo el mundo. Este producto fue primero lanzado con una lista de espera de más de 100 mil personas.

Actualmente, Bitso está apostando por las alianzas con *key players*. En 2023 Bitso cerró una con el TEC de Monterrey en una colaboración para impulsar la actividad *FinTech* y la incubación de proyectos a través del FAIR Center del Egade Business School. Ese mismo año también se aliaron con Stellar Org, la cual permite que todas las compañías del mundo que operen en esta red puedan realizar transacciones en México, Colombia y Argentina.

Bitso cerró 2023 con un aproximado de 8 millones de usuarios registrados. La meta de Daniel es llegar a más de 50 millones de usuarios, aunque ve que esto pueda ser lejano, cree que es posible. Bitso opera en Colombia, Argentina, Brasil y México; su foco principal está en Latinoamérica. Tienen más de 500 colaboradores en más de 35 países que trabajan de manera remota, aunque la gran mayoría están en México.

Sin embargo, con esta historia tan sorprendente, si Daniel pudiera regresar a la habitación en donde estudió por días y horas sobre Bitcoin, cuando apenas estaba saliendo esta criptomoneda al mundo, lo que él se diría a él mismo del pasado sería: "Daniel, ten más paciencia contigo mismo".

Top aprendizajes con Daniel Vogel

- No importa cuántos te tachen de loco o loca. Si crees que tienes una solución a algo, desarróllala hasta que funcione.
- No descuides tu salud mental ni a las personas que te rodean por tu empresa. El precio a pagar puede ser muy alto.
- Sí se puede comenzar a emprender en sectores que hoy en día aún no existen.
- No siempre tienes que elegir el camino familiar o lo que te han heredado tus padres; puedes ser la oveja negra de la familia (en el buen sentido).

- Toca las puertas difíciles, incluso las que parecen de tus enemigos.
- Una obsesión puede parecer peligrosa, pero si la diriges poniendo en marcha un plan, te vuelves imparable.

3

KAVAK, AUTOS SEMINUEVOS AL ALCANCE DE UN CLIC

Era noviembre de 2020, aún trabajaba como editora en *PRO Magazine* cuando fui con mi jefe a conocer las nuevas oficinas de Kavak en Fashion Drive, ubicadas en San Pedro, en la ciudad de Monterrey. En ese entonces, Federico Ranero, quien era director de operaciones de Kavak, nos dio un recorrido por todas las instalaciones en donde aprendimos todo acerca de la empresa.

En ese entonces, Kavak estaba en su cima. Los cofundadores eran aplaudidos y reconocidos en todo Latinoamérica. Estaban en los foros más importantes, donde solamente se hablaba de ellos y de su historia. Era el santo grial de las *startups* y por supuesto que su llegada a nuestra ciudad estaba en boca de todos: "el primer y único unicornio mexicano ya está en Monterrey".

Su llegada a Monterrey representaba una inversión inicial de más de 365 millones de pesos en el estado y durante los primeros seis meses de operación planeaban tener el tercer centro de reacondicionamiento más grande del país, con capacidad de procesar más de 7 500 vehículos por mes, lo que estaría garantizando empleo a más de 200 familias regiomontanas (Peón, 2020). Para ello, habían alquilado al menos dos pisos de estacionamiento de la plaza, en donde tenían diferentes variedades de carros estacionados con letreros que indicaban el modelo, la marca, el año y el precio. En ese entonces Kavak contaba con 5 mil opciones de coches en su catálogo y prometían que sumarían 20 mil muy pronto.

Mediante su plataforma tecnológica y de financiamiento, los usuarios podían vender o adquirir el vehículo de su preferencia con "garantías de transparencia, seguridad y financiamiento" a través de un clic en su computadora o teléfono celular. Con ello, Kavak llegó a suplir con tecnología la compra y venta de autos, con lo que se convirtió en la competencia principal de todos los lotes y negocios dedicados a este mercado secundario.

A diferencia del resto de unicornios, la historia de Kavak no tiene como fuente de información primaria algún *input* de parte de la misma empresa. De manera incansable, hice lo que pude por involucrar e invitar a participar a los fundadores de Kavak, sin embargo, su respuesta fue negativa. Actualmente, la compañía está atravesando muchos retos. Quizás no estaban en el mejor momento para entablar una conversación. Habría sido magnífico referir de primera mano lo que salió bien y lo que salió mal, humanizar las críticas a la *startup*, normalizar las altas y bajas del emprendimiento... Con todo, respeto su decisión.

No obstante, este capítulo se conforma de fuentes verificadas, confiables y transparentes. Me basé en entrevistas escritas y en video, pódcast, notas y reportajes de medios nacionales e internacionales, en las que Carlos García Otatti, cofundador y CEO de Kavak, cuenta el desarrollo de su historia: cómo nacieron, cómo crecieron y cómo han logrado sobrellevar algunos retos. Entre ellas, destaca la más reciente entrevista publicada en septiembre de 2023 en *Whitepaper*, con la información más actualizada disponible.

El año que Kavak se convirtió en unicornio abrió panoramas hacia el mundo tecnológico y del emprendimiento en México. También inició la conversación en un país en el que no se hablaba de unicornios y apenas de *startups*. Su historia ha sido un punto de encuentro importante para comenzar a dialogar sobre el emprendimiento en México y desplegarlo en nuestro territorio.

Comprar un coche en México es un deporte de alto riesgo

En Latinoamérica, solo 1.5 de cada 10 personas pueden tener su propio carro, a diferencia de Estados Unidos, donde 7 de cada 10 personas tienen uno. De esos poquísimos, apenas el 5% financia sus autos (Hernández Armenta, 2021), pues el mercado de compraventa de vehículos es altamente informal.

En México, el mercado de autos seminuevos experimenta un auge significativo. Tiene una venta anual de más de 6 millones de unidades y un valor estimado que supera los 3 mil millones de pesos. Este escenario abre un amplio abanico de oportunidades para aquellos que buscan incursionar en este próspero segmento (Martínez, 2022). Cada año se comercializan en México entre 4 y 5 millones de autos usados en un mercado con un valor aproximado de 60 mil millones de dólares, aunque la cifra es difícil de estimar con exactitud (Álvarez, 2016), ya que 90% de las transacciones se hacen en el mercado secundario, por lo que tanto compradores como vendedores se exponen a fraudes (Pigna, 2022). De ahí que cuando alguien va a comprar un auto seminuevo o usado, exista una tensión y desconfianza desde que se inicia la conversación para adquirir el vehículo. Hay casos incluso de personas que han sido asaltadas o extorsionadas cuando van a ver físicamente el auto que desean adquirir.

A ello hay que sumar la enorme cantidad de dudas en torno al precio, antigüedad, marca, modelo, kilometraje, desgaste, tiempo de uso, garantías extendidas, incluso el estilo de vida llevaba el anterior dueño, entre mil millones de preguntas más que pasan por la mente del comprador. La evaluación de un vehículo usado no se limita únicamente a su apariencia exterior. Es crucial realizar una exhaustiva inspección, incluyendo pruebas específicas, para evitar posibles estafas. El estado interior del automóvil también desempeña un papel fundamental. Además, para mitigar los riesgos de fraude es esencial solicitar al vendedor documentos clave, como la copia de la factura original, la carta de compraventa y, en caso de múltiples transacciones anteriores, los comprobantes de verificación, refrendo o tenencia.

Ahora bien, en el terreno de la formalidad, el país cuenta actualmente con entre 650 y 800 agencias y lotes especializadas en la venta de autos seminuevos registrados en la Asociación Nacional de Comerciantes de Automóviles y Camiones Nuevos y Usados (ANCA). A pesar de la gran oferta, surge un desafío importante en términos de la confianza del consumidor. La mayoría de estas tiendas no ofrece políticas de devolución ni garantías, lo que genera una sensación de inseguridad entre los compradores (Álvarez, 2018).

Muchos dicen que es mejor sacar un coche nuevo que uno seminuevo. Sin embargo, comprarlo es más difícil de lo que uno se imagina. Aun teniendo el dinero en efectivo o en una tarjeta de débito, las financieras de las agencias únicamente permiten la compra de un auto nuevo por medio de un crédito. En consecuencia, el acceso al financiamiento es una barrera más para quienes buscan hacerse de un auto.

Ahora bien, del otro lado, para vender tu auto, puedes hacerlo de muchas formas. Una de las más utilizadas en México es el trato directo, incluso por Marketplace de Facebook o en Mercado Libre puedes encontrar opciones de compra y venta de autos seminuevos, pero nuevamente se asoma el factor riesgo. Dos opciones más clásicas son las agencias o los lotes de autos. Cada una tiene sus pros y contras.

Encima de todo, según Alberto Torrijos (2023) la pandemia de covid-19 ha representado un desafío significativo para la industria automotriz, desde la interrupción de las cadenas de suministro hasta cambios en los patrones de consumo. Por la falta de chips, los autos seminuevos llegaron a costar casi igual que los nuevos, mientras que las agencias podían tardar en entregar el vehículo hasta tres meses después de haberlo adquirido, pues había lista de espera. La urgencia hacía que comprar un seminuevo a precios elevados no pareciera tan descabellado.

Aunque durante la pandemia hubo una preferencia por autos usados debido a precios y disponibilidad, la tendencia actual muestra que 80% de los consumidores prefiere adquirir autos nuevos. Según un estudio de Sim DataGroup y la Asociación Mexicana de Distribuidores Automotores (AMDA), los concesionarios vendieron en promedio 14.8 unidades de autos seminuevos, superando las cifras de 2022 y 2021. Aunque enero experimentó un crecimiento anual de 21.2%, febrero y marzo tuvieron tasas de crecimiento menores, con 12.8% y 3.1%, respectivamente (Navarrete, 2023).

Esto se debe a la estabilidad de precios en autos nuevos, la preocupación ambiental y el interés en opciones de movilidad sostenible, especialmente entre los segmentos más jóvenes. También la recuperación económica y la proliferación de nuevas tecnologías han llevado a los consumidores a explorar diversas opciones de automóviles, incluyendo compactos tradicionales, autos de alta gama y modalidades de combustión interna, híbridos o eléctricos y la adquisición de autos seminuevos. Por otro lado, el *nearshoring*, la recuperación de suministros y la demanda en Estados Unidos y Canadá han impulsado el crecimiento de la producción, la estabilidad en las exportaciones y nuevas inversiones. Con ello, la recuperación de los inventarios de autos nuevos estabilizó las ventas de autos seminuevos en México en el primer trimestre del año 2023.

Estos datos, una mala experiencia y muchas ganas de crear algo daban vueltas en la mente de Carlos García Ottati, cuando pensó por primera vez: *¿qué tan difícil sería otorgar crédito a aquellas personas que no lo habían podido obtener y además les ofrecía un vehículo de por medio?*

México, *hub* de emprendedores migrantes

Ya hemos hablado anteriormente del porqué es atractivo emprender en México. La lista de empresas con cofundadores migrantes o de la unión de migrantes y mexicanos, es mucho más larga que la lista de *startups* con cofundadores solamente mexicanos. De acuerdo con el artículo de *Wired* (2023), tan solo en la capital del país, de un universo de 204 compañías y 328 fundadores, 31% fueron identificados como extranjeros, los cuales han creado al menos 12 200 empleos y recaudado 4 500 millones de dólares de capital al primer trimestre de 2023 (Endeavor, 2023).

Kavak inicia su historia con Carlos García Otatti, un emprendedor venezolano que estudió en la Universidad Católica Andrés Bello en Caracas. Comenzó a conocer el mundo del emprendimiento desde muy joven y, como siempre estaba en constante movimiento, decidió buscar oportunidades en otros países debido a la situación económica y social de su país. En su ADN iba impregnado el gen del emprendimiento, pues sus padres desde jóvenes tuvieron acercamientos con el mundo restaurantero y de licores, lo que le permitió conocer los emprendimientos tradicionales desde muy corta edad.

Carlos buscó oportunidades en Italia para tener un futuro menos incierto. Compró un *ticket* de ida y aprovechó su nacionalidad italiana por parte de su abuelo para conquistar Europa y vivir una nueva vida. Pero a veces los planes pueden cambiar de la noche a la mañana… durante su viaje, en 2008, se presentó una crisis global muy fuerte que cambió radicalmente sus planes y no le permitió establecerse en ese país (Hernández, 2023).

Sin embargo, consiguió entrar a trabajar en Amazon en las oficinas de Inglaterra, en donde tuvo la responsabilidad de investigar las formas de construir un *marketplace* para los terceros que querían vender a través de la plataforma. Además del impacto potencial que iba a tener en sus negocios, esta experiencia fue para él un primer acercamiento al mundo tecnológico (Hernández, 2023). De ahí surgió la idea de crear era un "Amazon latino", pero sus habilidades y conocimientos en el mundo digital aún no eran suficientes. Entonces, su siguiente paso fue realizar un MBA en la Universidad de Oxford.

Regresó a Latinoamérica con la idea de construir lo que alguna vez cruzó por su mente. Formó parte de la consultora Mckinsey & Company en donde le tocó visitar por trabajo más de 11 países. Su acercamiento con algunos CEO y altos directivos, le hizo darse cuenta de que en ese entonces se avecinaba una ola digital que muchos no veían venir. Así que aprovechó la oportunidad de poder ser parte de los primeros en sumarse a construir algo bajo esta nueva tendencia (Hernández, 2023).

Carlos dejó su trabajo como consultor y se mudó hacia la Ciudad de México para dirigir la oficina regional de Linio, cuando en ese momento no existían transacciones digitales ni *e-commerce*, ni servicios de mensajería como DHL o FedEx en México para la entrega de productos a domicilio (los que existían daban mucha desconfianza), como lo conocemos al día de hoy. Esta *startup* se vio en la necesidad de desarrollar sus propias pasarelas de pago y seguridad para establecer un mecanismo interno y así prevenir fraudes. También decidieron adquirir camiones y encargarse internamente de la distribución (Hernández, 2023).

Linio no solo fue una gran escuela para Carlos, sino también un trampolín crucial en su trayectoria hacia Kavak. Durante su tiempo en Linio, no solo adquirió conocimientos fundamentales para su futuro emprendimiento, sino que también presenció un crecimiento extraordinario en la empresa. Lo que inicialmente comenzó con tres empleados se transformó en una fuerza laboral de 3 mil personas. Esto llevó a Linio a expandirse y consolidarse como un líder en el comercio electrónico, operando en ocho países de Latinoamérica. Finalmente, el éxito de Linio culminó con su adquisición por parte del prestigioso grupo Falabella (Forbes Staff, 2018).

Con el cambio de residencia, Carlos quiso vender su auto, pues no lo podría usar en la CDMX. Sin embargo, se enfrentó con muchas dificultades, pues fue un proceso bastante burocrático y complicado. Terminó dejando el coche en casa de un amigo y seis meses después consiguió venderlo.

Pero eso no fue todo: a su llegada a la Ciudad de México, Carlos identificó que la movilidad en esa ciudad era complicada, así que pensó que lo mejor que podía hacer era adquirir un carro. Para su sorpresa, nuevamente se encontró de nuevo con el mismo dolor de cabeza: comprar un coche era igual de complicado. Cuando consiguió uno seminuevo, este comenzó a tener fallas mecánicas y, para colmo, deudas pendientes. Esa *inversión* para poder trasladarse diariamente terminó costando mucho más de lo que había invertido en un principio.

Lamentablemente, el caso de Carlos no es un hecho aislado, es una problemática constante y latente en México. Fue allí cuando nació la idea de fundar una compañía que ofreciera comprar vehículos a precios justos, reacondicionarlos y venderlos con garantías y procesos seguridad. Generalmente las ideas de emprendimiento nacen después de tener una experiencia que marca de manera permanente al emprendedor, buena o mala, y, a partir de ello, comienza a pensar una manera de solucionarlo.

A este proyecto, se unió Loreanne García, hermana de Carlos, que en ese entonces se desempeñaba como coordinadora de estrategia corporativa en Coca-Cola Femsa, quien se caracterizó por su activa participación en la captación de capital destinado a fortalecer la posición de esta empresa mexicana en el mercado. Posteriormente, se sumó Roger Lauhglin, quien también trabajaba en Linio como director de ventas, y después fungiría como encargado de la expansión nacional e internacional de la compañía (Álvarez, 2018).

Lo primero que hizo Carlos fue contactarse con personas de la India para entender cómo podían mejorar el proceso de compraventa digital y crearon uno de los primeros algoritmos de precios de Kavak. Gracias a ello, lograron comprender más profundamente el sector y se dieron cuenta de que era uno de los más extensos a nivel global. Incluso, las transacciones relacionadas con vehículos nuevos constituían aproximadamente entre el 6 y el 8 por ciento del Producto Interno Bruto (PIB) de un país (Hernández, 2023). Sin embargo, el desafío principal sería combatir la informalidad y el acceso limitado al financiamiento, pero lejos de verlo como un problema, Carlos lo identificó como oportunidades significativas en este mercado.

La planeación y creación de Kavak tomó dos años y se fundó en México, de ahí que, a pesar de que fundadores son venezolanos, se considera una empresa mexicana. El nombre Kavak fue elegido por los fundadores por su conexión con un árbol resistente y duradero que se encuentra en México y otras partes del mundo. Querían un nombre que reflejara su visión de construir una plataforma confiable en la industria de autos seminuevos. El árbol kavak, conocido por su fuerza y resistencia, resonó con su misión de transformar el mercado automotriz. Además, tiene un sonido distintivo que ayuda a destacarse en un mercado competitivo y a diferenciarse de otros actores de la industria (Carrasquero, Competencia de Kavak México | Ventajas, historia y orígenes, 2023).

En septiembre de 2016, los emprendedores venezolanos adquirieron su primer conjunto de automóviles con fondos propios. Este lote constaba de tan solo tres vehículos: un Mini Cooper, una camioneta Ford y un Jetta. En las etapas iniciales de las ventas, se involucraron en todas las áreas, incluso en el lavado de los vehículos, y revisaron minuciosamente todo el proceso con el objetivo de garantizar una experiencia de usuario diferenciadora (Álvarez, 2018). Así como muchas historias de emprendimiento comienzan en garajes, Kavak no fue la excepción, pues arrancaron en un pequeño estacionamiento rentado en la colonia Roma, en la Ciudad de México (Rodriguez, 2022). Un día de octubre de 2016, Carlos, Loreanne y Roger lograron concretar su primera venta de un automóvil, la del Jetta. La transacción fue de manera automática y su algoritmo funcionaba.

Unos cuantos millones por una idea

Kavak ha sido una de las pocas *startups* en México que han logrado captar inversión y capital antes de lanzar su producto oficialmente mercado. Los venezolanos consiguieron que el fondo Mountain Naza, ahora Nazca Ventures, "invirtiera en solamente una idea" con una inyección de capital de 3 millones de dólares en etapa semilla. Por supuesto, esto dio mucho de qué hablar y no tardaron en surgir rumores sobre lo que se traían en manos. Con esta primera inversión; sus planes se enfocarían en desarrollar nuevas tecnologías, fortalecer un equipo de trabajo y ampliar su catálogo de vehículos (LAVCA, 2016). Pero ¿cómo es que lograron esto con solo una idea?

Sus perfiles tenían mucho que ver, así como su visión y el tamaño del mercado en el que estaban comenzando a emprender. La experiencia previa de Carlos, Loreanne y Roger, tuvo mucho que ver para que los inversores confiaran en una etapa tan temprana, algo que sucede difícilmente, así como su propuesta de valor en esa actualidad y contexto. Su idea parecía sencilla plasmada en papel: comprar vehículos a precios accesibles, revisarlos y acondicionarlos, vender con garantías de seguridad y devolución, todo a través de la tecnología. Ya en la práctica, fue la tecnología y el financiamiento lo que detonó el crecimiento de Kavak. Lograron crear un *software* basado en algoritmos predictivos para anticipar la demanda de algunos modelos específicos de autos seminuevos dentro del mercado. Además, poco a poco fueron adoptando el modelo *Fin-Tech*. Por su parte, los cofundadores consideran que se debió a tres cuestiones: evidenciaron que había un problema a resolver, desarrollaron un equipo adecuado, tenían una idea de negocio escalable (LAVCA, 2016)

Según un artículo de *Whitepaper*, en el primer *deck* —una breve presentación en la que se da una visión general de un negocio a los inversores— los venezolanos buscaban inicialmente 45 millones de pesos para arrancar el negocio, pues estimaban que en el primer año podrían vender unos 20 autos al mes y para el quinto año proyectaban más de mil unidades mensuales (*Whitepaper*, 2022).

La realidad es que Kavak no inventó el hilo negro, pues previamente ya existían compañías y *startups* enfocadas en la compra y venta de autos seminuevos en Estados Unidos y otras partes del mundo como Carvana, Vroom, etc. Sin embargo, en México no existían jugadores grandes enfocados en este sector, por lo que fue creciendo como un referente en la compra y venta de seminuevos y la tecnología fue primordial para integrar otras verticales alrededor del negocio derivadas de estudiar el mercado.

Tan solo dos años más tarde, en julio de 2018, Kaszek, uno de los fondos más grandes de Argentina, lideró una serie A de 10 millones de dólares y algunos meses después una extensión a esa serie que le abrió la puerta y dio entrada a fondos como General Atlantic y Greenoaks. En agosto de 2019, la *startup* anunció una ronda de financiación serie B de 48 millones de dólares, liderada por el fondo de inversión global SoftBank, un jugador muy importante en *venture capital* a nivel global, lo que permitió acelerar su crecimiento y consolidar su posición en el mercado. Esta inversión fue la segunda que el gigante japonés había realizado en México; la primera fue para Clip (Pigna, 2023) (Atkins, 2019) (Lankenau, 2021).

En abril de 2020, Mountain Nazca vendió sus acciones a SoftBank y General Atlantic. Su salida de Kavak, junto con la de la *FinTech* Creze (Lakenau, 2021), fue un gran hito porque se convirtió este en el primer fondo de *venture capital* en México en regresar el 100% del capital invertido y rentabilidad adicional (LAVCA, 2020). Esto significa que las inversiones por 3 millones de dólares realizadas por Mountain Nazca entre 2016 y 2017 rindieron a sus inversionistas alrededor de 50 millones de dólares (Riquelme, 2020).

Ese mismo año, anunciaron sus planes de expansión por América Latina, mediante la adquisición de Checkars, una plataforma similar argentina fundada en 2018 que también comerciaba vehículos usados en Buenos Aires, la tercera ciudad con el mayor mercado de este tipo en América Latina. Checkars recibió 10 millones de dólares para expandir sus operaciones, contratar 300 empleados nuevos e instalar un centro de tecnología, con lo que se convirtió en la subsidiaria de Kavak (Tincello, 2020).

Además, para consolidar sus operaciones en Argentina, Kavak inauguró un *showroom* en Buenos Aires. Este espacio, que supuso una inversión de 350 mil dólares, contaba con la capacidad para albergar hasta 450 autos, pues tenía como objetivo aumentar su catálogo de vehículos de 2 millones a 20 millones en los próximos 12 meses.

A la par, siguieron desarrollando productos digitales. Lanzaron Kavak App con la intención de cambiar la forma en que se compran y venden autos usados en México. Esta aplicación permite a los usuarios navegar por un extenso inventario de autos seminuevos con la comodidad de hacerlo desde su dispositivo móvil. Al mismo tiempo ofrece funciones que permiten extender garantía de tu automóvil, agendar diversos servicios en sucursales más cercanas, reportar problemas y también consultar tus multas (Carrasquero, 2023).

También tenían planes de realizar más contrataciones de personal para los equipos de tecnología y marketing en sus oficinas en

México. Debido a su rápida expansión, incrementaron su plantilla de 380 a mil empleados en menos de un año. En los primeros tres meses de 2021, sumaron 1500 personas adicionales en México y Argentina, elevando el equipo total de Kavak a 2500 empleados en la región.

Con estas iniciativas, Kavak comenzaba a posicionarse como la empresa líder en la compra y venta de automóviles usados en Latinoamérica. Durante un periodo de tres años, la empresa experimentó un crecimiento exponencial muy impresionante. Su alcance se expandió rápidamente a través de siete países con una fuerza laboral que creció de 250 colaboradores iniciales hasta superar las 6 mil personas. Este desarrollo se manifestó también en sus operaciones, que vieron la apertura de múltiples sucursales en diversas ubicaciones. En términos de ventas, la empresa demostró su capacidad al alcanzar meses con más de 7 mil autos vendidos solo en México durante el año 2021. Además, su inventario experimentó un incremento significativo, pasando de menos de 10 mil autos en abril de 2021 a aproximadamente 24 mil vehículos para mayo de 2022, abarcando todos los países en los que operaba (Lankenau, 2023).

A México le costó ver a su primer unicornio

En 2020 el ecosistema de emprendimiento en México estaba escalando día con día. Vimos a muchas *startups* nacer durante este periodo que ofrecían soluciones a problemáticas sociales que trajo la pandemia de covid-19 en todo el mundo. En todos los años que trabajé para medios de comunicación, había conversado con tantos emprendedores e intercambiado puntos de vista sobre el ecosistema, pero jamás había escuchado mencionar la palabra unicornio. Quizás no se suele hablar de lo que no se puede ni se sabe que existe.

Era exactamente 30 de octubre de 2020, cuando el anuncio de que Kavak, con una valuación de 1150 millones de dólares en su última ronda de financiamiento, se convertía en el primer unicornio mexicano inundó las noticias. Desde su fundación cuatro años antes, había recaudado más de 400 millones de dólares en financiación total, con SoftBank de Japón, DST Global de Hong Kong y Green Oaks Capital US liderando dicha ronda (Solomon, 2020).

La pisada fuerte de Kavak al convertirse en el primer unicornio mexicano le otorgó inmediatamente un nuevo estatus social y económico a la empresa. Inmédiatamente las redes sociales y las noticias comenzaron a inundarse celebrando este acontecimiento y claro que no era para menos, era algo que tenía que celebrarse en un país que desconocía la existencia de los unicornios. Era como si algo mágico inundara el ecosistema emprendedor.

Meses después de este hito, Kavak volvió a recibir una inyección de capital en una Serie D de 485 millones de dólares y con esto logró alcanzar una nueva valuación, de 4 mil millones de dólares, con lo que se convirtió en una de las *startups* con valuaciones más altas de América Latina. Esta ronda fue liderada por D1 Capital Partners, Founders Fund, Ribbit y Bond, y elevó el capital total de Kavak recaudado hasta la fecha a más de 900 millones de dólares. Con esta nueva ronda, Kavak se extendió al mercado brasileño (McCarthy, 2021).

En septiembre de 2021 recibió 700 millones de dólares en una serie E, lo que la llevó a valer 8 700 millones de dólares (Azevedo, 2021). Estos números la posicionan como una de las empresas más valiosas ya no solo de México, sino de América Latina. La primera sería Nubank, valuada en 30 mil millones de dólares en 2021 (Staff Contxto, 2021). Esos nuevos recursos se utilizarían para ampliar su inventario: en 2021 contaban con un inventario de más de 15 mil autos y deseaban tener más de 40 mil en los próximos 12 meses, así como seguir creciendo internacionalmente. Desde su creación, Kavak había logrado recaudar un aproximado de mil 500 millones de dólares.

Sus planes de expansión no cesaron y llegaron hasta Colombia y Chile. También anunciaron el patrocinio oficial a la Selección Nacional de Futbol de México rumbo a la Copa Mundial 2022, pues la *startup* se ha asociado con destacadas figuras del deporte nacional. En 2021, el piloto de Fórmula 1, Sergio *Checo* Pérez, y el capitán de la selección mexicana, Guillermo Ochoa, se unieron como accionistas de la compañía (Villareal, 2021).

En 2022 Kavak consiguió 810 millones de dólares en financiación con HSBC Holdings Plc, Goldman Sachs Group Inc. y Banco Santander S. A. La mayor parte del financiamiento provino del primero, que proporcionó 675 millones de dólares para comprar parte de la cartera de créditos actual y futura de Kavak en México. Goldman Sachs y Santander otorgaron un crédito de 135 millones de dólares, garantizado con activos de Kavak que incluyen bodegas y automóviles. Esto significa que Kavak se sumó a un gran grupo de *startups* que recurrieron a la deuda para financiarse (O'Boyle, 2022).

A la par, Kavak ha expandido sus operaciones a varias ciudades de México y otros países. En julio de 2021, comenzó a operar en São Paulo, Brasil, con una inversión de 500 millones de dólares. Además, hace apenas cinco meses, en noviembre del mismo año, adquirió la empresa turca Garaj Sepeti para entrar en el mercado asiático.

Cuando el río suena, es porque agua lleva... o quizás no siempre

La reputación e imagen de una empresa puede cambiar con el paso del tiempo y, sobre todo, si la atención al cliente no es la adecuada, independientemente de que sea un *unicornio*, un *pegaso* o lo que sea. Hablar de Kavak es como sumergirse en una leyenda moderna del mundo empresarial. Siempre ha traído rumores consigo. ¿Es verdad que Softbank va a invertir? ¿Es verdad que se expandirán a más países? Las opiniones respecto a esta compañía son tan diversas como las experiencias que la rodean. Algunos la aplauden como un modelo de innovación y éxito, mientras que otros la miran con escepticismo y crítica.

Para Kavak, los últimos años han sido marcados agresivamente por comentarios de usuarios y clientes insatisfechos con el servicio. Lo que para muchos comenzó con una historia de victoria y de éxito plagado en diferentes medios de comunicación sobre Kavak poco a poco fue olvidada, marcada por una crisis reputacional que destaca, sobre todo, en comentarios online. Hoy en día con el alcance de los medios digitales, tu cliente tiene redes sociales y puede comentar, positiva o negativamente, y de manera pública.

Abundan notas en medios de comunicación, foros, redes sociales y canales digitales, comentarios negativos respecto a Kavak. Desde 2019 hasta septiembre de 2022, un total de 251 personas presentaron quejas ante la Procuraduría Federal del Consumidor (Profeco). Ahora bien, según la información del Buró Comercial de Profeco, el número de quejas ha aumentado considerablemente con el tiempo. Para darse una idea, en todo 2019 solo una persona presentó una queja, pero en los primeros nueve meses de 2022 ya se habían registrado 154. Esto es un aumento de 66% en comparación con las 93 quejas presentadas en todo 2021 (Rodríguez, 2022). Las quejas abarcan varios problemas, como la imposibilidad de devolver un vehículo, la falta de reembolso de depósitos, incumplimientos de garantías y retrasos en la entrega. Esto refleja una creciente insatisfacción de los consumidores con los servicios y productos relacionados con vehículos (Rodríguez, 2022).

En el episodio "Kavak y su talón de Aquiles; el servicio al cliente" del pódcast *La estrategia del día* de Bloomberg Línea, uno de los primeros en hablar sobre aquello que las empresas o *startups* desean evitar, la periodista mexicana Jimena Tolama entrevista al en ese entonces director general de México de Kavak, Alejandro Guerra, sobre los retos que enfrentan con las críticas y las variables que influyen en ser verdaderamente una compañía exitosa y rentable. Alejandro acepta que no están cumpliendo la experiencia de la cual buscan sentirse orgullosos, pero sostiene que Kavak está trabajando en mejorarla.

A principios de 2023, la compañía había advertido sobre un "2023 desafiante" en un correo electrónico anunciando recortes de gastos y despidos. Para finales, llegó un anuncio que paralizó un poco al ecosistema: Kavak anunciaba su salida de Perú y Colombia de manera indefinida, países en cuyos lanzamientos había invertido millones de dólares, debido al entorno macroeconómico, con el fin de enfocarse en México (Madry, 2023).

Muchos emprendedores y personas clave del ecosistema con los que he podido conversar tienen comentarios más negativos que positivos, incluso algunos auguran una quiebra. Estas "megarrondas" han desatado dudas sobre la valuación actual de la empresa. Comentarios como: "los números están inflados, es imposible que valgan eso" son unos de los tantos rumores y predicciones que se escuchan en el medio. Y quizás tienen razón, pero no todo acaba ahí.

Es importante recordar que Kavak siguió el modelo de crecimiento basado en *venture capital* y que su objetivo era crecer, crecer, crecer, más que alcanzar pronto la rentabilidad. También hay que considerar que las *startups* están constantemente probando modelos, expandiéndose internacionalmente y comprobando si sus inversiones en estos funcionan. No son empresas tradicionales. Nunca será igual abrir una oficina y contratar a 10 personas, que tener un mes 200 empleados y al siguiente mil. De hecho, este es uno de los dolores que pasan las *startups* al evolucionar a *scaleups*.

Las empresas pueden aprender de sus errores, de sus crisis de reputación y de saber escuchar a su clientela. Para ello, es esencial que las empresas sean transparentes y responsables. Sin embargo, tampoco podemos ignorar el lado humano de la historia: la visión y el esfuerzo de los emprendedores que la hicieron posible. La figura de Carlos, el alma detrás de esta empresa, de Loreanne y Roger personifican la audacia y el arrojo del espíritu emprendedor. Su capacidad para enfrentar desafíos y seguir adelante, apostar una y otra vez por su visión y dedicar su vida a este proyecto, es digna de admiración. También detrás de Kavak hay personas, hay empleados y familias. Después de todo, su contribución ha sido fundamental para enriquecer el diálogo sobre el emprendimiento en nuestra región, abriendo nuevas posibilidades y horizontes.

Aunque respeto las opiniones que difieren de la mía, respeto a los analistas, a los expertos de *venture capital*, a los financieros y estudiantes del fascinante mundo de las *startups*, no comparto la idea de aquellos mexicanos o latinoamericanos que desean el fracaso de empresas como Kavak. Pero, cabe cuestionarse, ¿qué cambió desde el anuncio del unicornio hasta día de hoy?, ¿por qué la conversación se quedó en solo hablar de unicornios y no de todo lo que hay detrás de serlo?, ¿hasta qué punto debemos celebrar el éxito de una empresa sin examinar críticamente su impacto y sus prácticas?, ¿qué responsabilidad tienen las empresas como Kavak en el panorama económico y social de nuestro país?

Me hubiera gustado mucho platicar con los fundadores de Kavak y darles espacio en estas páginas para responder esas preguntas. Muchos emprendedores podrían aprender de estas historias ocultas. Este ecosistema lo valora y agradece. No obstante, agradezco infinitamente a las entrevistas previamente realizadas a las que pude tener acceso, pues me brindaron información esencial para el desarrollo de este capítulo.

Definitivamente, hay mucho que aprender de la historia de Kavak. Nos muestra que ser un unicornio no lo es todo en el mundo empresarial, pues hoy en día no se percibe como algo inalcanzable o incluso crucial. Sin embargo, este hito ha sido clave para dar pie a esta conversación y desafiar las percepciones convencionales sobre el éxito empresarial. En mi caso, yo recordaré siempre el primer día que visité las primeras oficinas de Kavak en Monterrey con mucha ilusión y emoción al conocer en exclusiva al primer unicornio mexicano y cómo su historia de emprendimiento se impregnó en mi piel. Me quedo con esta última frase dicha por Carlos García Otatti en la reciente entrevista con René Lankenau (2023) "Kavak, una radiografía a su modelo de negocio para su medio Whitepaper": "A mucha gente le gusta hablar de los errores, de la ambición, de ese tipo de cosas y son muy válidos, pero muy poca gente habla de la gente que se atreve a intentarlo".

Top aprendizajes con Kavak

- Ser el primero en algo, siempre pondrá los ojos de muchas personas sobre ti o tu empresa, ya sea aplaudiendo o criticando, mantente siempre sobre la línea que comenzaste; tu objetivo siempre debe de ser más importante que la opinión de más personas.

- Mira a tu alrededor: quizás haya algunas situaciones sin resolver, que pueden utilizarse como inspiración para emprender.
- La perseverancia siempre es una palabra que tiene que estar en mente cuando se quiera llegar hacia objetivos grandes.
- Aprende a escuchar retroalimentación, para después discernir entre lo que sabes que será conveniente para ti o tu empresa.
- Tener el *tagline* de "la *startup* más valiosa de México" es un orgullo; sin embargo, no lo es todo.
- Entiende a profundidad un mercado.
- Moverse de lugar sin miedo a lo que vendrá siempre es buena elección.
- La transparencia en la comunicación es clave para generar confianza y evitar crisis de reputación.

4

STORI, UNA LUCHA POR LA INCLUSIÓN FINANCIERA

"Emprender implica considerar a todos: equipo, socios, inversores, clientes y familia. Esta responsabilidad puede generar estrés y ansiedad, destacando la importancia del apoyo externo para mantener el equilibrio".
—Marlene Garayzar, cofundadora y CGO en Stori

Lo primero que noté en nuestra entrevista digital es que Marlene Garayzar portaba con mucho orgullo una camisa institucional con los colores de Stori con un bello unicornio. Me pareció un detalle o coincidencia muy hermosa.

Como soy muy creyente que la vida personal influye de gran manera en la profesional, al preparar las preguntas descubrí que Marlene, además de ser emprendedora, es también madre de familia. Muchos emprendedores están acostumbrados a tener relación y entrevistas con medios de comunicación, generalmente, con el objetivo de informar a las audiencias cuáles han sido los avances y novedades que pueden ofrecer de interés para la sociedad y un público en general. En esta entrevista, decidí arriesgarme a entrar en terreno personal y cambiar las reglas del juego.

212 | CREANDO UNICORNIOS

Antes de comenzar a platicar con esta emprendedora, le pedí lo siguiente: "Marlene, me encantaría que todas las respuestas que me des a partir de ahora en esta entrevista, pensaras tus respuestas como si fueras a explicarlas a tus hijos, que quizás en este momento son muy chicos, pero que, en un futuro, al leer estas palabras, puedan conocer un poco más acerca de la historia y trayectoria de su mamá". En ese momento, al mirar su rostro a través de una pantalla, supe que la entrevista había tomado un camino muy diferente de cualquier otra entrevista que ella hubiera tenido anteriormente.

"Si pudieras explicarles a tus hijos o nietos en un futuro, en 10 o 15 años, cómo comenzó la historia de su mamá, ¿qué les dirías?". Con esta pregunta comenzó la historia de la primera mujer mexicana que ha cofundado una empresa que alcanzó el estatus de unicornio en México.

¿El emprendedor nace o se hace?

Aunque en su juventud jamás cruzó por su mente la palabra *emprender*, siempre supo que su corazón latía al ritmo del sector financiero. A diferencia de muchos emprendedores y fundadores que saltan de un sector a otro buscando un nicho afín para sus emprendimientos y descubriendo el camino en el recorrido, Marlene (2023) estaba comprometida de por vida con el mundo de las finanzas; para ella, esto no era simplemente un trabajo, sino una auténtica misión de vida.

Sus primeros pasos la llevaron al Instituto Tecnológico y de Estudios Superiores de Monterrey, donde estudió Relaciones Internacionales. Esta elección podría parecer sorprendente en el contexto de su futura carrera financiera, pero Marlene tenía un plan bien trazado en mente. Soñaba con graduarse y trabajar en el Servicio Exterior Mexicano para desempeñar un papel crucial en asuntos gubernamentales y elevar la reputación de México en el escenario internacional.

Para concretar esa ambiciosa misión, sabía que debía adentrarse en un viaje aún más desafiante. Sin miedo alguno, decidió embarcarse en una aventura a un país desconocido: Francia. Su objetivo era claro: dominar el idioma francés, pues era un paso esencial en su camino hacia el Servicio Exterior Mexicano.

A su regreso a México, antes de graduarse, sentía constantemente la presión de conseguir su primer trabajo. Así es como en 2009 las puertas en el mundo que tanto buscaba se comenzaron a abrir, exactamente en Peugeot Finance, una financiera de origen francés.

Sin embargo, Marlene se convirtió en una pieza clave en el mundo financiero. Su papel como gerente de riesgos no solo requería conocimientos técnicos sólidos, sino también una intuición excepcional y la capacidad para tomar decisiones en momentos cruciales. Era como una malabarista de las cifras, equilibrando los riesgos y las oportunidades para garantizar el éxito financiero de la empresa. Sin embargo, su trabajo no se limitaba a números y gráficos. Marlene también se convirtió en un puente cultural entre México y Francia, utilizando sus habilidades lingüísticas y su profundo entendimiento de ambas culturas para facilitar la colaboración entre equipos internacionales. Durante un periodo de nueve años, se erigió como un componente esencial dentro de la organización, inmersa por completo en el dinámico mundo del sector financiero.

Al respecto de ese emocionante capítulo en su trayectoria profesional, Marlene comenta: "Yo digo que la única razón por la que me contrataron era porque hablaba francés. En ese momento toda la relación era con el corporativo que se encontraba en Francia; era una financiera que apenas iba a comenzar operaciones en México. Fue una de las coincidencias más grandes y un gran proyecto del cual formé parte nueve años de mi vida, así es como entré al sector financiero que, hasta el día de hoy, suerte o casualidad, ha sido el gran motor en el que he estado trabajando toda mi vida".

Al darse cuenta de lo complejo del sector financiero, el hambre de aprender y las ganas de involucrarse más en este mundo despertaron en ella un apetito de rodearse con las personas que más conocían a profundidad estas temáticas. También aprendió en los distintos cargos profesionales que ocupó en grandes corporativos como GE Capital en México y Brasil, como responsable de las estrategias de cobranza para la cartera de arrendamientos y préstamos, así como su puesto en líder de operaciones en 4finance, una empresa líder en la concesión de micropréstamos *online*, y después en AvaFin. "Lo que sí me caracteriza es hambre de aprender y hambre de crecer, porque sé que tenemos potencial, sé que tengo el potencial de poder llegar hasta donde yo quiera".

A lo largo de esa trayectoria, surgió la semilla de la inquietud y empezó la voz de la Marlene emprendedora a despertar gradualmente, sin respuestas inmediatas, rodeada de incertidumbre. Ella nunca se había puesto a pensar o visualizarse a sí misma como emprendedora, pero lo que sí sabía era que quería crear una diferencia y su gran hambre de aprender y crecer la hizo darse cuenta del potencial que había dentro de ella. "No recuerdo que la palabra *emprender* haya sido un plan consciente en mi vida, fue sucediendo poco a poco". Sabía de última instancia, que emprender implica muchas obligaciones, estrés y también miedos, pero eso no la frenó.

Esta incógnita dio lugar a una pregunta más: "¿Y ahora con quién voy a asociarme para crear mi negocio?".

En búsqueda de los socios perfectos

Cuando los emprendedores están comenzando a pensar en un *cofunding team* o equipo de cofundadores para iniciar una *startup* o proyecto en conjunto, hacen hasta lo imposible por intentar conocer y conectar con quienes van a acompañar su camino dentro del emprendimiento. Hoy en día existen plataformas digitales enfocadas en hacer un *match* perfecto. Incluso Y Combinator, una de las aceleradoras más importantes en el mundo de las *startups*, cuenta con un programa, llamado YC Co-Founding Match, que es exclusivo para buscar cofundadores según el giro y sector en el cual un emprendedor está buscando emprender (Y Combinator, s.f.). Esta plataforma ha logrado crear más de 100 mil *matches* en todo el mundo. Hay otras opciones como Founderio.com, en la cual puedes encontrar fundadores, inversionistas, empleados para tu *startup* o partidarios empresariales (Founderio, s.f.). También he escuchado historias de éxito de cofundadores de *startups* que se han conocido a través de redes sociales o grupos de emprendimiento en WhatsApp y en eventos presenciales. En la era actual, marcada por la omnipresencia de canales digitales y redes sociales, lo que parecía inalcanzable se vuelve posible.

La historia de cómo Marlene encontró a sus cofundadores es un testimonio vívido de cómo el ecosistema emprendedor está conectado de manera profunda y trasciende las barreras virtuales. Todo comenzó con un exjefe de Marlene, un experimentado *chief risk officer* cuyo agudo sentido le decía que ella estaba destinada a explorar el mundo del emprendimiento en el sector financiero y que estaba al tanto de las metas de Bin Chen, el actual CEO de Stori, que en ese entonces se desempeñaba como vicepresidente de Comunidades y Advisor en Mastercard para impulsar el emprendimiento en Latinoamérica. Vio el potencial de una colaboración fructífera entre ambos y decidió presentarlos de manera virtual. Gracias a este enlace, fue "como si las estrellas se alinearan", pues se convirtió en el punto de partida para lo que finalmente se convertiría en la creación de Stori.

LinkedIn fue la herramienta principal de conexión en donde Marlene y Bin se pusieron en contacto por primera vez. Platicaron acerca de sus situaciones, conversaron un poco, la famosa *small talk* que muchos emprendedores realizan para crear más vínculos y conexiones. A la par, Marlene realizó una investigación previa de su futuro socio sin que él lo supiera. Revisó los contactos en común, un poco acerca de la experiencia profesional de Bin, la información que compartía en su perfil en esta red social, entre otras cosas. De hecho, ella insiste en la importancia del mundo digital en el que habitamos y aconseja siempre tener nuestras cuentas digitales en orden, curar adecuadamente el contenido que compartimos y cuidar nuestras relaciones tanto profesionales como sociales. Después de conversar por un tiempo, Bin lanzó la pregunta a Marlene: "quisiera crear una *FinTech* en Latinoamérica. ¿Me ayudarías?".

La formación del equipo de cofundadores de Stori es un relato que destaca la importancia de la experiencia, la diversidad de talentos y la visión estratégica. Cada miembro del equipo fue seleccionado con precisión, no solo por su relación previa con Bin Chen, su actual CEO, sino, también por su experiencia y conocimientos en áreas clave. Una de las grandes estrategias es que cada uno de ellos conocía perfectamente las áreas en las que necesitaban comenzar a trabajar: expertos en tecnología, en producto, en *growth*, etc. Por ejemplo, Bin trabajó como VP Community Banks and Unions en Mastercard; Nick laboró como *senior solutions architect* en Smartronix; Sherman tuvo el cargo de director de producto en Capital One; y GY Liu fue VP *data science and fraud analytics* en Morgan Stanley. Todos ellos tuvieron el privilegio de estudiar sus maestrías en grandes universidades como NYU Stern School of Business, Virginia Tech, The University of Chicago Booth School of Business, Iowa State University y Marlene en Instituto Tecnológico Autónomo de México. Estos cofundadores, junto con Bin y Marlene, se convirtieron en los cimientos sobre los que se construiría Stori.

Después de conocerse y conversar en línea, Bin y Sherman viajaron a la Ciudad de México para conocer a Marlene. Al instante no solamente se dieron cuenta de la conexión, la cual ella considera que es muy importante al momento de buscar socios, sino que además cayeron en cuenta de que, si bien todos provenían de familias clase media-baja, los tres habían tenido la oportunidad de ir a grandes universidades, gracias a becas y ayudas económicas en sus estadías de estudio.

Marlene no solamente los recibió con mucho entusiasmo, preparó estadísticas de inclusión financiera en México, llevó números y análisis a la mesa, les contó acerca de la situación actual en el país y lo mucho que podían aportar para otras personas utilizando la tecnología. Ahí nació la misión del proyecto con la que todos estaban de acuerdo: lograr inclusión financiera en México. "De cierta manera, algo podíamos hacer para que las personas como nuestras familias que no tuvieron oportunidades, nosotros pudiéramos dárselas. Una de nuestras grandes misiones era dejar un legado". Justo, el nombre de Stori tiene origen por la palabra *historia*, la cual es la que buscaban cambiar, la *historia* financiera de los mexicanos.

Las *FinTechs* al rescate de un México no bancarizado

Según el Banco Internacional de Reconstrucción y Fomento, la *inclusión financiera* es el "acceso que tienen las personas y las empresas a diversos productos y servicios financieros útiles y asequibles que atienden sus necesidades —transacciones, pagos, ahorro, crédito y seguros— y que se prestan de manera responsable y sostenible" (Banco Mundial, 2022). Tener acceso al sistema financiero formal contribuye a que la población, sobre todo aquellos grupos de atención prioritaria, genere resiliencia ante emergencias económicas, aproveche oportunidades de crecimiento productivo e invierta en activos, con lo cual se incrementaría su bienestar social y empoderamiento económico (Comisión Nacional Bancaria y de Valores, 2020). De ahí que este concepto sea tan importante que se considere un elemento que facilita la consecución de siete de los 17 Objetivos de Desarrollo Sostenible. Incluso el G20 se comprometió a promover la inclusión financiera en todo el mundo (Banco Mundial, 2022).

México, desafortunadamente, es un país de baja bancarización, es decir, con dificultad de acceso a créditos para la gran mayoría de la población y pequeños negocios. En 2021, el número de créditos a personas físicas en el país ascendió a 58.3 millones, lo que implicó un incremento de 6% respecto a 2020. Según la Encuesta Nacional de Inclusión Financiera del mismo año, entre 50 y 55% de los adultos de entre 30 y 59 años tiene o ha tenido un crédito en alguna institución financiera, mientras los adultos mayores de 60 a 70 solamente llegan a 44% y los mayores de 70 a 31%. En cuanto a los jóvenes, solo 37% de ellos ha tenido acceso a un financiamiento (Comisión Nacional Bancaria y de Valores, 2022). Según Statista, 69.7% de los usuarios en México es un usuario de pagos digitales. Para 2024, la cifra podría ascender a 73.7% y en 2025, la cantidad de usuarios podría llegar a 77.9%, de acuerdo con la proyección (Statista Research Department, 2023).

Sin embargo, no todo está perdido. Varios estudios demuestran el creciente interés de la población en este ámbito, así como de instituciones gubernamentales, empresas y otras entidades. De hecho, para promoverla, cada vez nacen muchas más *startups* en el sector *FinTech* y *EdTech*, como Inverkids, una *startup* mexicana fundada por Mariana Garza Villalobos que enseña a los menores de edad el valor del dinero y a guiar sus primeros pasos en la vida financiera o —una de mis favoritas— Aplazo, fundada por Alexander Wieland y Ángel Peña, que con el modelo *compre ahora, pague después* (y a plazos) permite que muchas personas puedan crear un historial crediticio y obtener beneficios de diferentes comercios en México. Es por ello que las *startups* de tecnología financiera son herramientas de bancarización de suma importancia para abordar un desafío profundamente arraigado en la sociedad mexicana: las barreras de participación en servicios financieros.

Podríamos dedicar un libro entero acerca de este sector, y se tendría que estar actualizando constantemente. Libros como *The Digital Banking Revolution* de Luigi Wewege y *The FinTech Book: The Financial Technology Handbook for Investors, Entrepreneurs and Visionaries* de Susanne Chishti y Janos Barberis, así como *FinTech en el mundo. La revolución digital de las finanzas ha llegado a México*, elaborado por Finnovista, son ideales para comenzar a introducirse en este gigantesco mundo. Aquí solamente plantearemos un panorama general del sector.

Las *FinTech* tienen una historia que se remonta al menos 150 años, cuando Edward Callahan inventó la cinta ticker, el primer medio electrónico digital utilizado para transmitir los precios de las acciones a través del telégrafo. A partir de 1991 cuando se lanzó la World Wide Web (www) facilitó el intercambio de información a través de lo que hoy conocemos como internet y el florecimiento de la banca y el comercio electrónicos (Silva A., 2018). Echemos un vistazo a cómo ha ido evolucionando:

- El primer cajero automático (ATM) del mundo fue inaugurado en 1967 por Barclays.
- La primera cuenta de cheques en línea se utilizó en 1995 por Wells Fargo.
- La plataforma de procesamiento de pagos online más importante, PayPal, fue fundada en 1998.

- La primera criptomoneda, Bitcoin, fue lanzada en 2009.
- El lanzamiento de Apple Pay en 2016.

(Arner, Barberis y Buckley, 2016)

En 1998 Silicon Valley presenció un acontecimiento que modificó mucho la manera de concebir la industria financiera. Ken Howey y Max Levchin se aliaron para crear lo que sería "la primera compañía que permitiera hacer transferencias de dinero digital", a la cual nombraron Confinity. Apenas unos años después se unieron tres personas más a esta compañía: Peter Thiel, Luke Nosek y Elon Musk, quienes complementaron el proyecto hasta lo que en día de hoy conocemos como PayPal. Lo que ellos veían como una plataforma para transferir se convertiría en una auténtica puerta hacia un mundo seguro de compras en línea, tanto para los usuarios como para los comercios.

Fue en 2002 cuando eBay dio un paso audaz al adquirir PayPal por una asombrosa suma de 1 500 millones de dólares. Para finales de ese mismo año, PayPal ya había atraído a un millón de clientes, una cifra que se multiplicaría exponencialmente con el tiempo, llegando a los asombrosos 152 millones de usuarios. Este fue el comienzo de una verdadera revolución en el mundo de las transacciones en línea, justo lo que buscaban las *FinTech*: "atender las crecientes necesidades de servicios de pago por internet mediante tarjetas bancarias" (Endeavor, 2019).

Aunque su origen no es nuevo, en tiempos recientes el sector *FinTech* ha experimentado un salto evolutivo y explosivo. De hecho, lo que realmente aceleró el crecimiento de este sector fue la llegada de los *smartphones*.

México no fue la excepción, pues este sector arrancó alrededor de 2005, cuando PayPal entró al mercado. Un ejemplo es Finnovista, fundada en 2012 por Fermín Bueno y Andrés Fontao, una firma líder de innovación y capital de riesgo comprometida con el desarrollo del ecosistema *FinTech* y la transformación de las finanzas en América Latina. También organizan el FinnoSummit, uno de los encuentros más grandes de *FinTech* en Latinoamérica con más de 10 años de trayectoria. Su comunidad es tan grande que la habitan más de 35 mil innovadores, emprendedores y líderes de la industria financiera (Finnovista, s. f.). Posteriormente entraron en juego dos *startups* mexicanas muy importantes que abrieron camino a las *FinTech* en el país: Kubo.Financiero, creada por Vicente Fenoll y Conekta, por Héctor Cárdenas, ambas fundadas en 2011. Seguido a esto se unió Clip, fundada en 2012 por Adolfo Babatz, que ha alcanzado el estatus de unicornio. En ese mismo año, Konfío (unicornio) también comenzaba a nacer y se fueron sumando más como Kueski, fundada por Adalberto Flores, originaria de Guadalajara. Más tarde, en 2014 cuando las criptomonedas comenzaron a tomar fuerza surgió Bitso (unicornio), fundada por Daniel Vogel.

Las *startups* enfocadas en *FinTech* están creciendo rápidamente en México. Según un reporte del FinTech Radar México (2023) de Finnovista en conjunto con VISA, se estimaba que para el 2016, ya había al menos 156 *FinTech* mexicanas, siendo pagos y remesas, préstamos, finanzas personales y *crowdfunding*, las más destacadas de ese entonces (FinTech Radar Mexico, 2016). Eso indica que el crecimiento ha sido exponencial, cerrando en 2023 con una cifra de 773 emprendimientos locales, 18.9% más que los observados en 2022. De estas identificadas, se estima que existen alrededor de 217 *FinTech* extranjeras operando en México, situando cerca de los casi mil emprendimientos presentes en el país y la mitad de estas provineen de Chile, Colombia y Argentina (Finnovista, 2023). Para el 2023, en México se habían aprobado 67 *FinTech* debidamente autorizadas por la CNBV (Villarruel, 2023). Según un estudio de informe del Banco Interamericano de Desarrollo (BID), en 2021 había 512 empresas *FinTech*, 71 más que en 2020 (Finnovista; Banco Interamericano de Desarrollo; BID Invest, 2022); el incremento de *startups* de tecnología financiera es de 332, si se compara con 2017, representando un crecimiento de 26% comparado con el año pasado. De hecho, en este sector México ocupa el segundo lugar de toda América Latina, solo superado por Brasil, lo que refleja un cambio significativo en la forma en que los mexicanos gestionan sus transacciones financieras (Statista Research Department, 2023).

Para Javier Morodo, 2020 fue un catalizador para las empresas *FinTech* en México y América Latina. La pandemia y su contexto fue una entrada importante y grande para todas estas empresas, pues la *nueva normalidad* nos trajo retos nunca antes vistos como el confinamiento y la sana distancia. Gracias a ello, el sector *FinTech* pudo crecer en términos nunca antes vistos y las tasas de interés al 0% en Estados Unidos y Europa atrajeron muchas oportunidades de inversión.

Dada la gran cantidad de mercados y poblaciones que aún no están bancarizadas, nuestro país tiene un enorme potencial de crecimiento en esta industria. En México, antes de la pandemia, tan solo 36% de la población tenía acceso a servicios bancarios, mientras que el 63% dependía principalmente de transacciones en efectivo. Sin embargo, en un giro sorprendente, el país ha alcanzado una posición destacada en el panorama de la adopción de *FinTech* para pagos electrónicos en América Latina.

De acuerdo con Aarón Silva (2018), en México 46% de las *FinTech* compite por el mercado caracterizado por la intersección de la innovación digital y la necesidad de reducir la amplia exclusión financiera del país. De hecho, algo muy importante que destacar es que se ha visto que las *FinTech* y las entidades tradicionales no están del todo peleadas. Al principio existía una competencia directa, al día de hoy, ambas partes han comenzado a acercarse y a combinar fuerzas para crear nuevas fuentes de valor.

Las entidades tradicionales, en su objetivo de seguir capturando clientes y mantenerse competitivas, replantearon su oferta de valor a migrar hacia modelos más ágiles y digitales. Incluso se están dando alianzas entre *FinTech* y bancos tradicionales, tal como sucedió como los *spin-off* de Hey Banco, Banregio y Actinver con DINN. Otro ejemplo es Mercado Pago y Western Union, quienes sumaron fuerzas para facilitar el envío de remesas entre Estados Unidos y México. Como todas las buenas asociaciones requieren un poco de dar y recibir, la *FinTech* usa su capacidad operativa y tecnológica y el banco tradicional entrega una extensa base de datos, anclándose y beneficiándose una a la otra. A este tipo de alianzas se le puede llamar *coopetición*, ya que ambas partes combinan sus fortalezas para generar sinergias.

En la actualidad, el ecosistema *FinTech* en México es liderado por un pequeño grupo de emprendedores que han logrado escalar sus proyectos. El 70% de las *startups* ha levantado capital y deuda en los últimos cinco años, lo que equivale a 629 millones de dólares. Al mismo tiempo se han creado más de 3 600 empleos directos. Un ejemplo es FinTech México, una asociación que agrupa a las empresas líderes de este sector en el país y ofrece a sus socios y público en general espacios de colaboración abierto y transparente dedicados a potenciar la innovación en México. Marlene Garayzar (cofundadora en Stori) y Adolfo Babatz (fundador de Clip) son parte del consejo directivo.

Ante el *boom* de este sector en el país, la Secretaría de Hacienda y Crédito Público (SHCP) vio la necesidad de regularlo para reducir el riesgo de lavado de dinero y poner en peligro a los usuarios buscando su protección (Arreola-Rosales, 2017). Así, junto con la Comisión Nacional Bancaria de Valores (CNBV) y el Banco de México en 2018 presentaron por primera vez un borrador de ley y en marzo de ese año se publicó la Ley para Regular las Instituciones de Tecnología Financiera, mejor conocida como Ley FinTech. Fue un hito histórico, pues fue la primera legislación en su tipo dentro de América Latina (Arreola-Rosales, 2017). A grandes rasgos, el alcance de esta ley afecta a todas aquellas *FinTech* que tengan actividades relacionadas con *open banking, crowdfunding*, instituciones de pago electrónico, operaciones de activos virtuales y autorizaciones temporales de modelos novedosos, en la actualidad un 44% del mercado *FinTech* en México no necesita ningún tipo de licencia por no estar bajo el umbral de ninguna de las anteriores (Finnovista, 2023). Actualmente, la conversación está sobre la regularización de la inteligencia artificial (IA) pues urge normar el uso de estas tecnologías, con fines gubernamentales, económicos, comerciales, administrativos y financieros, con la finalidad de establecer un marco legal para el uso de estas (Calderón, 2024). Sin embargo, esto no solamente está sucediendo en México, países como Estados Unidos, Australia, Israel, Japón, China y Canadá, están siguiendo los pasos e incluso algunos llevan la delantera (Gutiérrez Nuñez, 2023).

Manos a la obra

Fue en 2018 cuando echaron manos a la obra. El equipo estaba formado oficialmente y sabían lo que querían alcanzar y lograr. Comenzaron a trabajar y estuvieron aproximadamente un año desarrollando la tecnología y construyendo la plataforma de lo que sería Stori. Después de trabajar en el desarrollo de *software* y plataforma entendieron su misión principal: ofrecer tarjetas de crédito a las poblaciones desatendidas y no bancarizadas, es decir, personas que no la tienen fácil de entrar a jugar dentro del sector financiero tradicional.

Fue entonces que decidieron que crearían una Sofom (Sociedades Financieras de Objeto Múltiple); es decir una entidad financiera regulada que otorga créditos y arrendamientos o factorajes financieros (Comisión Nacional Bancaria y de Valores, 2016). De hecho, es un ejemplo perfecto de *neobanco*: bancos de la nueva era completamente operados en línea, sin ninguna ubicación física, que brindan soluciones financieras digitales y móviles para pagos, transferencias de dinero, préstamos, depósitos y retiros de dinero, tarjetas de débito, facilidades de inversión, créditos y préstamos (Walden y Strohm, 2021). Por ello, era de suma importancia para el equipo fundador ser una entidad financiera oficialmente registrada en la Comisión Nacional para la Protección y Defensa de los Usuarios de Servicios Financieros (Condusef) y en la CNBV, los cuales les brindan a los usuarios la certeza de que la entidad verdaderamente existe y que está regulada (Gobierno de México, s. f.).

Fueron aproximadamente dos años en los que Marlene y sus cofundadores sabían a lo que tenían que renunciar y lo que enfrentarían juntos: abandonar la idea de sueldo fijo, crear una cultura de *startup*, estudiar, buscar modelos de escalabilidad e inversión, jornadas laborales de ocho de la mañana hasta la media noche incluyendo sábados y domingos y volver a repetirlo todo cada semana. Todo ese esfuerzo durante el proceso de creación de una *startup* no se ve.

Al respecto, me encantaría destacar la importancia de la red de apoyo de la que muchos emprendedores nos agarramos fuertemente. Marlene y sus cofundadores tuvieron esa *charla incómoda* con sus parejas y familias, donde tuvieron que explicar que ese era el estilo de vida de un emprendedor, que sus vidas no volverían a ser lo mismo de antes y que en muchos casos se trata de un proceso muy estresante. Marlene comentó que incluso había veces en las que veía más a sus socios que a su familia y por ello era esencial lograr un balance: "Emprender es tener que pensar en todo y en todos: piensas en tu equipo, en tus socios, en tus inversionistas, en tu gente, en los clientes, pero al mismo tiempo piensas en tu familia y las personas que te esperan en casa; pensar en las necesidades de todos, en sus crecimientos. Puede llegar a ser un catalizador muy fuerte para el estrés y la ansiedad. Si no puedes contar con el gran apoyo de esas personas fuera de tu círculo de trabajo, es muy difícil encontrar el equilibrio".

En enero de 2020 llegó el momento de lanzar su tarjeta de crédito. Respaldada por Mastercard Internacional, apuntaba a la población no bancarizada en México, al ser un producto sin tantos requisitos, como el historial crediticio de los solicitantes o la comprobación de ingresos. Se puede tramitar de manera *online* y en pocos minutos obtienes tu respuesta. Durante ese año y el siguiente, el enfoque principal fue crecer su base de usuarios y tarjetahabientes.

Tuvieron un crecimiento acelerado y una de las partes más importantes de este crecimiento fue el tema de reclutamiento. "Fue difícil, pero planeamos y hacíamos análisis de capacidades constantemente para saber que los sistemas que desarrollamos en casa eran lo suficientemente robustos para *onbordear* tantos usuarios, miles a diario; que toda la parte operativa creciera al mismo tiempo, en la que crecía la demanda. Nos dimos cuenta de que la necesidad de un producto como el nuestro estaba ahí. Nos confirmó que era un producto con mucha demanda, pero si no eres capaz de crecer al mismo tiempo que esta demanda lo necesita, se convierte en un problema" (Garayzar, 2023).

Una de las preocupaciones principales era justamente ese tema que muchos emprendedores sienten en su momento: ¿a quién dejas entrar en casa y qué tipo de cultura traerán estas personas nuevas que entran en casa? El reto más grande para Stori ahora era traer al equipo correcto de *management* para los temas de cultura dentro de la empresa y también los sistemas y el equipo operativo que ayudara a soportar el crecimiento de tarjetahabientes y no dejar que eso se saliera de control. No perder su misión se volvió una temática de suma importancia, por lo que siempre inculcaron la razón de no olvidar que la principal misión era: inclusión financiera.

El juego dentro del capital de riesgo

En el viaje de Stori a lo largo de los años, cada etapa de recaudación de fondos se asemeja a un emocionante capítulo en su historia. Al inicio, comenzaron su búsqueda de capital en México para comprender cómo funcionaban las valuaciones. Sin embargo, llegaron a la conclusión de que en nuestro país el mercado de inversión era muy caro y poco accesible —piden mucha participación por poca inversión—, por lo que decidieron poner su foco en inversionistas extranjeros.

En Stori, su CEO, Bin Chen, es el encargado de los levantamientos de capital. Se dedicó a charlar con inversionistas hasta encontrar aquellos cuya tesis de inversión estuviera alineada con lo que ellos en ese momento también buscaban: enfoque en consumo masivo en empresas de tecnología. Además, necesitaban fondos extremadamente grandes, que tuvieran los suficientes fondos para que las rondas de inversión fueran del nivel que necesitaban para fondear el negocio que deseaban crear. "Nos fuimos con los fondos grandotes, con tesis de inversión con compañías como la nuestra, y sobre todo, que tuvieran la visión de ver cosas a futuro en otros países, ahora gran parte de nuestros inversionistas forman parte de nuestro Consejo de Administración, no solamente nos escuchan, nos guían, nos orientan y nos dan ideas, pero eso es invaluable" (Garayzar, 2023).

No muchas veces los emprendedores y fundadores de *startups* tienen el privilegio de elegir a sus inversionistas, pero en el caso de Stori, sí fue así, según comenta Marlene. Cuentan con inversionistas que han invertido en grandes tecnológicas como Stripe y Airbnb.

En 2018, la empresa dio sus primeros pasos con una promete-dora ronda semilla que sumó 1 500 millones de dólares, un hito que marcó el comienzo de su travesía. En 2020, dieron un salto con una ronda Serie A que recaudó 15 millones de dólares. A princi-pios de 2021, Stori aseguró 32.5 millones de dólares en una ronda Serie B. Estos fondos les permitieron expandirse y fortalecer su presencia en el competitivo mercado financiero.

A finales de ese mismo año consiguieron una inversión de 125 millones de dólares por parte de BAI Capital, GIC y GGV Capital, jun-to con la participación de otros inversionistas existentes y nuevos, incluyendo Lightspeed Venture Partners, General Catalyst, Vision Plus Capital, Goodwater Capital, Tresalia Capital y Davidson Kempner Capital Management LP. En 2022, se dio una extensión de la Serie C de 50 millones de dólares. Con ello, consiguieron una de las mayores rondas serie C en América Latina e incluyó una in-versión de capital. Adicionalmente a esto, el último fondo otorgó una línea de crédito de 100 millones de dólares para la empresa. Sin embargo, no se detuvieron ahí.

En marzo de 2022, Marlene acababa de tener a su bebé y decidió volver a Stori sin tomar todos los días de incapacidad para encontrar-se con varios acontecimientos. El primero fue que tras un crecimien-to continuo a dos años de su lanzamiento, Stori alcanzó su primer millón de usuarios. El segundo fue que sus socios estaban trabajan-do en su Serie C-2 cuando recibieron los *term sheets* de los inversio-nistas por 50 millones de dólares, un documento legal fundamental en la etapa inicial de la negociación de rondas de levantamiento de capital en el que se reúne la siguiente información: valuación, inver-sión, acuerdos, acciones, derechos corporativos, información, conse-jo de administración, propiedad intelectual, información confiden-cial, etcétera. En ese instante se dieron cuenta de que su nueva valuación apuntaba a convertirlos en un unicornio, pero aún no po-dían contarle al mundo, así que lo guardaron en secreto así como la información confidencial hasta finales de julio de 2022.

En medio de la incertidumbre económica que seguía acechando el país como consecuencia de la pandemia de covid-19, anunciaron en ese entonces la ronda de financiamiento antes mencionada, que valuaba a la empresa en 1200 millones de dólares. Así, Stori se unió al selecto grupo de empresas con sede en México que alcanzaron este estatus y Marlene Garayzar se convirtió en la primera mujer mexicana en haber cofundado una *startup* unicornio en nuestro país. La noticia inundó a los medios de comunicación con titulares como: "Nuevo Unicornio Mexicano: Stori", "México tiene nuevo unicornio". Con esta última ronda de financiamiento buscaba la intención de invertir en el crecimiento de su equipo y ampliar la oferta de productos, más allá de la tarjeta de crédito que ofrece Stori.

Bueno, bueno, ya somos unicornio, ¿ahora qué sigue?

El equipo de Stori celebró su hito de su primer millón de clientes en conjunto con la última valuación que alcanza el estatus de unicornio. Era la primera vez que celebraban algo en conjunto como su equipo. Marlene confesó que habían puesto demasiado enfoque en trabajar y crecer, que por un tiempo se les nubló un poco la vista acerca de celebrar, reconocer y brindar recompensas a su equipo. La valuación unicornio hizo que el equipo cofundador asimilara que el equipo siempre fue y sería lo más importante y hacia ello decidió cambiar la cultura de su empresa. En mayo de 2023 alcanzaron los 2 millones de usuarios.

Para el equipo de Stori el mayor valor de este nombramiento estuvo en aprovechar la campaña en medios de comunicación y en el ecosistema. Ello se tradujo en mayor alcance y en atracción de talento. Marlene menciona con mucho orgullo el fichaje de Alex Berman, reconocido por trabajar en Digital Growth y Marketing en grandes corporativos *FinTech* en Latinoamérica, quien ahora es VP de marketing & acquisition. En lo personal, para ella ser un unicornio "representa un reconocimiento que hace que más personas nos volteen a ver y quieran venir a ser parte de lo que estamos construyendo". Y añade:

El ser unicornio es solamente una valuación de tu compañía y no es nada más que eso ¿sabes? El problema está cuando crees que el ser un unicornio ya es tu meta, que lo es todo, es un hito, es un orgullo, es una valuación de los inversionistas con base en la información que tienen de ti, de tus clientes, tu tracción. Sin embargo, no está bien que lo único que tengas como meta es llamarte unicornio. Así como tampoco está bien ir navegando por la vida con *mindset* de unicornio.

Algunos días después de tener esta entrevista con Marlene Garayzar, mientras revisaba mi LinkedIn, me salió un post suyo que decía: "Stori logra entrar al mundo de las Sofipos". Esto significa que han conseguido la aprobación de la CNBV para tener la licencia de Sociedad Financiera Popular (Sofipo) Mascaja. Con ella, podrán ofrecer productos financieros enfocados en ahorro e inversión y les permite potenciar sus modelos de negocio, así como ampliar su presencia en el mercado financiero. La compra de esta licencia marca un antes y un después en la historia de Stori. Justo lo que mencionaron en su último levantamiento de capital de que utilizarían esos recursos para crear más productos y servicios, lo están cumpliendo.

Tan solo unas semanas después de esta gran noticia, Stori estaba recibiendo un certificado PCI DSS por parte de Nordstern Technologies. Este certificado acredita los más altos estándares de seguridad en el manejo de la información de los pagos con tarjeta, establecidos por el Consejo de Estándares de Seguridad de la Industria de Tarjetas de Pago (Payment Card Industry Security Standards Council – PCI SSC). Y tres días después, obtuvo el segundo lugar del ranking "Top Startups 2023 en México", un listado elaborado por LinkedIn que reúne a las mejores *startups* para trabajar en México. Además Marlene es vicepresidenta del International Chamber of Commerce.

Ella y Stori siguen demostrando con hechos, transformación y expansión, que ser unicornio no lo es todo ni es el final de la historia. Vendrían muchas cosas más. Aquí fue donde entendí todo.

La historia de Stori continuará, pues su misión es alcanzar su gran objetivo de atender a más de 100 millones de personas en la región de América Latina. Además, al final de nuestra entrevista, Marlene me mencionó que quería ser un *decacornio*. Este comentario me llamó mucho la atención porque si para ella ser un unicornio era solamente una valuación, ¿para qué querría que Stori consiguiera superar la barrera de los 10 mil millones de dólares antes de su salida a bolsa? (Thompson, 2023). Así lo han hecho empresas como la china Byte Dance, la dueña de TikTok valuada en 225 mil millones de dólares, o Space Exploration Technologies Corp (SpaceX) fundada por Elon Musk y valuada en 137 mil millones de dólares (Ashford, 2024). Con esta nueva categoría, gracias a la innovación y los avances tecnológicos ya hay empresas que han empezado a nacer en un nivel mucho más exclusivo que el de los unicornios (Thompson, 2023)

Sin embargo, después de escuchar su historia y ver los resultados concretos que están logrando, todo cobra sentido. Las valuaciones, aunque no lo son todo, sí son cruciales para las *startups* y *scaleups*. También veo que han adoptado estos términos para desafiarse a sí mismos y establecer metas ambiciosas que se van actualizando conforme se avanza. Al final de cuentas, tal y como Marlene Garayzar lo demostró en la entrevista, el término *unicornio* es un gran *gancho*, mas no la meta. No por nada porta con orgullo su camisa de Stori con el acompañamiento de un dibujo de un unicornio.

Me pongo a pensar en esa primera reunión que tuvieron por videollamada; en las ideas que rebotaron en una cafetería en la Ciudad de México, cuando Marlene y sus socios se conocieron por primera vez; en la conversación con su red de apoyo cuando avisaron que vendrían tiempos difíciles; en las personas de las que se rodeó… y surge la interrogante de si un emprendedor nace o se hace. Al parecer no hay respuesta, solamente se pone en práctica.

Además de ser cofundadora y constructora de Stori, Marlene participa activamente en la comunidad *FinTech* y ha llevado la historia de Stori a varios foros importantes. Con ello, se ha ganado el reconocimiento del ecosistema.

Top aprendizajes con Marlene Garayzar

- Quizás nunca te has visualizado como un emprendedor, y está bien, pero nunca sabes cuándo el emprendimiento tocará a tu puerta.
- Estudiar detalladamente las tendencias y los vacíos dentro de un mercado que nadie está resolviendo puede llevarte a crear grandes proyectos.
- Ten estructurado bien tu perfil de LinkedIn porque nunca sabes quién está viendo del otro lado tus movimientos y las grandes oportunidades que pueden surgir de esto.
- Familia, amigos cercanos y personas que de verdad te aporten y comprendan siempre son esenciales en un entorno de emprendimiento. Cuida tu red de apoyo.
- El equipo es y siempre será lo más importante.
- Nunca te conformes con lo que pensabas que era lo *más alto*; la meta puede seguir creciendo constantemente.
- Abraza lo desconocido: no huyas de la incomodidad. En lugar de ello, abrázala, sé valiente y ve los desafíos y obstáculos como una parte necesaria del camino hacia el éxito.
- Aprende de tus errores: Vas a cometer errores en el camino, ¡y está bien! Lo importante es aprender de ellos y seguir adelante con más sabiduría.

5

NOWPORTS, EL FUTURO DE LA LOGÍSTICA

"Crear una *startup* no es solamente tener una idea,
es hacerla realidad, he ahí el verdadero reto del emprendimiento".
—Alfonso de los Ríos, cofundador y ceo de Nowports

¿Cómo es posible que un joven a sus 19 años haya creado y cofundado una *startup* que cuatro años después se convirtió en el primer unicornio regiomontano? Cuando se trata de emprender y lanzar una *startup*, la edad, las fronteras, las diferencias culturales y los lugares de residencia no son obstáculos. Así lo ha demostrado Nowports, con cuyo cofundador y CEO, Alfonso de los Ríos, platiqué para contar esta historia.

A diferencia de la mayoría de las entrevistas que realicé, esta fue en persona, lo cual fue muy emocionante. Al inicio, él mencionó que su asistente había tratado de acomodar todo de manera perfecta para nuestro encuentro, pues llevábamos meses tratando de cuadrar horarios y días para que sucediera. Alfonso constantemente está viajando al extranjero a los países en donde Nowports se ha expandido, más aquellos donde genera alianzas y conexiones con elementos clave del ecosistema emprendedor alrededor del mundo. Sin embargo, tenía varias reuniones esa mañana, cuyos horarios no podía modificar, ya que intervendría con las agendas de su equipo en diferentes partes del mundo. Entonces, la entrevista tuvo que realizarse en dos partes con un intermedio en el cual Alfonso tomaba otras videollamadas y yo esperaba en una sala de juntas de aquel WeWork en Monterrey. El mito se convierte en realidad: un CEO está corriendo constantemente y su tiempo de verdad es limitado; su prioridad siempre será el crecimiento de su empresa.

Alfonso es muy joven, tiene poco más de 25 años, y unos grandes ojos color avellana con los que ha logrado ver el mundo de diferente manera de como lo vería alguien de su edad. Siempre está un paso más adelante. Habla de manera apresurada, pero su lenguaje transmite conocimiento y experiencia. Al mismo tiempo transmite una calma interna de que sabe en qué punto se encuentra en la actualidad.

Quise llevar esta conversación como una charla cualquiera, como muchas otras que hemos tenido, pues somos amigos desde hace tiempo, pero su mirada me decía que él realmente estaba dispuesto a compartir todos aquellos detalles e historias de un modo muy maduro. Supe en ese momento que Alfonso no es un emprendedor que nació para conquistar el mundo y crear una empresa unicornio; él tuvo que aprender a unir las piezas del rompecabezas que poco después sería Nowports.

La primera vez que escuché hablar de esta empresa fue durante una reunión de mujeres emprendedoras en 2018. Elisa Arredondo, *people and culture manager*, compartió su experiencia como colaboradora y platicó un poco de lo que se estaba cocinando en ese entonces. Tiempo después, esta *startup* fue tomando fuerza en Monterrey y siguió sus conquistas más allá de tierras regiomontanas, hacia América Latina e incluso abriéndose paso en Estados Unidos.

En 2023, durante la décima edición de incMTY en Cintermex, Alfonso participó en el panel "Cómo construí un unicornio con clientes en ocho países, con más de 700 empleados y más de 150 millones de dólares en inversión", con Luis Mario García, CEO de Orchata, una *startup* que presta servicios a proveedores de alimentos y comercios locales para que puedan vender y entregar a domicilio a través de su propia tienda en línea. Con un título tan atractivo que apuntaba a que se darían todas las respuestas y la fórmula secreta para crear un unicornio, había una interminable fila de 250 jóvenes de no más de 28 años que esperaban como si fueran a ver a uno de sus artistas favoritos. Yo venía saliendo de otro panel en el que me tocó participar, y sin tener noción de todo el programa de charlas, al ver la fila me acerqué a preguntarles qué conferencia era la que esperaban. "La de Ponchito, Nowports", me respondieron. Guiada por mi instinto, quise saber más y continué preguntando hasta que entendí el porqué de su interés: una curiosidad latente en torno a qué se sentiría trabajar para una *startup*.

Lo intuí desde el principio. Ese magnetismo, esa fascinación y ese estatus *inalcanzable* que proyectan ciertas personas y atrae a los jóvenes es quizá la esencia de un auténtico emprendedor, aquel a quienes otros ansían seguir y del cual aprender. Quizá muchos de los presentes no aspiraban a fundar una *startup* unicornio, ni planeaban expandirse a ocho países, pero sí en lo más profundo de su ser anhelaban descubrir el intrigante mundo de las empresas emergentes de alto rendimiento.

Por otro lado, el furor de los jóvenes tiene mucho que ver con el ejemplo tan cercano de Alfonso, quien destaca en el ecosistema por las impresionantes metas que ha conquistado con su equipo a pesar de su juventud. Si bien ha sido recibido con aplausos y elogios en el mundo de las *startups*, este factor también ha sido utilizado en su contra, pues se ha cuestionado su capacidad de conseguir todo lo que en realidad ha hecho en Nowports. Sin embargo, se ha convertido en un personaje de emprendimiento, innovación y de gran admiración para los jóvenes no solamente de Nuevo León, sino de diferentes países.

El poder de la obsesión

La naturaleza innata del emprendimiento se entrelaza con el crecimiento personal y con el poder de la obsesión como enlace. La palabra *obsesión* lleva consigo una carga intensa que en muchos con-

234 | CREANDO UNICORNIOS

textos puede percibirse como negativa. Sin embargo, no es meramente una fijación pasajera, sino una pasión profunda y persistente que impulsa a los emprendedores a superar desafíos, innovar y alcanzar nuevas cimas de éxito. En la historia de Alfonso es fundamental para desentrañar el motivo detrás del notable crecimiento de Nowports y de lo temprano que abrazó el espíritu emprendedor en su vida.

La primera interacción que tuvo Alfonso con el mundo de la programación fue a los 11 años, gracias a la admiración que sentía por los videojuegos. Su objetivo nunca fue comenzar a programar, sino aprender a crear sus propios videojuegos. Pero, claro, a los 11 años ¿quién estaría obsesionado con comenzar a emprender y formar una *startup*? Alfonso lo describe como un enamoramiento inconsciente hacia la programación desde muy corta edad. Le fascinaba el proceso de aprender y crear algo totalmente nuevo. En sus palabras: "intentar hacer y aprender algo para lo que soy malo".

Por increíble que parezca, gracias a la tecnología hoy muchos niños y jóvenes en el mundo crecen con la pequeña semilla sembrada de crear y replicar algo que para ellos es un pasatiempo o una diversión. Según un informe del Unicef, "Niños en un mundo digital" (2017), las tecnologías digitales están desempeñando un papel transformador en la vida de los niños, ya que están creciendo inmersos en un ambiente donde predominan las empresas tecnológicas. Estas no solo los ayudan a desarrollar su potencial y a romper los ciclos intergeneracionales de la pobreza, sino que también ofrecen oportunidades de aprendizaje y educación, particularmente en regiones remotas y durante crisis humanitarias. Además, les permiten acceder a información sobre problemas que afectan a sus comunidades y les dan herramientas para contribuir a su solución. También abren puertas a oportunidades económicas para los jóvenes, por medio de servicios de capacitación y búsqueda de empleo, y a la generación de nuevos tipos de trabajos.

Sin embargo, para Alfonso no fue un mero pasatiempo, se transformó en una ventana a través de la cual exploró el emergente y emocionante mundo de la tecnología y las *startups*. Esta "pequeña obsesión", como solía llamarla, lo impulsó a sumergirse en cursos en línea para expandir su conocimiento y, en consecuencia, avivar la chispa de la creación.

El punto de inflexión para Alfonso fue una conferencia en la Universidad de Monterrey (UDEM), donde conoció a Javier Esquivel, un apasionado de la programación. Junto con su hermano César, estaba iniciando Blooders.org, una innovadora plataforma que conecta de forma ágil y segura a donantes de sangre con hospitales y pacientes. Tras este encuentro, Alfonso sintió por primera vez la necesidad de comenzar a aprender un poco más acerca del mundo *startupero*. Es importante destacar que Alfonso de los Ríos es lo que se llama en el mundo de las *startups* un *college drop-out*; es decir, un estudiante que decidió salir de su carrera universitaria para concentrarse en la creación de una *startup*.

La oportunidad llegó con un intercambio de correos electrónicos que le abrió las puertas en dicha empresa para lo que él llama sus "prácticas profesionales". Para Alfonso, trabajar y aprender ahí significó mucho más que programar: era dar un paso fuera de su zona de confort al tiempo que aportaba a una causa que salva vidas. En su primera inmersión en el mundo de las *startups* absorbió conocimientos y se preparó de manera indirecta, como muchos fundadores alrededor del mundo, para empezar a construir algo desde cero.

El siguiente escalón dentro de su carrera como emprendedor lo alcanzó a los 15 años con el desarrollo de lookatapp.co, una aplicación para una plataforma de *delivery* de comida que permitía repartir comida y gestionar reservaciones en restaurantes cercanos. Creada con dos amigos, uno de los cuales sería cofundador de PideDirecto, su primera *startup* le permitió entender lo que significaba satisfacer una necesidad de un mercado, forjar alianzas y explorar áreas clave como el marketing y el crecimiento de un nuevo servicio.

Cabe destacar que estamos hablando de alrededor de 2009, cuando la palabra *Uber* comenzó a colarse en nuestro vocabulario como neologismo. Lo que era algo por completo nuevo para él, también lo estaba siendo para el mundo entero, sobre todo en el contexto de Latinoamérica, que no estaba tan inmersa en los nacimientos de nuevos proyectos tecnológicos. Mucho tuvieron que ver las historias de Facebook, Airbnb y Uber en el vocabulario y entendimiento de Alfonso para que lograra comprender qué estaba pasando a nivel mundial y cómo quería ser parte de ello.

Un negocio tradicional como corazón de unicornio

En 2018 Alfonso tomó la decisión de mudarse a California para trabajar en un programa de *internship* de la Universidad de Stanford para Yewno, una plataforma de inteligencia artificial. Ahí conoció el verdadero mundo de la tecnología que rodeaba el campus, en la Bahía de San Francisco, cerca del corazón de Silicon Valley; y a Maximiliano Casal, un uruguayo apasionado por los temas tecnológicos y de desarrollo de *software*, siete años mayor que él. Nowports como idea, nació en California, en una habitación compartida por Alfonso y Max.

Quizá muchos creen que así funcionan las historias de las *startups*: como una novela romántica donde dos o más personas se conocen, hablan sobre la idea de crear algo y en ese instante bautizan el proyecto, se enamoran del proceso, contratan personas y ¡pum!, de pronto millones de dólares levantados en capital, miles de entrevistas en medios reconocidos y más. Pero no es así.

En el caso de Alfonso y Max, comenzaron a crear diferentes prototipos que abarcaban desde *e-commerce* hasta *marketplace*. Descartaron, corrigieron e iteraron alrededor de ocho proyectos. A pesar de que los unía el mismo dormitorio, cada uno contaba con conocimientos que se complementaban a la perfección, la diferencia de edad le dio balance a su relación como cofundadores y sus personalidades tan distintas se neutralizaban al compartir los mismos valores. En el proceso se fueron dando cuenta de en qué sector verdaderamente les gustaría emprender y se enamoraron de la logística. La prueba piloto de Nowports fue una aplicación que permitía rastrear en tiempo real en dónde se encontraba un contenedor, así como recibir las facturas en una plataforma en sustitución del tradicional envío de correos electrónicos.

La industria *LogiTech* es un conjunto de herramientas digitales y nuevas tecnologías diseñadas para ayudar a controlar y mejorar los procesos de los proveedores de servicios logísticos —empresas que se dedican a organizar cómo se mueven los bienes de un lugar a otro—. Imagina que es como tener un conjunto avanzado de aplicaciones en tu teléfono que te ayudan a planificar y supervisar un viaje complicado. Piensa en la cadena de suministro como el viaje completo de un producto, desde que se compran sus partes hasta que llega a las manos del cliente. En este viaje, hay muchas personas con diferentes funciones para asegurarse de que todo salga bien. Las cadenas de suministro digitales son aquellas que utilizan todas estas tecnologías modernas, como la digitalización y la visibilidad en tiempo real, para hacer que los procesos tradicionales de mover cosas de un lugar a otro sean más eficientes y fáciles de manejar.

En la actualidad, con tantos productos moviéndose de un país a otro —90% de las cosas que ves a tu alrededor estuvo alguna vez en un contenedor marítimo—, la tecnología logística es clave, pues ayuda a simplificar los procesos, a reducir costos, a cumplir con las regulaciones y reglamentaciones de importación y exportación, a hacer felices a los clientes entregando las cosas más rápido, y mucho más.

Es curioso, porque durante años Alfonso conoció los riesgos y áreas de oportunidad de este sector gracias a sus padres. Fueron emprendedores natos, mexicanos que lograron salir adelante por medio de diferentes tipos de negocios tradicionales: desde puestos de tacos, venta de productos y comercialización, hasta una empresa de logística. Sin embargo, la visión de Alfonso en sus primeros años era muy distinta: "Yo vi de cerca el mundo tradicional de la logística, lo sentía como algo bastante aburrido, jamás imaginé trabajar en logística y enamorarme completamente de este mundo". Y tal vez por eso fue que emprendieron la transformación del modelo logístico tradicional con la incorporación de tecnología y enfoques innovadores.

Hoy Nowports es una empresa que se apoya en estas tecnologías emergentes para hacer que el movimiento de mercancías sea más fácil, eficiente y claro. Es la prueba fehaciente de que un dolor dentro de una industria puede llegar a convertirse o transformarse en algo que realmente puede aliviar ese dolor, renaciendo desde la tecnología. Al final, el corazón de Nowports es el negocio familiar de sus padres.

De hecho, por el conocimiento que tenía Alfonso del mercado, decidieron que iniciarían operaciones en Monterrey. Su área metropolitana cuenta con más de 100 parques industriales y tiene uno de los PIB más altos de Latinoamérica. La economía de ese estado está compuesta por 37% de empresas de manufactura, 17% por el comercio y 7% servicios inmobiliarios y de exportación. De acuerdo con cifras del Inegi, este último sector al cierre de 2022 registró un valor de 51 164 millones de dólares y un crecimiento anual de 23.3%, lo que representa 9.8% de las exportaciones de todo el país (Gobierno de Nuevo León, 2023).

Además, Nuevo León se está convirtiendo en un gran jugador en el fenómeno del *nearshoring*, una estrategia empresarial que implica delegar ciertas funciones o procesos de producción a terceros, pero en lugar de optar por ubicaciones lejanas, como en el *offshoring*, la externalización se realiza en países cercanos geográficamente. Es decir, en lugar de trasladar la producción a lugares muy distantes, la empresa busca ubicaciones cercanas o en la misma región geográfica. En el contexto económico global, Estados Unidos es el mayor importador mundial de bienes y servicios, y durante muchos años China ha sido uno de los principales proveedores de productos para Estados Unidos. Sin embargo, recientemente las relaciones comerciales entre ambos países han experimentado tensiones y desafíos, lo que ha derivado en cambios en las estrategias de producción y en las cadenas de suministro. En este contexto, México ha emergido como una opción atractiva para las empresas estadounidenses que buscan diversificar sus fuentes de suministro y reducir la dependencia de China. La cercanía geográfica entre Estados Unidos y México, así como el Tratado entre México, Estados Unidos y Canadá (T-MEC), que reemplazó al Tratado de Libre Comercio de América del Norte (TLCAN), han contribuido a hacer de México una opción estratégica (Thomson Reuters México, s. f.).

Por estas características, la capital regiomontana sería el mejor lugar para comenzar a hacer pruebas. A la par, en 2022 abrirían también operaciones en la Ciudad de México. Un año más tarde Nowports pasaría por una de las etapas más importantes: su paso por Y Combinator. Fue una de las primeras empresas de la región en ser aceptada por esta prestigiosa aceleradora de Silicon Valley. Recibieron una inversión en etapa semilla de 50 mil dólares, con lo que se abrió la puerta a relaciones con otros emprendedores y fundadores de *startups* de todo el mundo. En consecuencia, pudieron alargar esta ronda a un total de 8.6 millones de dólares.

Construir un equipo a la inversa

Antes de comenzar a platicar acerca del crecimiento y expansión de Nowports quiero incluir los *insights* de Cristy Noyola (2023), su *first employee*, "primera colaboradora", y actual directora de *marketing*. Me parece interesante su versión de la historia, pues estuvo desde los inicios en el equipo cofundador y vivió la evolución de la empresa en el trasfondo de lo que sucede más allá de los reflectores, entrevistas, ruedas de prensa y titulares que se concentran en los voceros.

Su sueño era trabajar en una empresa internacional, sin saber que Nowports lo sería más adelante. Sin embargo, cuando aún cursaba el tercer semestre de la carrera en Mercadotecnia y Estrategia Creativa, y una amiga le compartió la vacante, ni siquiera sabía lo que era una *startup* y ni Alfonso ni Max la describían como tal, solamente decían que estaban construyendo Nowports. Cristy ingresó una semana después de tener su entrevista laboral, cuando los cofundadores ya se preparaban para hacer el tradicional *pitch* ante Y Combinator. Le tocó trabajar en la creación de mercancía para darle formalidad y solidez al proyecto, así como en la parte creativa de la visión a futuro de la idea que venderían a la aceleradora.

"Alfonso y Max tenían una idea que aún no estaba aterrizada, pero tenían el gran sueño de entrar a Y Combinator. Creían mucho en el proyecto, y eso es algo que se contagia". Cristy mencionó la palabra *contagiar* en repetidas ocasiones al describir la experiencia de trabajar dentro de una *startup*; la idea y las ganas de escalar se contagian. Esa motivación, las ideas y lo mucho que los cofundadores creían en ellas hicieron que Cristy se quedara hasta el día de hoy, pues quería ser parte de ese cambio.

Tiempo después, Cristy estaba a punto de firmar un contrato para rentar una oficina para cuatro personas cuando recibió una llamada que la dejó en *shock*: ya no estarían buscando nada más cuatro escritorios, sino 20. Nowports finalmente consiguió la aceleración con Y Combinator. Ella no lograba dimensionar lo que es el proceso de crecimiento y escalamiento de una *startup*. ¿Cómo de un día para otro se iban a sumar 20 nuevos integrantes al equipo?

Cuando comenzó Nowports a llamarse a sí misma *startup*, los padres de Cristy no entendían lo que hacían, ni hacia dónde iban. Amigos y familiares le decían que sería mejor que trabajara en una empresa tradicional al finalizar sus estudios, que esa experiencia no se la daría una empresa que apenas nacía. Hoy en día comenta que está cien por ciento segura de que ninguna empresa de giro tradicional le hubiera dado los conocimientos que ha adquirido al día de hoy. Además, destaca que tener de cerca un equipo fundador la fue guiando poco a poco y le permitió experimentar, equivocarse y proponer. Al inicio quizá todo pareciera ser una prueba, pero, conforme el número de colaboradores crece y tienes gente a tu cargo, aprendes a delegar y a construir un equipo, así como estar constantemente preparado para retos que requieren rapidez y agilidad, "y eso no me lo daría ninguna empresa".

Este equipo se comenzó a construir desde abril hasta junio de 2019, y Nowports utilizó varias estrategias a la inversa. La primera es que, antes de comenzar a armar un equipo de producto, comenzó a contratar personal para ventas. Para ello tuvieron cuidado al incluir a una experta en Recursos Humanos para el área *People*. Pero ¿qué vendían si en ese entonces apenas estaban construyendo la empresa? La idea era cerrar contratos con empresas reconocidas y grandes como gancho para convencer a quienes ofrecían el servicio. Además les brindaron conocimiento de primera mano para entender las necesidades reales de los clientes y con base en ello analizar y modificar su plataforma.

En segundo lugar, debido a su costo, uno de los problemas más grandes de las *startups* es la atracción de talento, pero hablamos de talento grande, de contratar a los verdaderos tiburones que guiarán hacia un rumbo y que cuentan con amplia experiencia. En esa línea, una de sus primeras contrataciones fue la de Gabriel García da Rosa, quien creció desde un puesto de ventas hasta ser el vicepresidente de *growth* dentro de Nowports. Él fue clave para expandirse hasta Santiago de Chile, lo que los convirtió en una empresa internacional. Sin embargo, Nowports quiso hacerlo de manera diferente: abrieron un programa especial para practicantes y jóvenes estudiantes. Con el tiempo, ese talento ha ido creciendo y ahora lideran otras regiones.

Por otra parte, los padres de Alfonso se unieron como consejeros para brindarles apoyo y su amplia experiencia en el mundo tradicional logístico. De hecho, fueron quienes verdaderamente pusieron en la mesa los grandes retos, desafíos y puertas que solo ellos conocían en ese entonces. A pesar de que generalmente los equipos de las *startups* se distinguen por tener personal joven, el equipo de Nowports apreció el valor de que fueran parte de esta etapa.

Ese 2019 cerró con una nueva sede en Bogotá y un equipo de más de 70 colaboradores en total.

De la pandemia al unicornio: una historia de resiliencia

El año más difícil de todos fue 2020. Con los cierres de fronteras y de operaciones para controlar los contagios de covid-19 en China se cortaron las cadenas de suministro y con ello vinieron la escasez de chips, los paros de líneas de producción del sector automotriz y otros electrónicos tuvieron tiempos de espera muy lentos. En mayo el volumen del comercio mundial de bienes cayó 17.7% con respecto al mismo mes de 2019, lo que afectó especialmente a las exportaciones de los Estados Unidos, Japón y la Unión Europea. América Latina y el Caribe fueron las más afectadas, al ser China uno de los proveedores más importantes de bienes de la región (Nu Cepal, 2020).

242 | CREANDO UNICORNIOS

Para cuando llegó el confinamiento a Latinoamérica, Nowports contaba con un gran número de colaboradores que ya estaban adaptados a trabajar de manera remota, así que fluyeron de manera similar a como siempre lo habían hecho. Ese mismo año inauguraron oficinas en el país de origen de Max, Uruguay, donde adquirieron el mayor talento técnico.

En medio del crecimiento de la *startup*, las perturbaciones en la cadena de suministro a nivel global iban en aumento. Las tarifas para importaciones desde el Lejano Oriente se dispararon hasta alcanzar cifras 10 veces superiores. La situación se complicó aún más con el bloqueo del Canal de Suez durante una semana. Mientras tanto, Nowports seguía creando e implementando nuevas herramientas para su plataforma. Si bien había comenzado siendo un agente de carga digital, pasó a transformarse en *todo el paquete*: en vez de solamente basarse en logística, se convirtió en todo lo que necesita una cadena de suministro y entró a nuevos servicios, como seguros, financiamiento y digitalización.

En julio anunciaron el levantamiento de una ronda Serie A de 20 millones de dólares, la cual fue encabezada por Mouro Capital (respaldado por Santander) así como con participaciones de Foundation Capital, Broadhaven Ventures, monashees, Y Combinator y Base10 Partners. Gracias a esta ronda de inversión, Nowports logró adentrarse en el mundo *FinTech* y pudo desarrollar muchos más productos en ese enfoque para sus clientes. Una de las primeras iniciativas fue un nuevo servicio: el financiamiento de inventario para que sus clientes adquieran más mercancía y paguen más adelante. De esta manera, las empresas pueden acelerar su recuperación aumentando sus volúmenes de importación.

Seis meses más tarde, llegó la apertura en Lima, seguida de la de Brasil, el país más grande de Latinoamérica, en donde compitieron por su entrada y expansión. En ese momento clave, Nowports volvió a recibir una inyección de capital, su serie B de 60 millones de dólares, liderada por Tiger Global. En esta ronda se sumaron inversores de gran reconocimiento a nivel mundial, como Softbank y DST. Gracias a ello, Nowports se convirtió en la *startup* regiomontana que había recibido más fondos y una de las latinoamericanas más destacadas en las series B. También hubo participación de fondos como DST, Mouro Capital, monashees, Base10 Partners, Broadhaven Ventures y Foundation Capital.

El quinto país del mundo en extensión territorial, Brasil, ha desempeñado un papel fundamental en la expansión económica durante la pandemia, especialmente en el ámbito del comercio internacional. Según datos de la Comisión Económica para América Latina y el Caribe (CEPAL), el puerto de Santos se destacó como uno de los principales puntos de intercambio marítimo en América Latina. Entre 2019 y 2020 registró un aumento de 2.4% en su volumen comercial y en los primeros seis meses de 2021 logró un incremento interanual de 9.39% en el movimiento de mercancías a través de los puertos brasileños. Además, Brasil cuenta con acuerdos con el Mercado Común del Sur (Mercosur, la Organización de Estados Americanos (OEA), la Asociación Latinoamericana de Integración (Aladi), la Unión de Naciones Suramericanas (ALADI, Unasur) y la Organización Mundial de Comercio (OMC) (Mendoza, 2021).

A principios de 2022, Nowports inició operaciones en Panamá, líder en negocios internacionales debido a su economía en constante crecimiento y su ubicación estratégica que actúa como un importante conector comercial y de transporte en las Américas. Además de ser un centro de transporte aéreo y marítimo, se consolida como un destacado *hub* internacional de comercio y servicios (Quintero, 2023). Su famoso canal, el segundo en importancia a nivel mundial, es una pieza fundamental en la economía del país, pues contribuye aproximadamente con un tercio de su producto interno bruto (PIB). Conecta a 160 países a través de 144 rutas marítimas diferentes, por las cuales se estima que transitan entre 13 mil y 14 mil embarcaciones. De ahí que la digitalización de los procesos de comercio exterior ofrezca un gran valor agregado a Panamá, ya que 60% de su intercambio es por exportaciones y transbordos en la Zona Libre de Colón.

Dentro de los mismos países en donde ya tenían presencia, comenzaron a expandirse hacia otras ciudades. En Chile abrieron una nueva oficina en Concepción, la capital de la región del Biobío, con el complejo portuario más importante del país. También llegaron a Medellín, el centro para la Cuarta Revolución Industrial del país por su desarrollo empresarial y apoyos tecnológicos. Para ese entonces Nowports ya era una reconocida *LogiTech* en América Latina.

En tiempos en los que el mundo aún vivía en medio de la incertidumbre tras la pandemia, Nowports arrancó 2022 con una nueva inversión de 150 millones de dólares en una Serie C, con lo que alcanzó una valuación de 1 100 millones de dólares. Con ello se convirtió en el nuevo unicornio mexicano, el primero de 2022 y el único en ser destacado por pertenecer a la categoría *LogiTech* en Hispanoamérica y el primero originario de Monterrey. Esta ronda fue encabezada por SoftBank Latin America Fund y contó con el respaldo dc Tiger Global, Foundation Capital, moonashees, Soma Capital, Broadhaven Ventures, Mouro Capital, Tencent y Base10 Partners. También participaron ángeles inversionistas como Daniel Vogel de Bitso, Ricardo Amper, de Incode, y Roger Laughlin, de Kavak. En ese entonces me acerqué a Alfonso para contar la historia para *Contxto*, un medio de *startups* y *venture capital*, en el que solía escribir.

El anuncio de esta ronda se acompañó de motivación y planes de crecer el equipo, expandir sus servicios de financiamiento y darle más empuje a *inventory financing*, que permite que las compañías puedan adquirir más mercancía de importación y pagar más adelante. Pero como la mayoría de las historias de los unicornios mexicanos, esto no terminó aquí.

Desenmascarando al unicornio

Cuando una *startup* cierra una ronda de inversión, pasan aproximadamente entre cuatro y cinco meses de procesos legales, de recibir el capital, entre otros pasos antes de anunciarla. Ese lapso en el que solamente tú, tu equipo y quizá algunos amigos y familiares conocen sobre esa noticia, puede ser un proceso muy diferente a cuando todo el mundo se entera. Para Nowports el anuncio del unicornio se convirtió en un espejo y una plataforma en donde pudieron participar más dentro de conversaciones a nivel mundial, así como la atracción de talento y fines de marketing.

Tras convertirse en una empresa unicornio, Nowports siguió abriendo oficinas, no solamente encaminando su expansión hacia Latinoamérica, sino también a Estados Unidos. En 2023, abrieron en Miami con la intención de fortalecer las exportaciones con los actuales mercados activos de Latinoamérica. Uno de los planes más grandes y ambiciosos para el futuro será crecer en Estados Unidos aprovechando el fenómeno del *nearshoring*. De hecho, Nowports está desarrollando un proyecto para el puente Colombia en Nuevo León con el objetivo de proporcionar una mayor visibilidad logística a las empresas. Con ello buscan reducir tiempos, aumentar la confianza y automatizar los documentos necesarios para la exportación.

A la par, desde 2022 se han convertido en uno de los principales patrocinadores del Club de Futbol Monterrey, mejor conocido como Rayados. Comenzaron con presencia física y digital en los espacios del club, luego tuvieron presencia en el short de los jugadores en la temporada 2022-2023 y después pasaron a la manga del jersey del equipo. Esta decisión se tomó por motivos de marketing y apoyo al deporte. Curiosamente, es el equipo favorito de su CEO, Alfonso de los Ríos. No obstante, cabe destacar lo estratégico de la decisión, pues cerca de 90% del intercambio de mercancías se hace por mar, incluyendo pelotas, materiales de construcción y mobiliario que se utilizan durante los partidos.

Convertirse en unicornio para Nowports fue un logro como equipo, sin embargo nunca fue algo que estuviera planeando. Muchas veces se critica en el ecosistema que el principal error de los fundadores de *startups* es que su motivación más grande sea alcanzar dicho estatus. Sin embargo, para Alfonso se reduce a saber controlar el ego. Sin duda lo celebraron, pero reconocieron que lo importante de dicha valuación no es que la empresa esté generando esa cantidad de utilidades, sino que alguien está dispuesto a pagar ese valor con tesis comprobadas.

A su vez, este hito puede venir acompañado tanto de celebraciones como de sombras. En lo personal, para Alfonso significó enfrentar el síndrome del impostor, pues sentía cierta hipocresía porque de manera interna se encontraba apagando algunos incendios, como cualquier *startup* normal. ¿Te imaginas recibir una noticia así de grande que moverá a casi todo el ecosistema de América Latina y sentir que algo no está bien? La valuación tampoco significa que todo va perfecto en la *startup*; ya sea que valgas mil millones de dólares o 300 mil dólares, los dolores de crecimiento y gestión serán muy similares.

Uno de los aprendizajes más interesantes que rescato de esta entrevista con Alfonso es la capacidad de recibir críticas. Con el uso de las redes sociales cualquier persona está expuesta a recibir comentarios duros e incluso insultos públicos. Como muchos emprendedores latinoamericanos, muchas veces Alfonso ha sido víctima de violencia digital. Uno de sus consejos para gozar de buena salud mental es no hacer caso al ruido exterior ni distraerse por comentarios. No obstante, en ocasiones esas críticas lo han hecho reflexionar y corregir el rumbo. "Cuando recibo comentarios, retroalimentación y consejos, lo hago con apertura con personas que están construyendo cosas desde la arena, no desde las sombras".

Le pregunté a Alfonso si el término *unicornio* no existiera y pudiera suplirse con cualquier otro animal cuál sería. Contestó que Nowports sería un híbrido entre un tigre y un hipopótamo. Los primeros son animales sumamente hábiles e inteligentes, los distingue la agilidad y la estrategia, y como si se tratara de telepatía, era lo mismo que tenía yo en mente. Sin embargo, jamás habría pensado en los segundos. "Porque esos animales saben ser versátiles, funcionan y son veloces tanto en el agua como en tierra firme, tienen esa capacidad de adaptarse, así como nosotros hemos sido veloces al adaptarnos a los cambios del mercado, sobre todo por la industria cambiante en la que vivimos", comentó.

Al cierre de esta edición en 2024, Nowports no ha vuelto a recibir otra ronda de inversión, por lo que no podemos conocer su actual valuación. Sin embargo, aunque la valuación bajara, alcanzar el estatus de unicornio es un hito que quedará para siempre en la historia de la empresa.

Top de aprendizajes con
Alfonso de los Ríos y Cristy Noyola

- El emprendedor no nace ni se hace. Se construye y deconstruye en el camino.
- Tu contexto familiar no es un determinante para tu futuro, pero puedes aprender de él.
- Tus cofundadores no tienen que ser tus amigos de toda la vida, pero con el paso del tiempo pueden convertirse en un tipo de familia.
- La edad jamás debe ser un motivo para perder la motivación para emprender o esperar a ser *suficientemente grande* para ello.
- Críticas siempre habrá, personas que no te conocen te señalarán. Tú sigue construyendo.
- Aprender a delegar y a construir equipos es uno de los aprendizajes más importantes al momento de crear una *startup*.
- Separa la obra del artista. No eres tu emprendimiento o *startup*. Para que la empresa esté bien necesitas estar bien tú primero.

6

MERAMA, ESCALANDO EL *E-COMMERCE* EN LA REGIÓN

"Pensar en unicornio como meta y no como algo transicional
es algo que limita mucho el término de lo que es ser un emprendedor".
—Felipe Delgado, presidente y cfo de Merama

¿Irse o quedarse?

La verdadera aventura de Felipe Delgado (2023), originario de Monterrey, comenzó cuando decidió cruzar fronteras en búsqueda de nuevos horizontes. Dejó la ciudad de las montañas para estudiar en la Universidad de Austin, Texas. Al concluir sus estudios, en su mente siempre se presentaba la inquietante pregunta: ¿regresar a México o quedarse en Estados Unidos?

La vida le presentó la oportunidad de conseguir un empleo como consultor en JP Morgan Chase, el banco más grande de Estados Unidos y una de las mayores empresas financieras del mundo; específicamente en la industria de gas y petróleo, en el grupo US Oil & Gas Investment Bank. Comenzó trabajando y viviendo en Nueva York, para después mudarse a Houston y trabajar concretamente en la parte de deuda. Así que sí, la respuesta es que se quedó, pero no por mucho tiempo, pues las circunstancias y experiencias vividas en Estados Unidos lo hicieron regresar a México para emprender.

En general, cuando un consultor o cualquier profesionista trabaja específicamente en la parte de deuda, le enseñan a pensar "¿qué cosas pueden salir mal para que no te paguen? Siempre es pensar en qué va a salir mal y cómo puedo protegerme ante ese escenario". Según Felipe, si pensamos en la palabra *deuda*, lo primero que viene a nuestra mente es todo menos el concepto de un modelo de *equity*. Es decir, en el mundo de *venture capital* y las *startup*, es el porcentaje de propiedad que los fundadores, empleados o inversionistas tienen de la compañía. El *mindset* de Felipe en aquel entonces era muy diferente al de un emprendedor, que por lo general tiene más apetito hacia el riesgo.

En 2014, Felipe se encontró inmerso en la crisis que azotaba la industria del gas y el petróleo. Los precios de los barriles se desplomaron, sumiendo también al sector del gas en la incertidumbre. Este escenario tumultuoso demandó numerosas reestructuraciones corporativas, y para Felipe resolver los desafíos financieros en rutinarias hojas de cálculo. A la par, al observar de cerca a los ejecutivos y propietarios de empresas lidiando con las dificultades se dio cuenta de que anhelaba un cambio más significativo en su carrera profesional. Entonces decidió renunciar.

Felipe se embarcó en la búsqueda de universidades que ofrecieran programas de maestría centrados en el *método del caso*. Este enfoque lo atrajo porque le permitía sumergirse en la perspectiva del protagonista, enfrentarse a decisiones complejas con múltiples variables inciertas y, en última instancia, asumir las consecuencias de esas decisiones. Finalmente encontró su camino hacia Harvard, donde se inscribió en el programa de MBA. Entre aulas y pasillos, el destino lo llevó a encontrarse con su futuro socio, Sujay Tyle. Ambos compartían una sección y desde el primer encuentro la química fue evidente.

En aquel entonces, Sujay ya había dejado su huella en el mundo empresarial como cofundador y CEO global de Frontier Car

Group (FCG), una plataforma de vehículos usados que operaba en mercados emergentes, incluido México, bajo el nombre de Vende Tu Auto. La culminación de su éxito llegó cuando Frontier Car Group fue adquirida por Naspers en diciembre de 2019 por un estimado de 700 millones de dólares, en un acuerdo totalmente en efectivo.

Al finalizar su maestría, equipado con nuevas conexiones profesionales y un vasto cúmulo de conocimientos adquiridos, Felipe se enfrentó una vez más a la misma interrogante que había marcado su camino: ¿debería quedarse en Estados Unidos o regresar a México? Tras un periodo de reflexión tomó una decisión audaz: unirse a Beetmann Energy, una *startup* originaria de Puebla en su etapa inicial enfocada en energías renovables y sustentables, así como optimización energética dentro de las industrias con tecnologías de inteligencia artificial e IOT (internet de las cosas). Negoció un paquete de compensación de *equity* a cambio de contribuir significativamente a la construcción de una *startup* en la que no había participado desde su concepción como parte del equipo fundador. No obstante, él sabía que al entrar en el arranque de vida de un emprendimiento aprendería y crecería a la par. Y así fue, pues con el tiempo esto lo llevó a ser director general y financiero de la subsidiaria de Beetmann Energy, Qualified Supplier. Así, se fue a vivir a Puebla sin conocer a nadie, donde permaneció alrededor de tres años. Estaba de regreso en el sector energético, pero desde una perspectiva por completo diferente.

En ese *timing* perfecto, Sujay había vendido su empresa y Felipe quería un cambio de industria y surgió la primera conversación sobre qué podrían crear en conjunto. Sujay ya tenía un *track record* como emprendedor que aportaría mucho a su emprendimiento y Felipe buscaba despertar al emprendedor que llevaba dentro. Se dieron cuenta de que sus personalidades eran muy diferentes, pero en temas personales y profesionales estaban muy alineados. Así que se pusieron manos a la obra; comenzaron a estudiar detenidamente las tendencias que se encontraban más activas en el mundo del emprendimiento. Lo más interesante es que en el caso de los cofundadores de Merama la idea de emprendimiento no surgió en el campus de Harvard, sino unos años después.

Es curioso cómo una amistad y conexión que surgió en la maestría pudo llegar a convertirse en algo mucho más valioso y encontrar en ella un socio a lo largo del camino a emprender. En palabras de Felipe: "Escoger a un cofundador debe de ir más allá de complementar los *skills* técnicos y ciertas habilidades de negocios. Lo más importante es compartir los valores y principios. Si tú compartes valores y principios, pueden diferir de opinión en millones de decisiones que van a tomar (cosa que va a suceder), pero en lugar de que un conflicto los separe, realmente lo que haces en esos momentos de crisis es regresar a las raíces y volver a esos valores como empresa y como personas. Compartir esos valores fortaleció nuestra amistad de manera personal y profesional".

Felipe estaba a menos de un año de casarse, un momento personal en el que cualquier persona pensaría que quizá no es el momento de tomar muchos riesgos, pero él enfatiza en que su prometida, ahora esposa, lo apoyó totalmente en su decisión. En ese entonces ella también se encontraba realizando una maestría y entendía mucho sobre el mundo del que Felipe estaba a punto de formar parte.

La primera pregunta que llegó a sus mentes fue: ¿en qué país y en dónde vamos a emprender? La fascinación de Sujay por Latinoamérica, así como la nacionalidad y *expertise* en México de Felipe, fueron las principales razones por las cuales decidieron comenzar en México. Estudiaron todas las tendencias que surgían alrededor del mundo (a mediano y largo plazos) y se encontraron con que en ese entonces el *e-commerce* estaba teniendo un crecimiento exponencial en toda la región, incluyendo sobre todo a Brasil. Este estudio los llevó a dar con la figura de los agregadores de *e-commerce*; Felipe lo describe como un modelo "muy conflictivo". Lo interesante es por qué nadie había replicado este modelo en América Latina. Entre más se adentraban en el tema del comercio electrónico, más se acercaban a la respuesta. Sin embargo, no es el modelo de negocio de Merama, el suyo es *house of brands*.

Sinergias entre marcas

Para entender cómo funcionan los agregadores de *e-commerce* tenemos que remontarnos a la pandemia de covid-19, cuando el mundo digital se apoderó de nuestra vida. Tan solo entre 2019 y 2020 el *e-commerce* en México creció 1.8 veces, alcanzando un valor estimado de 11 mil millones de dólares y una penetración de 5% (Quinio, 2022). De acuerdo con el Reporte sobre el Impacto del covid-19 en Venta Online elaborado por la Asociación Mexicana de Venta Online (AMVO) (2020), de abril a junio se incrementó 90% el uso de aplicaciones de compras en México. Al menos cinco de cada 10 empresas en México duplicaron su crecimiento en internet (Asociación Mexicana de Venta Online). Por su lado, el enfoque del *house of brands* implica un modelo de marcas independientes donde cada una opera de manera autónoma. Este modelo, conocido también como modelo de marcas independientes o flexibles, establece una identidad única para cada marca en función de su área de negocio.

México ha emergido como uno de los principales actores en el panorama global del comercio electrónico, pues se ubica entre los cinco países con mayor tasa de crecimiento en esta área. Actualmente las ventas en línea representan más de 13% del total de las ventas minoristas en el país, marcando un hito significativo en la evolución digital. Para contextualizar este avance, en 2023, más de 54% de la población mexicana se había sumado a la tendencia de adquirir bienes y servicios a través de plataformas digitales, comparado con 40% registrado apenas tres años atrás. Las proyecciones indican que esta tendencia ascendente persistirá en los próximos años, con una estimación cercana a 60% de penetración para 2025 (Statista Research Department, 2023).

Hoy en día la confianza del consumidor en las compras en línea ha experimentado un notable aumento con respecto al pasado. Anteriormente muchas personas temían ser víctimas de estafas o que sus tarjetas de crédito fueran clonadas al realizar transacciones en línea. Sin embargo, el comportamiento del consumidor tras la pandemia ha generado cambios significativos en diversos aspectos de su conducta: desde el crecimiento exponencial de la digitalización y la redefinición de las barreras geográficas, hasta las altas expectativas en términos de calidad y rapidez de la experiencia de compra.

Esto involucra a muchos otros actores, entre ellos el reemplazo del efectivo por medios de pago electrónicos o digitales. Este fenómeno comenzó como una medida de cuidado para evitar el intercambio del papel, pero se aceleró con el crecimiento del comercio online.

En el panorama latinoamericano, la evolución de los pagos digitales sigue su curso. Las proyecciones señalan que para 2025, México contará con una base de usuarios de pagos digitales que rondará los 78 millones, superando significativamente los 50 millones registrados en 2021. Este crecimiento se ve impulsado por diversos factores, como el surgimiento de nuevas *FinTech*, ante las cuales Felipe muestra su aprobación. Además, se observa una creciente preferencia por prácticas sustentables, una mayor exigencia en cuanto a la calidad del servicio al cliente y una menor tolerancia a los tiempos de espera. Todo esto ocurre en un contexto donde el acceso a teléfonos inteligentes se ha ampliado de manera considerable, entre otros aspectos relevantes.

Una de las tendencias más fuertes derivadas de ese *boom* del comercio electrónico fueron los agregadores. Estos permiten a las pequeñas empresas vender rápido sus productos, literalmente, como dice su nombre: agregándolos, en un solo lugar. Esto significa que en lugar de crear y mantener su sitio web o *e-commerce*, pueden utilizar un agregador para enumerar sus productos en su plataforma y llegar a una audiencia más amplia. Además suelen ofrecer servicios como procesamiento de pagos, cumplimiento de pedidos y atención al cliente, lo que facilita que las pequeñas empresas se centren en la creación y comercialización de sus productos. A diferencia de los agregadores, las *house of brands* son un modelo de marcas independientes en la que cada una tiene una línea de actuación paralela. Este modelo, también denominado *modelo de marcas independientes* o flexibles, presenta a cada marca con una identidad diferente según la línea de negocio con la que trata. Merama mantiene la identidad de cada una y las potencializa.

Sin embargo, según Felipe (2023), por más que el *e-commerce* haya crecido a gran escala, la realidad es que en Latinoamérica el ecosistema aún no está desarrollado al cien por ciento. Viéndolo por el lado de *marketplace* y *retail*, está extremadamente fragmentado. A diferencia de Estados Unidos, en donde Amazon domina el mercado, en México tenemos bastantes opciones para comprar en línea, como Amazon, Mercado Libre, Liverpool, Palacio de Hierro, Coppel, Walmart, etc. Entre ellos, los primeros dos dominan el sector de compras online en México, pero el segundo se posiciona como la plataforma en línea con mayor participación de mercado en el país, con 13.6% del total (Statista, 2023). En Chile predomina Falabella y en Brasil tienen a b2w y Magalú, entre otros que destacan en esta lista.

Tabla 6.1. Diferencia entre *e-commerce* y *marketplace*

E-COMMERCE	MARKETPLACE
Tienda virtual donde una empresa o una marca vende sus propios productos o servicios.	Plataforma online donde podemos comprar productos o servicios de diferentes marcas y compañías. Por ejemplo, Amazon, Mercado Libre o AliExpress.
Hosting propio.	Hosting general.
Todas las ganancias son para el vendedor.	El *marketplace* se queda con una comisión en cada compra.

Fuente: Clayton, 2023.

Gracias a esa fragmentación del mercado y la competencia que se produce en consecuencia, Felipe y Sujay encontraron que era posible construir un ecosistema a partir de dichas compañías. Es decir, lo que hace hoy Merama: una infraestructura multidisciplinaria que permite comprar participación de compañías líderes en *e-commerce* para optimizarlas e impulsar su crecimiento. El fin es convertirse en una *house of brands* para Latinoamérica, el mejor y más grande grupo de marcas online. De ahí que Felipe no esté de acuerdo con que su *startup* se asocie con la etiqueta de *agregador*, pues estos compran productos pero no crean una *holding* para sus marcas con un enfoque de crecimiento para ellas. Tampoco se asocia con ellas. Entonces, el concepto correcto para definir a Merama es *conglomerado de productos de venta en línea.*

Su diferenciador es no comenzar desde cero porque eso implicaría enfrentar todas las limitantes de la región: acceso al capital, falta de tecnología, bajo conocimiento del mercado y su dinámica de precios, planeación de demanda incipiente y construir un equipo que vaya más allá del diseño de producto. En su lugar, ofrecer un acompañamiento en la internacionalización de marcas, posicionamiento eficiente y diversificación de canales de venta en un país fragmentado se convirtió en su respuesta. En resumen, construir todo eso que les faltaba a las compañías y buscaban asociarse con aquellas que son líderes de sus negocios para básicamente llegar a la conclusión de que uno más uno eran tres y poder realmente exponenciar este crecimiento de manera más acelerada y dominar el mercado.

Así, Merama está constantemente estudiando y analizando las marcas que tienen un desempeño destacado en el comercio en línea. Cuando elige una, se asocia con ella. Felipe lo define como un crecimiento colaborativo: "Son compañías que tienen algo muy bueno que aportar a la mesa". Su objetivo es trabajar con marcas con potencial de alcanzar valuaciones de mil millones de dólares o más, o sea, crear unicornios.

El modelo funciona de la siguiente forma. Comienza con una inyección de capital donde compran la mayoría de las acciones para volverse socios estratégicos y recompensar a los dueños por el trabajo previo. Luego trabajan con el equipo especialista en *e-commerce* para optimizar y potenciar el negocio. Para ello invierten el capital en el crecimiento de la operación y proyectos con iniciativas de alto impacto. Esta transición dura entre 24 y 36 meses. Entonces ofrecen a los dueños opciones de salida (*exit*) en tres a cinco años, donde acuerdan precios que reflejen el crecimiento de los años de trabajo en conjunto. Con ello, terminan por adquirir el cien por ciento de las acciones. En caso de que las adquieran por completo desde el inicio, "los equipos se quedan entre dos y tres años con ciertos incentivos, que hace que ambos quieran trabajar para crecer".

Un unicornio rentable

Felipe y Sujay estaban preparados para dar vida y formalizar a Merama. Sin embargo, eran ellos dos nada más, así que, en septiembre de 2020, se enfrentaron al desafío de identificar quién sería el mejor candidato para cubrir las diversas áreas necesarias para la empresa. Su búsqueda de la *persona ideal* comenzó con un *short list* en LinkedIn de la gente que *sí o sí* quería tener en el equipo fundador. A partir de ahí, empezaron a contratar de manera agresiva, con lo que consiguieron talentos con amplia experiencia en *e-commerce* y otras áreas: Olivier Scialom (cofundador de Petsy, que después vendió a +Kota) y Domingo Cruzat (CEO de Falabella.com en Chile). Sin duda la clave para el crecimiento y sostenimiento de Merama ha sido sumar a personas inteligentes y capaces a su equipo.

La idea que tenían en mente —como la de quizá cualquier emprendedor— era arrancar con la validación de la idea en un país para después expandirse a otros. "Uno o dos años estaremos en México y después nos vamos a Brasil", cruzaba por su mente y sus planes. Sin embargo, un día recibieron una llamada de Mónica Sajoro y Laura Leeman, fundadoras de Maya Capital, uno de los primeros fondos de *venture capital* que invirtió en Merama, originario de Brasil. Les contó que unos emprendedores brasileños tenían una idea muy similar a la suya y que sería conveniente que platicaran para ver si podían intercambiar ideas.

Después de conversar con ellos, Renato Andrade (ex Mckinsey Brasil), Guilherme Nosralla (ex Wildlife Studios) y Juan Manuel de León (ex *corporate development and commercial manager* en Loyalty Program de Falabella) se sumaron al equipo fundador y el primero quedó como CEO para Brasil. Sin embargo, hasta dos años después, cuando el equipo alcanzó 80 integrantes se conocerían en persona. Así, lo que en un inicio esperaban lograr en dos o tres años se materializó en tan solo dos meses: operaciones en más de un país.

A pesar de haber comenzado oficialmente en septiembre de 2020 en medio de la pandemia de covid-19, Merama alcanzó un crecimiento vertiginoso. En abril de 2021, Merama cerró una ronda de inversión Serie A por 60 millones de dólares de capital y 100 millones de dólares de deuda, respectivamente. Los fondos: monashees (uno de los más grandes en América Latina y Brasil), Valor, Balderton y Maya Capital. Además los CEO de Rappi, Loggi, Madeira Madeira y Ualá lideraron la ronda. Como consecuencia, se dio el "próximo momento interesante para Merama", como lo llama Felipe: con esos fondos comenzaron a comprar empresas rentables y las mantuvieron de esa manera.

Hay un diferencial en su historia del que no todas las *startups* pueden presumir: su financiamiento está basado en una combinación tanto en *venture capital* como en *private equity*. Recordemos que si bien el primero es un tipo del segundo, en palabras de Felipe, la principal diferencia es que los inversores de *private equity* prefieren empresas estables y rentables, mientras los de capital de riesgo suelen acudir durante la fase de inicio para inyectar capital.

Así, a los seis meses de fundar Merama, consiguieron la Serie B más grande de América Latina: 225 millones de dólares, liderada por Softbank (conocido por el crecimiento acelerado) y Advent International (el cual invierte en compañías más maduras), al igual que inversionistas existentes y nuevos como Globo Ventures y BroadLight Capital. Felipe pone como ejemplo a General Atlantic y Advent International como dos de las firmas más fuertes e importantes de *private equity* en México.

A partir de la entrada de Advent International las cosas cambiaron por completo: todo se convirtió en blanco y negro de la noche a la mañana en el buen sentido, pero con muchas complicaciones. En ese entonces eran alrededor de 50 personas en el equipo y comenzaron a exigir temas de auditoría, comités de ética, comités de operaciones, procesos y sistemas que normalmente una *startup* no tiene. Les enseñaron a trabajar desde el profesionalismo y a pensar que "si realmente queremos salir a bolsa o queremos tener un *exit*, debemos llevar todo en orden, todo de manera legal y de forma ética". Desde entonces, se volvió parte del ADN de Merama. A pesar de haber atravesado con su equipo ese proceso difícil, Felipe hoy agradece que las cosas hayan sucedido de esa manera. "Al día de hoy, tenemos financieros auditados por Deloitte, tenemos comité de ética, comités en donde vemos puntos y comas. E incluso he escuchado que tenemos una de las reputaciones más limpias en el ecosistema emprendedor". De hecho, para esta *startup*, la reputación es una prioridad. Si buscamos información acerca de la compañía y pedimos referencias, nos vamos a sorprender con los buenos comentarios.

Después de su Serie B, en diciembre de 2021 y tras cerrar un *follow on* por un total de 350 millones de dólares, Merama alcanzó una valuación de 1 200 millones de dólares, tan solo 12 meses después de arrancar sus operaciones formalmente en 2020. Además de convertirse en unicornio, anunciaron la valuación como una empresa cien por ciento rentable. Sobre el alcance hacia la valoración de unicornio, Felipe comenta: "Te mentiría si te dijera que no nos sentimos orgullosos al saber que nos convertimos en unicornio. Es un logro, un *milestone* muy importante, pero es solo eso: un *milestone*. No significa nada, las valuaciones suben y bajan, son dinámicas a final de cuentas. Lo que no podemos dejar pasar es poder decir: 'Logramos una valuación'... ¿y luego qué? Esto es un hito, como todo lo que quieres lograr, es como cuando la gente dice: 'Mi meta es lograr un IPO'. Pues déjame decirte que estás completamente equivocado si piensas que eso es el final del camino, ya que hacer un IPO es el comienzo del futuro de una vida completamente nueva, significa que estás ante los ojos del público y con una responsabilidad mayor todavía".

Alcanzar el estatus de unicornio como empresa rentable es una característica atípica para una *startup*. "Reconozco que hicimos *trampa* porque compramos negocios", dijo entre risas Felipe, pero el valor está en que lograron manejar el flujo, que es lo que hace un negocio sólido, porque permite pasar cualquier adversidad. No obstante, confiesa que 2023 e inicios de 2024 no han sido fáciles para Merama, pero a pesar de ello siguen generando flujo para cubrir gastos, optimizar a futuro y más.

La emoción no vino tanto del unicornio, sino de haber llegado a este estado siendo un negocio sólido y rentable. Sin embargo, estar en el *spotlight* puede distraerte del objetivo principal, que para ellos es hacer una oferta pública inicial (OPI) en Estados Unidos.

"Es como el famoso dicho de Tom Hanks: 'This Too Shall Pass', las altas y las bajas siempre estarán ahí, seas unicornio o no lo seas. Además ¿por qué conformarse con un valor de un billón si puedes llegar a dos, tres o hasta 10 billones?". Por ello, cuidan mucho la comunicación interna, para mantener a su equipo enfocado.

A la par de la valuación, en su primer año de operaciones lograron sumar 20 marcas a su portafolio. Esto les permitió extender sus operaciones, además de México y Brasil, a Colombia, Chile, Perú, Argentina y Estados Unidos (Alfaro, 2022). Por lo general, Merama no hace pública la lista de las compañías que adquiere en el momento de la compra y prefiere mantenerlas de manera confidencial. Aunque más adelante planean revelarlas, decidieron compartir algunas de ellas en exclusiva para los lectores de este libro.

- En Chile:
  - ► Bebesit, línea de una amplia variedad de productos para bebés y niños.
- En México:
  - ► Redlemon, pionera del comercio electrónico al entrar en operación hace más de 15 años. Acumula cinco años consecutivos con crecimiento de dos dígitos.
  - ► Mundo In, tienda de muebles para el hogar y la oficina.
  - ► Miind Brands, compañía de marcas de consumo masivo, nativas digitales, que se enfoca en artículos de belleza y suplementos.
- Brasil:
  - ► Nautika, una de las tiendas online más grandes de Brasil, enfocada en accesorios para actividades al aire libre.
  - ► Oceane, marca de productos de belleza.

Hasta el momento de la entrevista con Felipe (2024), Merama ha consolidado la adquisición de un total de 30 marcas y ha fortalecido su equipo con 2 500 empleados a nivel global. La empresa se distingue por su compromiso con la inclusión de género, con un notable 47% de su fuerza laboral conformada por mujeres, de las cuales 40% ocupan roles de liderazgo. Este logro es el resultado de un enfoque organizacional dedicado a desafiar estereotipos y combatir sesgos.

En el ámbito financiero, en 2023 Merama experimentó un crecimiento estimado de 43%, alcanzando ventas netas superiores a los 600 millones de dólares. Su visión a futuro incluye el objetivo de convertir cada una de estas marcas en unicornios propios, así como la planificación de una OPI en Estados Unidos.

Para Felipe, la pandemia fue un abanico de oportunidades en el sector del *e-commerce* y del capital, lo que permitió que muchos factores jugaran a su favor. Acepta que fueron "suertudos en muchas cosas", pero agradece a los cambios en el comportamiento del consumidor que hoy por hoy se han modificado y están para quedarse.

Sobre emprender y otros placeres

Durante la entrevista, Felipe me hizo entender una cuestión un poco dolorosa de aceptar, pero que los emprendedores debemos de tener mucho en cuenta: "Todo el mundo quiere algo". El trayecto es solitario y por más que nuestros colaboradores, socios e inversionistas puedan llegar a convertirse en nuestros amigos y aliados, todos como profesionistas buscan un incentivo. Por ello Felipe hizo hincapié en el apoyo tan indispensable que brinda encontrar a una pareja de vida que te complemente y pueda acompañarte en el camino del emprendimiento; para él, su familia es lo más importante. En su caso, su esposa también es emprendedora y acaba de levantar capital recientemente, así que hablan casi el mismo idioma. Sin embargo, es importante saber separarlo al momento de vivir en pareja. La organización, planificación y apoyarse entre sí es esencial para poder vivir en familia, en pareja y como emprendedores.

Y así, con un cambio drástico de trabajar en el banco más grande del mundo como consultor a emprendedor, Felipe nos deja una lección invaluable: el camino del emprendimiento no siempre comienza desde el día uno ni se limita al contexto de las *startups*. Quizá actualmente existan miles de mexicanos trabajando dentro de un corporativo de talla mundial que están aprendiendo lo necesario para emprender. En su travesía desde el mundo de las finanzas corporativas hacia un terreno desafiante, pero gratificante, Felipe descubrió una verdad fundamental: emprender no es para todos, pero al mismo tiempo sí que lo es.

Top de aprendizajes con Felipe Delgado

- Está bien tomarte un tiempo para pensar antes de comenzar.
- Las *startups* rentables también pueden ser unicornios. La rentabilidad es un arma poderosa para desbloquear otros tipos de financiamiento.
- La unión en los equipos hace la fuerza, pero "todos quieren algo" siempre. Hay que aprender a separar y tener buena comunicación.
- Estudiar las tendencias siempre te dará visión para detectar oportunidades a futuro.
- La gestión de la comunicación interna y externa es clave para mantener esta reputación, especialmente cuando se está en el punto de mira como un unicornio.
- Las métricas de vanidad son distractores, hay que manejarlas con cuidado.
- Aprender a balancear el tiempo: define qué es realmente prioritario en estos momentos y aprende de ello.
- Elegir a un cofundador va más allá de los *skills* técnicos y la experiencia laboral: los valores y la educación predominarán siempre.

7

CLARA,
LA ALIADA DE LAS EMPRESAS
EN LATINOAMÉRICA

"Descubrí esta nueva manera de hacer negocios y de hacer empresas,
el origen de una *startup*, que va más allá de crear tus propios ingresos
para tus gastos, es buscar hacer algo que tenga un impacto más allá,
es traer el futuro hacia el presente, acelerarlo".
—Gerry Giacomán Colyer, cofundador y ceo de Clara

Las ideas pueden nacer en donde menos te lo esperas

La historia de Clara, o al menos la idea, nació durante una carne asada. ¿Se pueden imaginar? ¿Cuántas veces no hemos tenido conversaciones con personas de nuestro círculo cercano, en las que quizá sin darnos cuenta mencionamos ideas o planteamos soluciones que pueden convertirse en la idea de emprendimiento? No necesariamente tiene que ser en una oficina, en un *vision board* o en una planeación a futuro. Muchas veces esas ideas pueden llegar en el momento en que menos te lo esperas. Lo importante es que no se quede como una idea. Elizabeth Gilbert, en su libro *Libera tu magia*, dice que constantemente estamos recibiendo ideas, pero si no las ejecutamos se irán y encontrarán otro dueño o dueña.

Para Gerry Giacomán la clave para hacer realidad las ideas, sobre todo en el nacimiento de un emprendimiento, son las relaciones. ¿Qué hubiera pasado si en ese entonces el perfil de las amistades que estaban en la reunión no hubiera tenido valores e intereses en común o no hubieran tenido la intención y la apertura de hablar sobre emprendimiento? Quizá la idea hubiera quedado en eso, en solo una idea, y se hubiera ido a posar a otro receptor. Gerry cuenta que a partir de esa reunión de 10 personas nacieron tres empresas, una de ellas, fue Clara.

A la par, desde una edad temprana Gerry se vio inmerso en un entorno familiar donde el espíritu emprendedor se transmitía de generación en generación. Tanto sus abuelos como sus padres eran emprendedores arraigados en su historia familiar. Un ejemplo concreto de este legado es su abuelo Manuel Reyes, quien fue el visionario fundador de la renombrada mueblería La Malinche. Por otro lado, la historia de su familia también es un testimonio de migración y diversidad: por el lado de su padre, la línea ancestral se extiende desde Medio Oriente, específicamente Palestina y Líbano; mientras que por parte de su madre, las raíces se encuentran en España y Estados Unidos. Este panorama cultural enriqueció su perspectiva desde el principio.

Crear impacto

Gerry Giacomán siempre fue un estudiante sobresaliente, llevaba consigo una idea desde que comenzó a estudiar: *crear impacto*. Él esperaba conseguirlo trabajando o creando algo desde el sector público, pues soñaba con la oportunidad de contribuir a la creación de una sociedad más igualitaria. Vivía en Monterrey, una ciudad con tanta cercanía con Estados Unidos, y le generaba curiosidad por qué en México no podemos tener esa riqueza y ese tipo de oportunidades. Tratando de encontrar la respuesta decidió ir a estudiar a la Universidad de Yale, de donde se graduó con una licenciatura en Ética, Política, Economía y Estudios Latinoamericanos. Su intención era traer a México un poco del pensamiento, la preparación mundial y diferentes ideologías. Además, su modelo a seguir era David Vélez, CEO y cofundador de Nubank, quien contaba con ese tipo de estudios en el extranjero.

Algo importante a destacar es que las universidades de prestigio, como Yale y Stanford, no son un básico o esencial para formar una *startup*. Gerry sostiene que es un plus que puede darte una gran red de relaciones y aprendizaje. Si él se hubiera quedado en Monterrey, hubiera creado algo totalmente diferente a lo que ha hecho ahora, quizá un emprendimiento tradicional y no de alto impacto. También menciona la importancia sobre la existencia de un balance: su cofundador Diego no cuenta con esos "sellos de estudios", pero tiene una amplia experiencia en otras áreas que han sido esenciales para en conjunto darle vida y crecimiento a Clara. Sin embargo, para nada es un requisito para fundar una *startup*.

Gerry sabía que quería dirigir su vida hacia algo más grande y los caminos lo llevaron a trabajar como consultor en Bain & Company. Más tarde, en la ciudad de Nueva York, tuvo un primer acercamiento y contacto con el mundo de las *startups*. "Descubrí esta nueva manera de hacer negocios y de hacer empresas, el origen de una *startup*, que va más allá de crear tus propios ingresos para tus gastos, es el buscar hacer algo que tenga un impacto más allá, es traer el futuro hacia el presente, acelerarlo".

En 2010 Gerry decidió invertir absolutamente todos sus ahorros, hasta el último centavo, y lanzó su primera *startup* llamada Cuponzote.com, la cual estaba enfocada a una empresa local de guías que ofrecían ofertas de pago con las que tenían convenio en la ciudad. En 2012 logró ser nombrada como "Mexico Web Startup of the Year" por CNN *Expansión*. Fue en este primer emprendimiento donde logró conocer un poco acerca del mundo tecnológico y en el que tuvo sus primeros acercamientos con inversionistas, pero años después la empresa fue vendida.

El gran interés por seguir aprendiendo sobre este mundo lo llevó a estudiar un MBA en la Universidad Stanford. Durante ese periodo trabajó en diversas *startups* y luego se convirtió en Head of Growth de Siftery, donde lideró la venta a G2.com.

Tras cinco años, regresó a Latinoamérica con un cambio de chip, justo para volver a emprender. En su estadía por Estados Unidos se dio cuenta de que incluso la movilidad era completamente diferente a lo que sucedía en Latinoamérica. En San Francisco, donde él se encontraba viviendo, la gente tenía oportunidad de caminar, de trasladarse de un lugar a otro en patines eléctricos o caminando, fue cuando pensó: "Tenemos que llevar esto a la región". Su nueva *startup*, llamada Uva Scooters, nació en San Fransico, la cual se enfocaba en la micromovilidad compartida. La cofundó con un amigo regiomontano que en ese entonces se encontraba trabajando como ingeniero para Uber. Tiempo después se fusionó con Grin Scooters y después con Yellow. Con ello crearon Grow Mobility, una plataforma de micromovilidad y pagos con sede en Latinoamérica. En Grin Scooters, Gerry se convirtió en Chief Growth Officer (CGO) y lideró la expansión a siete países, con lo que adquirió conocimientos imprescindibles para su formación.

Después de la expansión y el rápido crecimiento que experimentó Grin Scooters, Gerry se dio cuenta de que no podían igualar esa agilidad con una gestión efectiva de los recursos de la empresa, especialmente en lo que respecta a los pagos. Además, el tipo de negocio se vio muy afectado por la pandemia de covid-19, en especial durante la etapa de confinamiento.

Gerry conoció a Diego García en esa carne asada que mencionamos al inicio. Ambos habían trabajado en conjunto en diferentes empresas y tenían un mutuo respeto por sus respectivos empleos, pero no habían tenido más acercamientos y jamás se hubieran imaginado que se convertirían en el equipo cofundador de Clara. Les tomó aproximadamente nueve meses desarrollar la idea, el concepto y el modelo de negocio antes de liberar y hacer público el nacimiento de la *startup* en 2020. De hecho, el haber encontrado un dolor en el consumidor y buscar soluciones para Grin Scooters fue clave para la inspiración que diera lugar a Clara. Unos meses después, en marzo de 2021, Clara fue introducida oficialmente en el mercado mexicano como una solución y plataforma de gestión de tarjetas corporativas y gastos empresariales, que brinda modernas funcionalidades tanto para equipos financieros como para empleados, y se adapta a las necesidades de las empresas mexicanas y latinoamericanas.

Lo que Clara vino a solucionar

En nuestro país es clave el financiamiento para hacer crecer las empresas, pero ya hemos dicho que su acceso es reducido. Entre las principales dificultades para acceder a financiamiento se encuentran las altas tasas de interés, los numerosos requisitos y la complejidad de los trámites. Según la Encuesta Nacional de Financiamiento de las Empresas (Enafin) 2021 (Inegi, 2021), poco menos de la mitad de las empresas mexicanas ha solicitado algún tipo de financiamiento desde que inició sus operaciones; la banca tradicional y los nuevos distribuidores han sido los proveedores más buscados. No obstante, una vez que se consigue se desbloquean otros retos y pueden surgir diferencias respecto a comenzar nuevos proyectos, aumentar la producción, tener un buen control de gastos, contratar a personal calificado, liderar expansiones a otras áreas geográficas y otras acciones, que se engloban en crecimiento sostenible (Clara y Tukan, 2023).

Una solución para las empresas son las tradicionales tarjetas corporativas que ofrecen los bancos. La diferencia con una personal es que las corporativas están diseñadas para atender las necesidades de las compañías y tienen características especiales para impulsar un negocio sin poner en riesgo las finanzas personales del contratante. Hay dos tipos de tarjetas empresariales. La primera es la asociada a un crédito: está vinculada a un préstamo bancario, permite usar los fondos prestados, con chequera y banca electrónica. La segunda es la corporativa, la cual está respaldada por el capital de la cuenta bancaria de la empresa y funciona como tarjeta de débito para gastos diversos (Coru, 2019). Algunos ejemplos de estas son las que ofrecen BBVA, HSBC y Santander, por mencionar algunas.

Aunque las tasas de interés son un factor macroeconómico fuera de nuestro control, las *FinTech* ofrecen nuevas alternativas financieras. Estas empresas reducen la burocracia de la banca tradicional mediante procesos digitales y remotos, con respuestas casi instantáneas y menos requisitos complicados. Utilizan tecnologías como inteligencia artificial y aprendizaje automático para ofrecer líneas de crédito adaptadas a las necesidades reales de las empresas (Clara y Tukan, 2023).

Algunas *FinTech* ofrecen más que solo líneas de crédito, también proporcionan soluciones integrales como tarjetas de crédito corporativas. Estas tarjetas no solo empoderan a los colaboradores, sino que también permiten rastrear gastos por departamento o incluso por empleado, lo que mejora la eficiencia del presupuesto. Dichos productos están integrados con sistemas de gestión de gastos digitales visibles para todos los equipos. De hecho uno de los errores más grandes de las micro, pequeñas y medianas empresas es utilizar las tarjetas del patrón o propietarios para administrar los gastos del negocio, como pago de proveedores, adquisición de insumos e incluso el pago de las nóminas. Con ello, se ofrece una respuesta efectiva para reducir hasta 58% las malversaciones de efectivo y recursos dentro de una empresa. Por lo demás, esta iniciativa no solo permite evitar que el crecimiento acelerado genere una desestabilización financiera interna, sino que también promueve una administración más eficiente y transparente de los recursos financieros (*El Economista*, 2021; Cervantes, 2022). Además, suelen incluir programas de lealtad y beneficios exclusivos para el crecimiento de las empresas.

El unicornio más veloz de todos

Dada esta situación, más las difíciles condiciones económicas y la revolución digital que nos trajo la pandemia, las propuestas de las *FinTech* empezaron a florecer y Clara junto con ellas. Con una ronda presemilla de 3 500 millones de dólares comenzaron a adentrarse en el mundo del *venture capital*. Fue liderada por General Catalyst con la participación de Picus Capital, Canary Ventures, SV Angel, GFC, SOMA Capital, Liquid 2, Adapt Ventures y emprendedores como Justin Mateen de Tinder, Nicky Goulimis de Nova Credit, Courtney

McColgan de Runa, entre muchos más. Sin duda fue esencial para obtener impulso en el arranque inicial (Cervantes, 2021).

Tan solo dos meses más tarde anunciaron su cierre de financiamiento de una Serie A de 30 millones de dólares, la cual fue liderada por el fondo internacional DST Global Partners, además de los regionales Kaszek y monashees, y otros fondos internacionales como Avid Ventures y General Catalyst (Cervantes, 2022). Seguido vino una inyección de 5 millones de dólares para expandir su negocio de tarjeta de crédito empresarial en México, respaldada por ángeles inversionistas y fundadores de grandes empresas reconocidas como Rappi, Jüsto, Bitso, Kushki, entre otros que también son emprendedores, lo que recuerda el efecto multiplicador de las *startups* en Latinoamérica (Cervantes, 2023). Con esta nueva inversión, su objetivo sería pasar de 50 a 150 colaboradores y ya tenían en la mira a diferentes países para su expansión. Brasil era el primero que tenían en mente. Incluso el anuncio de esta Serie A en su sitio oficial iba acompañado inmediatamente de búsqueda de talento en Brasil.

La empresa siguió creciendo de manera rápida y ágil. Pareciera que lo que Gerry y Diego habían adquirido de sus previas experiencias estaba funcionando. En ese mismo año hicieron una introducción hacia un nuevo modelo de pagos flexibles que podría lograrse a través de su plataforma, con la intención de seguir impulsando el crecimiento de las empresas en Latinoamérica y contribuir al proceso de reactivación económica. La innovación de este esquema es que las empresas podían ajustar fechas y periodos de pago según sus necesidades, mientras que las tarjetas de crédito tradicionales se han caracterizado por esquemas de pago rígidos, con el mismo tipo de plazo a todos por igual, sin tomar en cuenta que cada empresa presenta necesidades distintas y específicas (Cervantes, 2022).

También Clara Pagos ofrece la integración de poder hacer transferencias SPEI, lo que permite a las empresas llevar a cabo transacciones a terceros, de manera rápida e incluso automatizada gracias a su conexión con el SAT. A medida que esta tendencia continúe en 2023, empresas de todos los tamaños seguirán incorporando diversos servicios de pagos digitales que sistematizan sus necesidades financieras en una única plataforma.

En noviembre Clara consiguió el respaldo de Mastercard. Esto quiere decir que tiene licencia propia para la emisión de sus propias tarjetas, lo que permitió que esta *FinTech* pudiera operar sin depender de otros proveedores.

En diciembre de 2021 anunciaron su llegada oficial a Brasil. Este es el país latinoamericano donde más *FinTech* prosperaron y continúan en actividad en la actualidad. En total, su ecosistema cuenta con 771 empresas (hasta el año 2022), lo que representa más de 30% del total de la región. Dicho país ha dominado desde que se tienen registros, en 2017, cuando tenía 230 *FinTech*; es decir que en los últimos cinco años han aumentado en 235% el número de empresas de tecnología financiera allí (Silva, 2022). Incluso concentra la mayor cantidad de *FinTech* unicornios. Las *FinTech* brasileñas atrajeron 40% de los casi 8 mil millones de dólares de capital de riesgo que recibió América Latina en 2022, según la Asociación para la Inversión de Capital Privado en Latinoamérica (France, 2023). Por ello, es de suma importancia que Clara haya entrado a este país, que representa jugar en las grandes ligas. Además, arrancó operaciones con un grupo de casi 100 empresas, incluyendo las operaciones brasileñas de sus clientes regionales y globales.

Es tal el peso de Brasil para Clara que una reciente estrategia que ha implementado es el traslado de su sede en México hacia Brasil, pues ahora su intención es que este se convierta en su principal mercado y seguir creciendo en Sudamérica. Al obtener una licencia del Banco Central brasileño para operar como entidad de pago, Clara puede ampliar su presencia en este país y ofrecer nuevos productos, como transferencias electrónicas exprés (TED) y depósitos a través de uno de los más populares sistemas de pagos instantáneos (PIX). Esta última es una forma de pago de transferencia bancaria creada por el Banco Central de Brasil vinculada a más de 700 instituciones financieras de dicho país. Los compradores pueden pagar con PIX cuando compran en línea y mediante códigos QR en la tienda. Al cierre de esta edición, Clara cuenta con más de 2 mil clientes en Brasil, entre los que destacan Starbucks, brMalls y la cadena de gimnasios Smartfit.

La apertura de operaciones en el país brasileño estuvo respaldada por una ronda de financiamiento Serie B equivalente a 70 millones de dólares liderada por Coatue, firma tecnológica de inversión. Con esta ronda de levantamiento de capital, a solo ocho meses de haber iniciado operaciones en México, Clara alcanzó la valuación de mil millones de dólares. Se volvió la *startup* mexicana más rápida en alcanzar el estatus de unicornio, algo que jamás se imaginaron en aquella carne asada.

El nombramiento de unicornio remonta a Gerry algunos años atrás en Silicon Valley, cuando el término apenas se empezaba a popularizar y tenía la intención de describir a las empresas poco comunes que habían alcanzado la valuación de más de mil millones de dólares. Ahora el contexto es diferente pero igualmente positivo para él: destacar a las empresas unicornio ofrece un *exposure* ante el ecosistema emprendedor. Gerry destaca algo importante: no están interesados en la valuación de la compañía como si fuera su objetivo final, pero sí es un indicador de que las empresas bajo este término tienen muy alto potencial.

La fórmula del éxito

Después de su expansión y crecimiento hacia Brasil lograron incursionar en el mercado colombiano en marzo de 2022. Al año siguiente anunciaron un nuevo financiamiento de hasta 90 millones de dólares de Accial Capital, un proveedor estadounidense de deuda con enfoque en mercados emergentes, y su nuevo fondo de capital privado Impacto lanzado en colaboración con Skandia. La intención de esta nueva inyección fue para consolidar la operación de la empresa. Hoy en día, Clara cuenta con más de 13 000 clientes (empresas) y acaban de abrir su segunda sucursal en Medellín. Este dinero llega justo después de que Goldman Sachs extendiera en agosto de 2022 una línea de crédito de 150 millones para la *startup* (Cervantes, 2023).

Gerry hace mucho hincapié en que su expansión acelerada se debió a que las mismas empresas con las que trabajan se estaban expandiendo también, así que crecieron en conjunto. Así, reportaba transacciones equivalentes a más de 13 millones de dólares anuales; al día de hoy reportan transacciones de más de 2 000 millones de dólares anuales y su cartera de clientes está compuesta por empresas líderes de la región. Al cierre de esta edición hay más de 13 mil empresas que utilizan Clara. Otro punto que podría destacarse sobre esta *scaleup* es su gran capacidad de realizar alianzas y su gran agilidad al realizar movimientos inteligentes que le han brindado apertura y un rápido crecimiento. Clara ha hecho alianzas con instituciones como Afirme, Deloitte, Thales, Holcim, Lifemiles, Tally, entre otras.

También la oferta de productos se ha convertido en una suite de soluciones diseñadas para automatizar y simplificar las operaciones diarias. Este conjunto de soluciones no solo ahorra a las empresas más de un año en procesos financieros, sino que también les permite aprovechar su revolucionario software de gestión de gastos, el cual proporciona informes en tiempo real para una toma de decisiones financieras más informada y estratégica. Actualmente la empresa se ha convertido en uno de los ecosistemas financieros más completos en Latinoamérica, con lo cual permite a las empresas realizar y gestionar todos sus pagos.

Pero hay algo importante: siempre se pensó y trató como un producto latinoamericano y no solo como un modelo enfocado en nuestro país. Además, tiene un modelo de negocio B2B que anteriormente había sido pasado por alto en este sector, ya que solo 33% de las *FinTech* de toda Latinoamérica está especializada en atender el mercado de las pymes (Startups Latam, 2023). Ello llamó la atención de los inversionistas y del ecosistema emprendedor en México.

Por otro lado, Clara hace justicia a su nombre. La razón de que así se llame esta *startup* nace por la claridad que buscaba ofrecer desde un inicio a sus clientes; esa claridad que muchas veces no se alcanza a visualizar cuando estás operando una empresa y creciéndola. Y es que además de la conversación que tuve con Gerry, pude recopilar muchos testimonios de emprendedores en México que actualmente utilizan Clara como su primera opción para gestión de gastos empresariales y dicen "nunca antes" haber visto un servicio de primera clase y sin ningún problema en *startups FinTech* como lo es esta *startup*. Clara es el ejemplo de cómo una empresa unicornio puede tener una de las reputaciones más limpias y una comunicación ideal tanto con clientes como con usuarios.

Por último, la estrategia de crecimiento y expansión siempre ha sido acompañada de grandes reconocimientos. Por ejemplo, apareció en la lista de FinTech Innovation 50 de 2024, un reconocimiento anual lanzado por GGV Capital U. S. en colaboración con Crunchbase para destacar a las empresas *FinTech* más prometedoras a los ojos de inversores en *startups*. También fue destacada como Superempresa para las Mujeres en 2023 por la revista *Expansión* y como una de las Top Startups 2023 en un listado realizado por LinkedIn, en el cual han tenido presencia desde su inicio y por tres años consecutivos.

Clara es también una empresa reconocida por la inclusión en diferentes aspectos: financiera, educativa y de género. Gerry Giacomán es de los pocos líderes del mundo tecnológico y de *startups* que se identifica como integrante de la diversidad sexual y habla abiertamente del tema LGBTIQ+ como un *founder* latinoamericano. Ha sido parte de eventos como Pride Connection México Summit en el Centro CitiBanamex, en donde ha compartido los retos y experiencias que pertenecer a dicha comunidad ha traído a su vida, un tema del que se habla muy poco en el mundo de las *startups* y *venture capital*.

Aunque Clara está enfocada en su expansión en el mercado brasileño, Gerry está dirigiendo su atención al *nearshoring*, pues reconoce la relevancia estratégica de este fenómeno en México, específicamente en Nuevo León, y ve en ello una oportunidad para aprovechar y potenciar el talento local, donde la empresa tiene sus raíces. Como resultado, tiene planes de aumentar el equipo en Monterrey para capitalizar el talento local, que proviene de prestigiosas universidades y tiende a encontrar empleo en importantes empresas tecnológicas (Ábrego, 2023).

De cara al futuro, platicamos un poco acerca de lo que Clara quería conseguir en los próximos años. Sus planes serán basados en crecimiento y alcance de más usuarios, así como posibles expansiones a otros países. Una salida a la bolsa podría ser posible, sin embargo, más allá de buscar fondeo en un corto plazo, su intención es permitir a las empresas operar con mayor claridad y agilidad financiera, a través del ecosistema de pagos más completo en la región.

Top de aprendizajes con Gerry Giacomán

- Los emprendedores pueden extraer valiosas lecciones de otras trayectorias empresariales. Aunque uno pueda pasar de ser fundador a desempeñar otro rol, lo crucial radica en acumular experiencia para dar forma a futuros pasos con éxito.
- Uno de los mejores caminos para emprender puede ser trabajar en una empresa que se encuentre con diferentes problemáticas para aprender su funcionamiento y ganar experiencia para cuando llegue una idea a ti.
- Un servicio innovador que brinde soluciones y transparencia acompañado de una estrategia poderosa son capaces de conseguir lo inimaginable.
- Ser un fundador transparente, hablar de una comunicación basada en la confianza.
- Necesitamos más emprendedores, pero también individuos dispuestos a sumarse y contribuir al éxito de empresas emergentes. La colaboración y el compromiso son pilares esenciales para el desarrollo de emprendimientos sólidos.
- Tener un *role model* en el ecosistema de emprendimiento es válido, sobre todo cuando aquellos estén haciendo bien las cosas.

8
KONFÍO, AYUDANDO A CRECER A LAS PYMES EN MÉXICO

"Emprender es sentir varios sentimientos a lo largo del día. A las 9:00 a.m. puedes sentirte invencible y a las 4:00 p.m. puedes sentir otra cosa completamente diferente. Pero todo con el fin de alcanzar ese objetivo. Todos te lo advierten, pero cada uno lo vivirá de diferente manera, es un sentimiento que no tiene explicación hasta que lo vives".
—David Arana, cofundador y CEO de Konfío

David Arana (2024) se distingue por encima de todo por ser un emprendedor que valora la privacidad. A pesar del creciente reconocimiento de su empresa, Konfío, él elige mantener un perfil bajo y enfocarse en el trabajo y el desarrollo de su negocio lejos de la atención pública. Esta entrevista, realizada apenas días antes del cierre editorial, es un logro significativo, derivado de una publicación en LinkedIn en la que pedí a la red que me ayudara a llegar a él o a su equipo rápidamente. Un acto desesperado pero que habla de la necesidad de incluir los *insights* de primera mano de Konfío, el último, pero no menos importante unicornio. Yo confiaba y le decía a mi editora: "Sé que estarán ahí". Agradezco infinitamente al equipo de Konfío, que se puso en contacto conmigo el mismo día en el que esa publicación salió a la luz, especialmente a Cristina Valero Ruelas, VP of Marketing, quien hizo todo posible. Cuando comencé la conversación con David me comentó con su acento norteño: "Muy importante para México, para seguir inspirando a mucha gente, hay mucho por hacer y por resolver".

El llamado de México

Originario de Culiacán, Sinaloa, David es un emprendedor cuya vida ha estado marcada por la constante movilidad. Desde temprana edad, debido al trabajo de su padre, un ejecutivo de una empresa multinacional se vio obligado a vivir entre Brasil y Estados Unidos, cambiando de ciudad cada tres o cinco años. Este estilo de vida le brindó la oportunidad de sumergirse tanto en diferentes idiomas como culturas. Asistió a colegios bilingües y terminó graduándose de la preparatoria en São Paulo. A pesar de que vivía lejos de México, su familia siempre procuraba llevarlo de regreso en épocas de vacaciones. Estos constantes cambios de residencia lo hicieron cuestionarse innumerables veces: "¿Realmente de dónde soy y dónde pertenezco?". No obstante, desde muy joven sentía una pertenencia y la nacionalidad mexicana, incluso al vivir al otro lado del mundo.

La única universidad a la que David quería aplicar era el Instituto Tecnológico de Massachusetts (MIT), ya que desde joven sentía un "gran amor por las matemáticas", en sus palabras. Le dijeron que era una de las universidades más difíciles para entrar y que en los últimos 23 no habían aceptado a nadie; le aconsejaron en más de una ocasión que mejor aplicara para otro lugar. La respuesta de David fue: "¡Ni madres!". Siguió su instinto y consiguió entrar al Bachelor of Science and Mathematics del MIT en 2003.

Estuvo tres años estudiando la carrera y en el cuarto escogió materias de maestría y doctorado para ver si la academia era un mundo que le pudiera interesar. Rápidamente distinguió que no era para él. Sin embargo, en ese momento las empresas buscaban talento del mundo cuantitativo: físicos, ingenieros y matemáticos, así que tuvo el privilegio de comenzar como becario durante un verano en Deutsche Bank, el banco líder de Alemania con más de 150 años de historia. Al término de este periodo le ofrecieron una oferta de tiempo completo. David era tan sobresaliente en este trabajo que decidió concluir primero sus estudios y el banco le guardó esta oferta hasta el año siguiente.

Era 2007 y, recién graduado, David emprendió un nuevo camino hacia Nueva York, en donde él dice que comenzó su verdadera carrera profesional: el verdadero mundo financiero. Un mexicano de 21 años que trabajaba en uno de los bancos más importantes de Estados Unidos. En un ambiente neoyorquino que él define como agresivo, pero que abunda en inteligencia. Como todo un principiante, le tocó vivir desde que lo mandaban por el lunch, se quedaba en las noches haciendo los modelos y reportes, saliendo de trabajar tarde y entrando al día siguiente antes de las seis de la mañana. Esta experiencia lo forjó para trabajar en ambientes intensos, donde la información y el constante modo de alerta se respiraba en el aire casi 24 horas al día, los siete días de la semana.

Menciona que estuvo en el equipo que apostó por la caída de las crisis hipotéticas *subprime*, una crisis financiera causada por la desconfianza crediticia que se extendió inicialmente por los mercados financieros de Estados Unidos y fue la principal alarma que puso en el punto de mira a las hipotecas "basura" de Europa desde el verano de 2007 y que tuvo repercusiones en 2008 (CMF Educa, s. f.). "Es increíble, porque ya hay incluso una película sobre eso", dijo refiriéndose a *La gran apuesta*.

Su crecimiento fue inminente, hasta llegar al grupo que atendía la región de Latinoamérica. Ahí comenzó a ver transacciones y proyectos sobre todo en México y Brasil. Sin embargo, por más interesante que estuviera el trabajo y el promitente futuro que tenía dentro de Deutsche Bank, una idea se comenzó a colar por su mente: dejar todo y regresar a su país, México. "Entendí que podía seguir creciendo como banquero, que vivía en una de las mejores ciudades del mundo, pero quería dejar un pequeño granito de arena en el trabajo, sentí que había aprendido algo, ese algo necesitaba ser llevado hacia México".

Por más romántico que suene, el proceso no fue del todo rápido. Esta crisis de 2008 en Estados Unidos provocó un problema de liquidez a la banca. De la noche a la mañana equipos completos desaparecían y todos los días volvía a suceder. Quedaban muy pocos dentro del equipo y, aun siendo jóvenes, tuvieron que responder ante todas las adversidades. Incluso durante un corto tiempo fue adquiriendo más responsabilidades. A pesar de ello el sentimiento de querer crear algo en México no se iba. Era como un deseo que se encontraba ahí, pero necesitaba una señal, y jamás pensó que esa sería un libro.

Por recomendación de Sebastián Tonda, un amigo cercano y CEO de Flock, una de las agencias de marketing digital líderes en México, llegó a sus manos *Abundancia: El futuro es mejor de lo que piensas* (2012), de Peter H. Diamandis y Steven Kotler. El primero es un ingeniero aeroespacial de la NASA y uno de los fundadores de Singularity University con Raymond Kurzweil, director de Ingeniería en Google y experto en Ciencias de la Computación e Inteligencia Artificial del MIT. Singularity (s. f.) se destaca por ser un centro de estudios e investigación no convencional. Fundada en 2008, ha logrado reunir a algunos de los mejores cerebros del mundo desde su existencia. Es reconocida como la universidad de la innovación de Silicon Valley y va más allá de la concesión de títulos convencionales, ya que no los otorga. Su principal objetivo es proporcionar a los talentos las tecnologías más modernas para hacer realidad sus proyectos. Ubicada en el Centro de Investigación de la NASA en Silicon Valley, cuenta con miembros de 119 países y más de 431 iniciativas de impacto. Su comunidad está formada por emprendedores, empresas, organizaciones de impacto, gobiernos, inversionistas e instituciones académicas que impulsan cambios positivos en diversas áreas como la salud, el medio ambiente, la seguridad, la educación, la energía, los alimentos, la prosperidad, el agua, el espacio, la resiliencia ante desastres, el refugio y la gobernabilidad.

El libro presenta una visión optimista y audaz del futuro respaldada por una investigación exhaustiva. La idea principal es cómo podremos satisfacer y superar pronto las necesidades básicas de cada individuo del planeta. El texto explora cómo cuatro fuerzas poderosas, como las tecnologías en crecimiento exponencial, están conspirando para resolver los problemas más urgentes de la humanidad. Desde la escasez de recursos básicos como el agua y los alimentos, hasta los avances en salud, energía, educación y libertad, los autores documentan los avances de numerosos innovadores que están llevando a cabo cambios significativos en cada área. Gracias a su lectura, por primera vez David entendió cómo muchas tecnologías iban a cambiar el mundo.

"Deja de lado por un momento el mundo financiero y permítete explorar nuevas oportunidades", fue el consejo que Sebastián le dio a David. Así, en octubre de 2012, decidió aventurarse hacia Silicon Valley y participar en un programa de 10 días de Singularity University. En aquel entonces apenas se hablaba de las tendencias que ahora son parte de nuestra vida cotidiana: impresión en 3D, inteligencia artificial, el futuro de la medicina, biotecnología, reconocimiento facial, entre otras. "El campus estaba medio abandonado cerca de Google, era peculiar pero fascinante".

David, acostumbrado al bullicio del mundo financiero y corporativo de Nueva York, se sintió desorientado al principio. Silicon Valley resultó ser un ambiente totalmente distinto: la colaboración predominaba sobre la competencia. En lugar de rivalidad, veía a personas dispuestas a ayudarse entre sí, creando un ambiente de cooperación que contrastaba con lo que estaba acostumbrado a experimentar. Conocer el mundo del emprendimiento hizo que esa idea que llevaba atravesada en la mente desde hace tiempo comenzara a florecer cada vez más.

Regresando a Nueva York, tuvo un buen año, recibió dos grandes ofertas para trabajar en otros bancos con mayores responsabilidades. Comenzaría el 2013 con un nuevo empleo, pero ese pensamiento ya no florecía, sino que lo atormentaba: dejar todo y regresar a México. No fue hasta una conversación que tuvo con su esposa, Marijo, que ella misma le comentó que no lo sentía muy cómodo con la decisión que había tomado. Se detonó una charla interesante en la que David llegó a la conclusión de que no le emocionaba su nueva oferta laboral. Fue ella la principal motivación para que ambos tomaran la decisión de enfrentarse juntos a retos desconocidos. Al día siguiente, David se presentó en su nuevo trabajo para rechazar la oferta que tenía en puerta. En mayo de 2013, con muchos miedos, pero ganas de iniciar algo nuevo, se mudaron a la Ciudad de México.

Al momento de contar esta anécdota a David le brillaban los ojos. Un recordatorio poderoso de que detrás de cada éxito empresarial hay historias de amor, confianza y apoyo mutuo que merecen ser reconocidas.

En el momento en el que David decidió regresar a México había pocas *startups*, no abundaban los fondos de *venture capital* en nuestro país, no existían herramientas y "no se acostumbraba a invertir en ideas". "No estaba padre tener una *startup*, la palabra *FinTech* nadie la conocía, en México estaba comenzando a nacer en esa época". El único recurso que tomó fue leer un libro de metodología que le enseñó que el lanzamiento de una compañía debía ser comparado a un experimento científico, en donde vas haciendo pruebas y validando tus hipótesis. Al ser una persona que viene de las ciencias exactas esto le hizo sentido.

Sin embargo, comenzaron algunos de los días más difíciles que él había vivido en toda su carrera profesional, pues experimentó un *shock* cultural durante su proceso de adaptación a una nueva ciudad y cultura a la que no estaba acostumbrado. Encima, desconocía cómo constituir una empresa. Pero David decidió darle la vuelta y ver los retos como oportunidades y a partir de ahí comenzar a construir lo que no existía y se creía imposible. Era una persona más tratando de lograr el sueño americano, pero en su tierra de origen.

México, ¿qué pasa con el financiamiento hacia las empresas?

De acuerdo con las cifras proporcionadas por el Instituto Nacional de Estadística y Geografía (Inegi), al cierre del año 2023 se calcula que existen aproximadamente 4.9 millones de pymes en el territorio nacional. Contribuyen con 72% de los puestos de trabajo y aportan 52% al producto interno bruto (PIB) del país (DocuSign, 2023). Según el Censo Económico 2019, las microempresas, que tienen hasta 10 trabajadores, representan 94.9% de todos los establecimientos en el país. Además, junto con las pequeñas y medianas empresas, las mipymes abarcan 99.8% del total de unidades económicas en México. Son las que más generan fuentes esenciales de empleo: ocho de cada 10 en el país (Peña, 2023).

Sin embargo, a pesar de su importancia, solo 11.4% de las pymes ha accedido a algún tipo de financiamiento (DocuSign, 2023). Según la Encuesta Nacional de Financiamiento de las Empresas (Enafin) 2018, 76% de los negocios no solicitó un financiamiento principalmente por los altos costos y complicados trámites que tienen que realizar para acceder al crédito. Además, apenas 27.8% de las empresas había indicado que no contaba con historial crediticio y ese fue el primer motivo de rechazo para el financiamiento de sus empresas.

Aunque suene dramático, un crédito para las pymes puede ser la diferencia entre sobrevivir o desaparecer. Según revela un informe de la Asociación de Emprendedores de México (ASEM), en el año 2022, más de 35% de los empresarios mexicanos que decidieron cerrar sus negocios de manera permanente señalan la insuficiencia de recursos financieros como la causa principal de su quiebra. Esta falta de recursos económicos les impidió cumplir con los compromisos establecidos tanto con proveedores como con clientes (Hernández, 2022).

Según un estudio realizado por Konfío, en las empresas existen dos tipos de recursos: capital y financiamiento. Hay que tener en cuenta que para una empresa el capital genera valor a largo plazo, mientras que el crédito genera valor inmediato. Como el capital suele ser muy caro e implica un arduo trabajo conseguirlo, el financiamiento se vuelve una mejor herramienta.

Al respecto el gobierno federal ha hecho algunos esfuerzos. Por ejemplo, el Fondo de Apoyo para la Micro, Pequeña y Mediana Empresa (Fondo Pyme) es un instrumento enfocado en las empresas, en particular en las de menor tamaño y en los emprendedores. Su fin es promover el desarrollo económico nacional a través del otorgamiento de apoyos de carácter temporal a programas y proyectos que fomenten la creación, desarrollo, viabilidad, productividad, competitividad y sustentabilidad de las micro, pequeñas y medianas empresas, nuevos emprendedores, empresas gacelas y empresas tractoras.

Sin embargo, en 2023 se comunicó que el apoyo a las pymes reduciría un 66% el monto asignado para la dependencia en la partida de micro, pequeñas y medianas empresas productivas y competitivas. Un año más tarde las pymes tienen la opción de contar con créditos simplificados con el Proyecto de Presupuesto de Egresos de la Federación (PPEF) y está contemplando 10 mil millones de pesos anuales para las pymes mexicanas (Meza, 2023).

Nacional Financiera (Nafin) (s. f.) desempeña un papel crucial en el respaldo a las pequeñas y medianas empresas (pymes) a través de su programa conocido como Finanzas para Pymes. Este programa tiene como objetivo fortalecer a las pymes mediante su participación en contratos de obras y provisión de bienes y servicios, así como mejorar su capacidad de garantía con las instituciones de fianzas asociadas. Está diseñado específicamente para beneficiar a microempresas, pequeñas y medianas empresas, así como a personas físicas que operan negocios, siempre y cuando tengan un contrato vigente para proveer bienes, servicios u obras públicas para la Administración Pública Federal, Empresas Productivas del Estado (EPE) y sus subsidiarias.

En 2024 se anunció también una alianza entre Nafin y el Banco Nacional de Comercio Exterior (Bancomext) para lanzar el Programa de modernización de maquinaria y equipo para pymes con recursos de hasta 36 millones de pesos. El objetivo es apoyar a pymes que quieran adentrarse en el mundo del *nearshoring* por medio de la adquisición de maquinaria. Los líderes empresariales y de grupos emprendedores esperan que con el cambio de administración en México se respalde nuevamente al sector emprendedor (Meza, 2023).

El poder de la confianza

Fueron estas estadísticas las que hicieron que David encontrara una gran área de oportunidad para emprender en algo que tuviera que ver con el apoyo hacia estas pymes. Con poco presupuesto e invirtiendo sus ahorros, empezó a construir los cimientos de Konfío. Consiguió armar la plataforma con desarrolladores de la India, pero la diferencia de horarios y liquidez disponible hacían que avanzara lento.

David tenía a su favor el haber trabajado para uno de los bancos más importantes, el dinero que había ahorrado durante su trayectoria profesional en Estados Unidos y la disciplina que lo caracteriza. Ello fue clave para continuar cuando el panorama no pintaba bien. "Pedí ayuda por todas partes, en la parte legal y fiscal, yo sentía que podía rodearme de personas que me podían enseñar y despertó un sentimiento de: YO CONFÍO, en mi capacidad de pedir ayuda y rodearme de personas que saben mucho más, porque tengo hambre de hacer un cambio".

Toda su experiencia en la banca estadounidense y, sobre todo, cuando formó parte del grupo de Latinoamérica le hizo entender que las pymes eran las principales grandes fuentes de empleo y PIB de muchos países. Aunque individualmente puedan parecernos como "chiquitas" o "simples", en conjunto constituyen una parte significativa de la economía mexicana.

Entonces se le atravesó en su camino un mensaje de LinkedIn de un viejo amigo que aún residía en Nueva York. Francisco Padilla se encontraba preocupado por David, pues creía que algo malo le había pasado en su antiguo trabajo. Por Skype, Arana le contó que estaba intentando emprender en México y Paco le dio su retroalimentación. David confiesa que "necesitaba a alguien que le dijera que estaba loco", pues aunque solía contarles a amigos, familiares y recibía mucha motivación, creía que estas venían solamente por muestras de cariño, sin entender en realidad la visión de Konfío. Padilla ofreció sumarse como cofundador para ayudarle y decidieron construir la empresa juntos.

Los primeros años fueron duros, muy rudos. Trabajaban de lunes a domingo sin descanso, unas 20 horas al día aproximadamente. Los conocimientos de Paco se enfocaban en la tecnología y los de David en el sector financiero. Así que unieron fuerzas y aprendieron uno del otro. El primero le enseñó al segundo a programar; a pesar de que fue difícil convencerlo, David estaba seguro de que podía aprender porque confiaba en su capacidad y sus bases matemáticas. Así, Paco se encargó de construir el *back end*, "el cerebro de Konfío", y David de toda la parte de experiencia de usuario, lo que para él era más sencillo de aprender.

El unicornio que ayuda a las empresas a crecer

El desarrollo de la plataforma comenzó a mediados de 2013 y fue lanzada en enero de 2014 con un primer cliente. Sería un microempresario que recibió 10 mil pesos de crédito para impulsar su papelería, financiado con los ahorros de ambos fundadores. Al mismo tiempo, seguían resolviendo la parte legal y de marketing, consiguiendo proveedores y todo lo que involucra constituir una empresa de manera formal. Confiesa David que cuando comenzaron a hablar con proveedores estos les preguntaban: "Perfecto, y ¿qué volumen traes actualmente?", a lo que David respondía: "Ninguno, somos cero, pero creceremos". Entre risas dice: "Nadie nos pelaba, nos tocaba vender el sueño, la posibilidad con todo el mundo, porque de verdad nadie nos recibía".

Así lo hicieron y consiguieron que Konfío funcionara como plataforma aun sin inyección de capital. En el momento en el que se dieron cuenta de que había interés de usuarios pensaron en el primer problema: no van a tener los recursos y su materia prima es el dinero. Ahí tuvieron que salir a buscar inversionistas, *venture capital* y deuda. Ambos desconocían un poco ese mundo, así que les tocó aprender y equivocarse. David en un inicio se consideraba malo para el tema de *fundraising*. Pero ¿cómo puedes comenzar a levantar capital cuando nadie te ha enseñado a hacerlo? Por un consejo de un amigo del ecosistema emprendedor entendieron que tenían una comunidad y una problemática que se estaba resolviendo y que la falta de recursos era un *commodity*; si se hace bien, lo demás llegará.

Comenzaron a tener reuniones con distintos inversionistas que comenzaban a sonar en ese entonces en la Ciudad de México y Latinoamérica. Con mucha ilusión acudían a una reunión y desafortunadamente los rechazaban. David confiesa que escuchar constantemente un "tu proyecto no va a funcionar" es duro a nivel emocional. Pero eso no los frenó ni se iban con las manos vacías, pues recibían mucha retroalimentación. En su lugar decidieron pensar a la inversa: en este momento nos están diciendo que no, pero estamos recibiendo *feedback*, así que comenzaron a ver esas reuniones que terminaban en rechazos como una asesoría gratuita con inversores de alto nivel. Tomaban los *insights* y los aplicaban a su proyecto y luego regresaban con los mismos inversionistas a mostrar los cambios que aplicaron. En estas idas y venidas llenas de rechazos y críticas constructivas se fue construyendo no solo lo que es Konfío hoy, sino también relaciones de confianza con jugadores clave, pues demostraron no nada más la pasión que sentían en lo que hacían, sino que verdaderamente estaban resolviendo una problemática importante en México.

Entre 2014 y 2016 comenzaron oficialmente a levantar su inversión y para mayo del último año tuvieron su primera ronda de *non-equity assistance* —ocurren cuando una empresa o inversionista proporciona espacios, oficinas y mentoría, pero no obtienen capital a cambio (Crunchbase Product Team, 2021)— con Google Launchpad Accelerator. Días después, literalmente, Konfío estaba anunciando su Serie A, liderada por cuatro fondos de inversión: Quona Capital y fondos como Acción Frontier Inclusion Fund, QED Investors, Kaszek Ventures y Jaguar Ventures (actualmente Wollef Capital). En ese momento había acceso a recursos como de deuda y capital, a buenas condiciones. Ellos los aprovecharon para crecer siempre y cuando estuviera la economía unitaria por cliente, la cual se refiere a los ingresos y costos directos asociados a un modelo de negocios, producto o cliente específico por unidad. También lo invirtieron en talento de alto nivel. De hecho, su propósito como compañía —impulsar a la pequeña y mediana empresa en el país— les permitió atraer a ejecutivos extremadamente bien compensados con mucha experiencia que nunca hubieran podido convencer con sus propuestas económicas, pero decidieron quedarse en Konfío porque existía una alineación muy fuerte con sus objetivos. Por nombrar a algunos, Carlos Arredondo, exvicepresidente de Bank of America y Filiberto Castro, exvicepresidente de Scotiabank México. En consecuencia, el tamaño de la compañía empezó a escalar duplicándose cada tres o seis meses, pues con ellos crecía también el número de clientes y los saldos. Esto, según comenta David, les ayudó a seguir recaudando capital.

Para junio de 2017, habían otorgado un aproximado de 50 mil créditos a pymes en México y en octubre llegó la Serie B. La Corporación Financiera Internacional (IFC) (2017), miembro del Grupo del Banco Mundial, lideró al aportar 3.5 millones de dólares; su área dedicada a las *FinTech* ha invertido más de 300 millones de dólares en el sector alrededor del mundo. Otros inversionistas fueron QED Investors, Kaszek Ventures, Quona Capital y Jaguar Ventures. Esta ronda ayudaría a desarrollar alianzas y movilizar mayor capital para alcanzar aún más pymes en México.

Un año después anunciaron su Serie C por 25 millones de dólares, junto con 60 millones de dólares en deuda; es decir, un total de 85 millones de dólares en capital y deuda combinados. Vostok Emerging Finance (Vostok EF) lideró la ronda de inversión y se unieron los inversores existentes. En 2019 llegaron a la serie D por 100 millones de dólares, con la entrada del grupo japonés Soft-Bank a través de su fondo para América Latina, una inversión más de este prestigioso fondo a una empresa mexicana. En esta ronda participaron nuevamente inversores como QED Investors, Kaszek Ventures y Vostok Emerging Finance. Hasta ese momento Konfío había recaudado más de 400 millones de dólares en capital y líneas de crédito y tenía registrados 850 mil usuarios.

Konfío amplió su enfoque más allá del financiamiento para pymes, incursionando también en el ámbito educativo. En 2019 lanzaron el programa Aula Morada, una iniciativa respaldada por Konfío y Facebook que brinda capacitación a los propietarios de pequeñas y medianas empresas en México. En su primer año, el programa atrajo a más de 320 participantes inscritos y logró expandirse exitosamente desde Mérida hasta Tijuana, cumpliendo así con su objetivo inicial. Otro de sus esfuerzos fue la alianza con Pay-Pal, lo que permitió que los clientes del sistema de pagos en el país pudieran solicitar créditos hasta por dos millones de pesos para el capital de trabajo u otras necesidades de sus negocios. Los plazos iban hasta de 24 meses con una tasa anual de 20% (Pineda, 2019).

En junio de 2021 recibió una inyección adicional de 125 millones de dólares y en septiembre 110 millones. Esta segunda parte de la ronda Serie E fue liderada por Tarsadia Capital y QED Investor. Esta suma de 125 millones completa un total de 235 millones de dólares en capital, lo que llevó a Konfío a alcanzar una valuación de 1 300 millones de dólares y convertirse en unicornio, el cuarto que México veía nacer.

Para David, alcanzar el estatus de unicornio fue sorprendente, pues le recordó todo el camino que tuvieron que atravesar para llegar hasta ahí. Sin embargo, asegura que en ese momento la compañía estaba escalando rápidamente, las cifras se duplicaban, así como el tamaño de la compañía, y afirma que los múltiplos (valuación) no eran algo en lo que Konfío se fijaba para crecer. "Nosotros no lo controlamos ni era algo que buscábamos. En el 2021 los múltiplos eran muy altos, esto hace que muchas compañías comenzaron a valuarse de estas formas, pero para nosotros nunca fue relevante o importante el alcanzar el estatus de unicornio. Simplemente fue algo que sucedió y nuestro objetivo siempre fue y será construir una buena compañía con clientes".

De pasar a brindar un crédito por 10 mil pesos de los propios ahorros de David y Francisco, Konfío hoy es una Sofom que ofrece créditos empresariales, tarjetas empresariales e incluso terminales de pago. El monto aprobado a los negocios solo en crédito alcanza hasta los 21 mil millones de pesos. Han apoyado a más de 75 mil pymes mexicanas, entre ellas las que recibieron un crédito crecieron por encima de 19%, de acuerdo con un estudio de BID Invest conducido entre 2021 y 2022. Uno de sus principales objetivos y planes a mediano plazo es seguir creando alianzas con grandes instituciones que les permitan llegar a todos los rincones del país.

De hecho, un punto que distingue a Konfío de otros unicornios es que no ha tenido ninguna expansión a ningún otro país. En sus planes por el momento no está crecer en otros territorios de la región. La razón es que aún hay mucho trabajo por hacer por las pymes en México y apoyarlas es la prioridad número uno de la compañía hoy en día.

Por primera vez en mucho tiempo los mexicanos tienen una opción segura y eficaz de hacer crecer sus negocios. Por primera vez pueden confiar, con Konfío.

Top de aprendizajes con David Arana

- Utiliza la retroalimentación para crecer. Toma las críticas como información gratuita que está llegando a ti y que te puede ayudar a mejorar.
- Escucha a las personas que te quieren y que te impulsan; nunca sabes quién será la persona que te dará la confianza para creer en ti mismo.
- No tengas miedo de moverte y salir de una zona de confort. Puedes estar 10 años en una industria y de la noche a la mañana moverte a conocer otras; tomará tiempo, pero valdrá la pena.
- Cuando te digan que estás loco o algo es imposible, pero tú crees en ello, recuerda siempre responder: "¡Ni madres!".
- La expansión internacional no es un requisito para ser una empresa reconocida y con crecimiento.
- Nunca te olvides de dónde vienes y hacia dónde vas. Tus raíces pueden ser un impulso para llegar lejos.

9
INCODE TECHNOLOGIES, CONTRIBUYENDO A CONSTRUIR LA CONFIANZA EN EL MUNDO DIGITAL

*"Puedes lograr lo que tú quieras, siempre
y cuando estés dispuesto a pagar el precio".*
—Ricardo Amper, fundador y ceo de Incode

Esta entrevista fue más que una simple conversación sobre negocios, fue un viaje emocional. Cada palabra compartida evocaba la presencia indeleble del padre de Ricardo. Aunque ya no esté presente, las lecciones, los valores y el legado que dejó continúan resonando en cada aspecto de su vida y carrera. Confieso que, entre los profundamente conmovedores relatos sobre desafíos superados y lecciones aprendidas, mis lágrimas brotaron. En cada palabra, en cada recuerdo compartido, sentí la presencia imborrable de su padre. Esto me recordó la importancia de valorar nuestras raíces, nuestra historia, y el impacto que pueden tener en nuestro camino aquellas personas que nos marcarán para siempre. Con la siguiente frase: "Mi padre me dio confianza para soñar y mi madre me mantuvo con los pies en la tierra", Ricardo quisiera honrar su memoria y dedicar este texto a su familia.

No trates de llenar los zapatos de otros, llena tus propios zapatos

Ricardo Amper (2024) tuvo la fortuna, como describe, de haber nacido en una familia de emprendedores: tanto su padre como su madre habían fundado un negocio de químicos, algo alejado a lo que se dedica hoy en día. Desde que tiene memoria respiró en un ambiente de negocios: las conversaciones sobre las próximas decisiones, los problemas que enfrentaban como emprendedores y los retos que día con día iban superando. A sus siete años, el padre de Ricardo le regaló un libro de programación en BASIC y desde ese momento sintió un profundo enamoramiento hacia el mundo de la tecnología. A partir de los 12 años, los padres de Ricardo siempre le pedían que trabajara los veranos en la empresa familiar para que fuera absorbiendo todos los conocimientos básicos desde temprana edad. Llegó a ver temáticas de control de calidad, ventas, cuentas por cobrar, etc. Pero su verdadera pasión en ese entonces era la tecnología.

A los 20 años, su fascinación por el mundo tecnológico lo llevó a crear su primer negocio: un sitio web llamado La Burbuja Networks, que empezó a desarrollar en 1999. Como joven recién egresado de la preparatoria, consideraba el internet de entonces como aburrido. El enfoque de La Burbuja era similar al de Facebook, aunque en ese momento ni siquiera había nacido esta como red social.

Sin embargo, la buena suerte no estuvo de su lado, ya que su lanzamiento coincidió con el estallido de la burbuja de las puntocom en el año 2000, cuando se dio una de las mayores caídas financieras en la historia del mundo tecnológico. A pesar de haber recaudado algo de dinero con este emprendimiento, le tomó tres años de arduo trabajo devolver el 100% de la deuda con sus principales inversores. Aunque fue un fracaso, él recuerda esta primera experiencia como una oportunidad en la que pudo demostrar que siempre hay que persistir y honrar con compromiso a los inversionistas. Además, esta forma de pivotear sería una gran lección más adelante.

En 2004 Ricardo comenzó un negocio con su padre: Amco Foods, una de las primeras bebidas funcionales en polvo en el mercado latinoamericano. Sus principales competidores en ese entonces eran Tang y Clight, pero en el mercado de las bebidas funcionales. Fue extraordinariamente difícil ya que, inicialmente, los expertos en ventas al consumo del equipo comercial llenaron de producto a mayoristas, pero estos no lo vendieron y lo regresaron. Casi quiebra el negocio. Entonces, Amper transformó el método de distribución, con lo que logró colocar su producto en diferentes cadenas de autoservicios. Además, ganó relevancia mediante máquinas para regalar muestras de las bebidas. Tras cuatro de operación, en 2006 la empresa fue adquirida por Grupo Bimbo. Sin embargo, esta historia estuvo llena de muchos errores y aprendizajes, pues casi quiebran el negocio; en sus palabras, gracias a esta adquisición pudieron ganar algo de dinero. No fue mucho, pero la experiencia los marcó y les dio mucha confianza.

Un tema crítico para Ricardo fue la actitud de su padre respecto a los errores. Su padre le decía: "Yo veía que tú estabas cometiendo errores y yo tenía dos opciones: una, podría corregir esos errores y hacer que el negocio fuera un poco mejor; o dos, podía trabajar contigo para aumentar tu confianza y autoestima". En muchas ocasiones el padre de Ricardo callaba para permitir que él mismo cometiera esos errores y pudiera aprender de ellos. En ese entonces Ricardo tenía 27 años de edad.

Después de enfrentar los desafíos y aprendizajes de sus primeras incursiones en el mundo empresarial y concluir con sus compromisos con Bimbo, Ricardo estaba listo para ahora sí retomar su sueño de ir a Silicon Valley para estudiar un MBA en la Universidad de Stanford. Sin embargo, este paso no fue fácil, pues había empezado a trabajar desde la universidad y por crear laburbuja.com había sacrificado sus resultados académicos. Para ser aceptado, Ricardo tuvo que dedicar dos horas diarias durante un año para que su score de GMAT fuera extraordinario y así eclipsar su bajo promedio de la universidad. Este logro representaba un momento emocionante en su vida, lleno de expectativas y nuevas oportunidades.

No obstante, esta emoción se vio ensombrecida cuando recibió la noticia de que a su padre le habían detectado cáncer. Fue un golpe devastador para Ricardo y su familia. De repente, el futuro prometedor que se avecinaba se vio eclipsado por la preocupación y la angustia. La lucha contra la enfermedad de su padre se convirtió en una prioridad absoluta y eclipsó sus planes académicos y profesionales. Para Ricardo, fue un momento de gran dolor y reflexión, donde tuvo que postergar sus planes por los que tanto había trabajado y esperado, pero le era más doloroso saber que a su familia le pudiera faltar su presencia en estos momentos. Y fue así como por segunda vez se recalculó la dirección de su vida y sacrificó sus ambiciones personales con sus responsabilidades familiares.

Su padre fue a tratarse a Estados Unidos, así que de un día para otro dejó el negocio de químico. Ricardo, con valentía y sin saber mucho del negocio, decidió dejar el MBA para dirigir la empresa y que su padre pudiera concentrarse en su salud. En tres horas el padre de Ricardo le explicó o básico que tenía que saber para operar la empresa. Sin embargo, un proceso de quimioterapias y operaciones médicas no era el momento ideal para acercarse a preguntar dudas y decirle: "No entiendo nada", pues era un negocio muy técnico, así que poco a poco tuvo que ir entendiendo cómo operar un negocio desde cero. Además, Ricardo nunca había tenido interés en formar parte, pues su pasión estaba puesta en otras temáticas. Este ha sido uno de los retos más grandes en su vida personal y profesional.

Aunque siempre le había fascinado ver a su padre dominar el arte de los negocios y ver cómo atendía a sus clientes con su típico toque personal y humano, como cuando recordaba sus cumpleaños o inclusos sus aniversarios de casados, el negocio era un mundo desconocido para él. Aunque vender nuez moscada y aceite esencial de rosas africanas pudiera sonar exótico y digno de una novela de un mercader de tiempos remotos, requería años de conocimiento en la industria y un gran control financiero, ya que debía financiar grandes cantidades de inventario.

A los seis meses, el padre de Ricardo falleció. Esta pérdida y dolor familiar fue acompañado de la crisis económica. El negocio de la familia estaba en un periodo de transición delicado, pasando de representar a empresas europeas a producir sus propios productos en China. A pesar de tener una gran marca, un sólido crédito comercial y el apoyo de gente clave en la industria la situación financiera del negocio era precaria. "La empresa noo estaba bien económicamente", admite Ricardo y, al recordar los días de incertidumbre y desafíos financieros que tuvo que enfrentar, reflexiona: "Me tocó darle la vuelta". No había otra opción, su familia contaba con ello.

Mientras luchaba con la pérdida de su ser querido, también enfrentaba el desafío de mantener la intensa conexión emocional que tenía con su padre. "Yo era muy cercano a mi papá", admite con sinceridad. "En vez de que el trabajo me sirviera para relajarme y distraerme un poco, pues como no sabía de nada, me hablaba alguien y lo que yo podía hacer era checar los correos electrónicos de mi papá para ver quién era esa persona". Toda su vida y la de la empresa ahora giraba en torno a preguntarse cómo lo hubiera hecho su padre y por qué él lo estaba haciendo de una manera tan diferente. Aun así, su madre, la dueña y presidenta del consejo, confió en él.

Ricardo se propuso trabajar con toda su fuerza para cuidar el legado que tanto su padre como su madre habían construido, y asegurar que esta última estuviera segura financieramente. En algún momento se pensó en contratar un director externo, pero Ricardo le dijo a su madre: "no seré la persona más experimentada, pero nadie trabajará tan duro como yo".

Con la necesidad que Ricardo sentía para entender la empresa de su familia, pensó que, si podía por lo menos convertir todo a números y crear sistemas que le ayudarán a tomar las mejores decisiones a él y a sus colaboradores, podrían predecir cuestiones como las necesidades de inventario y hacia dónde iban los precios de estos productos. Eventualmente fue involucrando a personas que no tuvieran los conocimientos técnicos del negocio, pero sí eran buenos en números. Así la empresa se convirtió en una de tecnología enfocada en Big Data, como un "microAmazon" de químicos. Gracias al involucramiento de la tecnología, por la que Ricardo siempre sintió pasión, en tres años pasaron de tener el peor año de su historia, a finales de 2011, a gozar uno de los mejores años que la empresa había tenido desde su nacimiento.

Cuando su padre estaba en sus últimos días, le dio varios consejos y uno de ellos fue: "No trates de llenar mis zapatos, llena tus propios zapatos". Estas palabras resonaron siempre en él. A pesar de las constantes comparaciones con su padre, a quien consideraba su mejor amigo y mentor, y a quien admiraba profundamente, había encontrado una manera de manejar y adaptar el negocio con su estilo y visión única. Ricardo entendió que tenía que abrazar su singularidad y confiar en sus propias habilidades y fortalezas. Al entender que, además, el negocio no se alineaba con sus aspiraciones a largo plazo, él y su familia tomaron la decisión de vender la empresa en un proceso competitivo. Brenntag, una de las empresas líderes en distribución de químicos a nivel mundial, con un valor de mercado de 14 billones de dólares adquirió Amco.

A Ricardo le tomó muchos años regresar a lo que realmente le apasionaba: la tecnología. "No tuve mi maestría en Stanford, pero tuve mi doctorado en la calle. Es algo que me dolió, pero al final valió la pena". Tras un seis meses sabáticos en los que tomó varios cursos en Harvard y Wharton, Ricardo partió a San Francisco para encontrarse con nuevas oportunidades y aprender más sobre tecnología. En sus palabras: "La tecnología es de las pocas industrias en donde la inexperiencia puede ser una fortaleza y en donde las barreras de entrada pueden ser bajas en comparación a otras". Ahora sí, nueve años después de haberse querido ir a la maestría por primera vez, era ese su momento de retomar sus sueños y arrancar un emprendimiento, tal cual como pensaba que hubiera hecho saliendo de la maestría.

Pivotar es evolucionar

En 2015, Ricardo fundó Incode como una empresa de aplicaciones de fotografía. Su primer producto se llamó Flashback y se basaba en una idea que no tiene nada que ver con el mundo de la identidad, que es a lo que se dedican actualmente. ¿Cuántas personas no tienen fotos tuyas en su carrete que nunca te han mandado? La idea principal era una *startup* de reconocimiento facial para compartir fotografías. El enfoque de Ricardo siempre fue la privacidad, la cual considera hoy en día un factor muy importante.

Como fundador principal, Ricardo contrató a su cofundador Jovan Jovanovic, un genio de la computación con maestría en matemáticas de origen serbio que vivía en Belgrado. Posteriormente se unieron otros dos cofundadores: Alex Golunov, un ruso experto en reconocimiento facial e inteligencia artificial que fundó el equipo de Aprendizaje de máquina, y Marianna Amper, hermana de Ricardo —quien previamente llevó finanzas para Amco Foods y creó el equipo de administración y finanzas, legal y compliance— para sumar fuerzas al equipo de finanzas. El equipo fuerte, con buena cultura y experiencia previa en creación de productos, fue clave en el arranque de Incode.

Ricardo había apostado todos sus ahorros en el proyecto, todo lo que había juntado de negocios anteriores, para ser el primer inversionista de Incode. Para su suerte, Apple lanzó en 2017 su herramienta de FaceID y comenzó a aparecer en las principales conversaciones, con lo que empezó a normalizarse. Apple se puso en contacto con ellos para que aparecieran con Tim Cook, CEO de Apple, en el *keynote* de sus lanzamientos. Durante dos meses trabajaron con Apple para poder migrar esa tecnología al entorno Apple. Al final, no estuvieron con el CEO, pero fueron parte de un *roadshow* ("rueda de prensa") con todos los medios. Mostraron cómo Incode, una *startup* pequeña con 10 personas, estaba desarrollando inteligencia artificial para un celular. Tras esta gran experiencia lanzaron su producto al mercado.

Las redes sociales eran la fuente de información y aprendizaje para detectar quiénes eran tus contactos y cuáles eran las caras de tus amigos, y con base en ello poder enviarte las fotos. Cuando de pronto sucedió un escándalo que hizo que cambiaran todos sus planes de la noche a la mañana…

Conocido como "El gran hackeo", salió a la luz que Cambridge Analytica había recopilado datos de millones de usuarios de Facebook sin su consentimiento, en su mayoría para ser utilizados en campañas de propaganda política. Todo comenzó a través de una aplicación llamada This Is Your Digital Life ("Esta es tu vida digital"), que supuestamente ofrecía una evaluación psicológica a los usuarios. En total, se estima que recopiló datos de hasta 87 millones de perfiles de Facebook y luego fueron utilizados por esta empresa con sede en Londres para proporcionar asistencia analítica a campañas políticas, incluyendo las de Ted Cruz y Donald Trump durante las elecciones presidenciales de 2016 en Estados Unidos. Ello puso de manifiesto las serias preocupaciones sobre la privacidad de los datos en línea y el potencial abuso por parte de empresas y entidades políticas. También llevó a un aumento en la atención pública sobre la importancia de la regulación y protección de la privacidad en el ámbito digital (Confessore, 2018).

Tras estos escándalos, Facebook se volvió más estricto con sus aplicaciones y el equipo de Incode se dio cuenta de que era muy difícil mantener un crecimiento sostenible con una aplicación que compartía fotos de manera privada. Entonces las cosas comenzaron a complicarse. Tenían aproximadamente un flujo de tres meses antes de terminarse el dinero de la primera inversión. Comprometió su seguridad financiera personal para impulsar sus proyectos aun sabiendo que el riesgo de perderlo todo era una posibilidad muy real. Así que aquí comenzaron las primeras conversaciones acerca de *pivotar*.

Esta palabra no es otra cosa que cambiar la estrategia de negocio cuando algo no funciona como debería. Es tan simple como eso, aunque muy complicado de poner en práctica con garantías de éxito. Es un arte para cualquier empresa. El término se encuentra relacionado directamente con el baloncesto porque viene del concepto *pivot*: cuando un jugador del baloncesto gira sobre un pie para hacer cambio de posición normalmente para buscar un ángulo más seguro donde pueda conectar la jugada.

La mayoría de las grandes empresas de tecnología que conocemos en la actualidad ha tenido por lo menos uno o dos pivotes. Por ejemplo, YouTube, que en sus inicios estaba construido para funcionar como una aplicación en video para conseguir citas. Con el tiempo notaron que estos mismos usuarios utilizaban la plataforma para subir y compartir videos por internet, pero de todo tipo. Otra historia es Netflix, que comenzó como un servicio de alquiler de DVD por correo, pero luego pivotó hacia una plataforma de transmisión de video en línea ahora conocido como *streaming*. Y así podemos encontrar miles de giros en el mundo de las startups basados en tendencias. Para entender mejor este proceso recomiendo ver el cómico episodio "Proof of Concept" de la temporada dos de la serie *Silicon Valley*.

Cuando estaban en su proceso de *pivot*, los contactó un banco brasileño que estaba interesado en entender cómo comenzar a utilizar reconocimiento facial para la banca. No era solamente una mágica idea que había aparecido, ellos entendían que antes de este llamado los habían investigado y comenzaba a nacer la tendencia. Estamos hablando del periodo 2017-2018, cuando hablar de inteligencia artificial y validación de identidad no era algo muy común, pero para ese entonces Incode tenía uno de los mejores motores de reconocimiento facial del mundo. De hecho, según un estudio del gobierno de Estados Unidos (Amper, 2024), Incode se encuentra dentro de los top 20 en varias categorías de tecnología, como *computer vision* e inteligencia artificial, al incluir verificación de edad, reconocimiento facial y prueba de vida. Este acercamiento los hizo entender que había una vertical muy valiosa en la validación de identidad.

Al mismo tiempo, en México estaba aprobándose una ley en esta línea. Para poder abrir cuentas bancarias de manera remota y no tener que asistir a la sucursal tenías que comprobar que eras una persona viva escaneando tu rostro y que la credencial fuera genuina, algo muy parecido a lo que hacía Incode. Además, el mundo financiero empezaba a necesitar estas tecnologías. No por nada su primer cliente oficial fue Banregio, y el segundo Citibanamex. Pero para ganar la licitación compitiendo con 16 empresas a la par pasaron cosas muy interesantes.

Al ser una *startup*, el reto era gigantesco; no los creían capaces y les decían: "eso déjaselo a IBM, déjaselo a HP". Sin importarle, Ricardo insistía, insistía e insistía. Como concesión, el equipo de Citibanamex, les dio a Incode 10 días para crear algo insólito: una aplicación web que se comportara como una aplicación móvil, un primer MVP (*minimum viable product*), una primera versión de todo el producto. Durante ese lapso de ingeniería, liderado por Jovan, el equipo trabajó sin dormir —algo no muy saludable, reconoce Ricardo— y presentaron a Citi lo que estaban buscando, lo que ninguna de las otras empresas pudo conseguir. Pasaron la primera prueba, pero cada 15 días tenían que llevar una nueva versión.

Por otro lado, un equipo de ejecutivos de Citibanamex creyó en Incode, entre ellos Juan Guerra, un exemprendedor que entendía perfecto por lo que estaban pasando en Incode, Rodrigo Kuri, David Hernández, Marilú Peña, Iván Tecla y otros. Finalmente, los resultados confirmaron su apuesta, pues ganaron la licitación con una calificación de 94/100, la más alta por mucho con una diferencia con el segundo lugar de 23 puntos. "No ganamos por tener un producto, ganamos por tener el mejor producto", dice Ricardo orgulloso.

Para que pudieran firmar el contrato, el cual demoró más de un año, Marianna tuvo que convencer a seis aseguradoras de respaldarlos en caso de que hubiera un tema de ciberseguridad. Citibanamex firmó el contrato y confió en ellos, aun siendo la empresa más chica. En ese entonces Incode aún no había recibido inversión de capital por ningún inversionista externo (interno solo Ricardo). En total, los ángeles que participaron invirtieron 450 mil dólares.

Incode se siente orgulloso de pivotar. Ricardo considera que los únicos *pivots* exitosos en las *startups* son aquellos que poseen estas tres características fundamentales: un equipo altamente competente, una cultura empresarial sólida y experiencia previa en la creación de productos o servicios exitosos. Él está muy agradecido con el trabajo fuerte y los sacrificios que hicieron sus integrantes y sus familias.

Si te rechazan 98 veces, intenta 99

Como pionero en esta tecnología y esta serie de innovaciones les permitió destacar rápidamente e ir ganando mercado en México y América Latina. La voz comenzó a correrse orgánicamente y comenzaron a trabajar con bancos muy importantes, sobre todo en el sector *FinTech*. Por ejemplo: Banorte, Ualá, Clip, Konfío, NuBank, HSBC, entre otros. Esta tracción con grupos grandes comenzó a generar mucha confianza. Al mismo tiempo, hizo que los grandes inversionistas pusieran sus ojos sobre ellos. "La gente tomó el riesgo de irse con una *startup*".

La tecnología de Incode fue un cambio total para la industria, pues añadió rapidez, eficiencia y efectividad en un momento crítico. Durante la pandemia de covid-19, el mercado necesitaba soluciones para abrir cuentas bancarias de forma remota y solicitar créditos en línea, y la tecnología de Incode llegó en el momento perfecto. Esto permitió a los negocios escalar sus operaciones de forma segura, aumentar la confianza y reducir el fraude. En consecuencia, al transformar la forma en que las empresas verifican la identidad en el mundo digital, Incode contribuyó a la recuperación económica.

Tras cerrar el contrato con Citibanamex en México, lograron su primera ronda de inversión con DILA Capital, una firma de *venture capital* con sede en la Ciudad de México, fundada y dirigida por Alejandro Diez Barroso y Eduardo Clavé. Esta ronda de etapa semilla atrajo a varios inversores destacados a nivel mundial. El entusiasmo de Citi por trabajar con Incode quedó claro cuando acordaron pagar una parte de las licencias por adelantado, lo cual, junto con el dinero de esta primera ronda impulsó significativamente el crecimiento de Incode (LAVCA, 2019).

Desde el principio, Ricardo Amper decidió establecer Incode en San Francisco, cerca de Palo Alto, donde se encuentran la mayoría de los fondos de *venture capital*, con la visión de estar en el corazón del ecosistema tecnológico. Cuando llegó el momento de buscar capital, Ricardo se enfrentó a un total de 98 rechazos consecutivos, pero perseveró, consciente de que para que Incode tuviera éxito necesitaba rodearse de socios estratégicos que aportaran no solo capital, sino también experiencia y valor al negocio.

Dedicar tiempo a estudiar cada fondo, comprender su tesis de inversión y encontrar a las personas adecuadas para acercarse fue crucial para su enfoque. Mientras Incode crecía con ventas reales, números sólidos y una operación rentable, Ricardo refinó su estrategia en cada reunión, aprovechando la retroalimentación de los inversionistas. Asimismo, se sumó al equipo Jesse Franklin, un experimentado emprendedor e inversionista, quién jugó un rol crítico en el levantamiento de capital de ambas series y en el futuro de Incode. Finalmente, fue hasta el intento número 99 cuando recibieron su primer *term sheet* para su Serie A.

A inicios de 2021, según Amper (2024), la *startup* anunció su Serie A por un monto de 25 millones de dólares. Esta ronda de financiamiento fue liderada por el fondo inglés DN Capital y por el estadounidense 3L Capital. Contó con la participación de Framework Ventures, Walter Ventures, FJ Labs y DILA Capital. Esta ronda sería utilizada para llevar su tecnología de validación de identidad a más empresas en Estados Unidos y Europa.

Pasaron siete meses cuando Incode se encontraba levantando una nueva ronda de capital en Serie B por 225 millones de dólares, lo que le otorgó a la compañía una valoración de 1 250 millones de dólares, con lo que alcanzaron el estatus de unicornio. Una parte clave fue el trabajo de Marianna ya que había creado solidez en la administración de Incode de manera que pasó un due diligence muy complejo de manera extraordinaria.

Esta última ronda de inversión fue liderada por los inversores estrella General Atlantic y SoftBank, con inversiones adicionales de las instituciones financieras de primer nivel JP Morgan, Capital One Ventures y Coinbase Ventures. La recaudación de fondos la completó SVCI (Silicon Valley CISO Investments), grupo de más de 50 CISO de tecnología líder que están uniendo fuerzas y fondos para invertir en la próxima generación de innovación en ciberseguridad, y los fundadores de dLocal. Asimismo, participaron otra vez DN Capital, 3L Capital, Framework Ventures, Dila Capital y otros. Para ese entonces Incode había verificado hasta decenas de millones de identidades y contaba con operaciones en Estados Unidos, México, Canadá, Colombia, Brasil, Argentina y Reino Unido. Incode estaba creciendo mucho y muy rápido, los múltiplos estaban creciendo también y había mucho interés por la empresa, ya que era la industria la que también crecía a la par. "Eso fue lo que hizo que la empresa tuviera una valuación muy alta".

De acuerdo con Ricardo, más allá de la valuación, la clave fue la calidad profesional y humana de los inversionistas. Esto hizo que se formara un consejo de administración extraordinario, socios que trabajan mano en mano con el equipo de Incode, y está siendo una clave del crecimiento exponencial de la empresa.

Ricardo es una persona que prefiere mantener un perfil muy fuera del ojo público. Hasta ese entonces no había tenido aparición en las noticias y tampoco gustaba del sentimiento de "presumir" que eran unicornio. No obstante, se dieron cuenta de que adoptar este término tenía una parte positiva: elevar su perfil como empresa y como fundador. Ello ayudaría a cumplir su objetivo de mantener el crecimiento y hacer cambios. "El término de los *unicornios* nos demuestra que hay un ecosistema de inversionistas interesados en hacer crecer. Esto es muy similar al sueño americano, en donde si tienes una buena idea, eres trabajador y talentoso, puedes conseguir apoyo y crecer. Ojalá muchos mexicanos entiendan que hoy en día hay más oportunidades que nunca para mucha más gente de la que había antes, donde solamente antes las grandes familias tenían la oportunidad de invertir, ahora es una democratización de las oportunidades y de la innovación".

El unicornio también llegó como una oportunidad para formar parte de una conversación que va más allá del negocio. El término *unicornio* fue la oportunidad para lanzar su misión de empoderar un mundo de confianza. Por ejemplo, la Cámara de Diputados en México vota con la tecnología de Incode. Ellos verifican la identidad de todos los legisladores cuando entran y cada voto es verificado y validado con una firma de reconocimiento facial. Fue muy emocionante para el equipo confirmar que podían contribuir a hacer un cambio importante y progreso mediante la generación de confianza.

El mundo necesitará herramientas para confiar

Hoy en día corren los rumores, el ruido y el miedo de lo que la inteligencia artificial puede provocar a la humanidad. En la primera mitad del siglo xx la ciencia ficción relacionó este concepto con el mundo de los robots. Para la década de 1950 ya lo había asimilado una generación de científicos, matemáticos y filósofos. Una de esas personas fue Alan Turing, un joven británico que sugirió que si los humanos utilizan la información disponible además de la razón para resolver problemas y tomar decisiones, entonces, ¿por qué las máquinas no podrían hacer lo mismo? No fue sino hasta 1956 cuando John McCarthy acuñó el término por primera vez en una conferencia que se presentó en el Proyecto de Investigación de Verano sobre Inteligencia Artificial de Dartmouth (Anyoha, 2017).

Ahora más que nunca vivimos en una realidad que pudiera parecer ciencia ficción. Tan solo el año antepasado la abreviatura IA fue seleccionada como la palabra del año en 2022 por el *Diccionario Collins* (Morales, 2022). Empresas como Openai están teniendo un fuerte protagonismo en la conversación respecto a lo que está sucediendo en el presente y lo que viene hacia el futuro: desde el lanzamiento de ChatGPT en 2022, hasta noticias sorprendentes como la demanda de Elon Musk hacia el fundador de OpenAI Sam Alman, por desviarse de su misión original sin fines de lucro al asociarse con Microsoft por 13 mil millones de dólares.

Según el estudio "The LatAm Tech Report 2023", realizado por Latitud Ventures (2023), en América Latina la inteligencia artificial tiene un alto crecimiento. La mayoría de las *startups* está comenzando a utilizarla de alguna forma, desde marginal a intensiva, con un impacto de bajo a alto en sus negocios. Asimismo, los inversores también señalaron que la gran mayoría de las empresas de su cartera también ha implementado IA.

Gracias a la terminología de unicornio, de la cual Ricardo se sigue sorprendiendo por cómo abre puertas, es que la *startup* fue invitada al Foro Económico Mundial, en Davos, para hablar sobre ciberseguridad, IA y confianza digital. De hecho según el informe "Future Cybersecurity 2030" de *Whitepaper* (2023) publicado por el Foro Económico Mundial en diciembre de 2023, a medida que se aceleran los avances tecnológicos y la innovación en los modelos de negocio, los líderes y las empresas globales deben tomar decisiones a largo plazo y con previsión estratégica para capitalizar las oportunidades y mitigar los riesgos. De esta manera, se sentarán las bases para un nuevo panorama de seguridad digital para 2030. El informe enfatiza la respuesta a los desafíos digitales recurrentes, incluida la privacidad de los datos, el desarrollo del talento y la sostenibilidad.

Para Ricardo, estamos a la mitad del cambio más importante que hemos tenido como humanidad. Nos tomó millones de años llegar a tener fuego; por cada evolución como esta, pasaron muchísimos miles de años; este es el cambio más fuerte, pero, sobre todo, más rápido que va a tener la humanidad. Las empresas y los países que logren montarse en la ola de la inteligencia artificial van a ser los más exitosos. No es algo que creamos que va a suceder, es una realidad.

En algún momento, beneficiará a todos los seres humanos porque habrá una curva de innovación casi vertical, como la exponencial. Desde su perspectiva, la inteligencia artificial va a ayudar a que las personas puedan crear empresas con mucha mayor facilidad y que sean más humanistas. Hablando de esto, se espera que pronto exista el primer unicornio con un solo empleado, en donde un fundador pueda tener todo basado en inteligencia artificial. "Ya no se tiene que aprender a programar, sino que simplemente, si eres inteligente y haces uso de la tecnología, las personas podrán crear empresas fabulosas".

La tecnología biométrica, junto con las capacidades de detección de vida o "pruebas de vida", surgen como una herramienta fundamental en esta lucha. La detección de vida está diseñada para diferenciar entre una persona viva y una representación falsa, como fotos, videos o *deepfakes* —simulaciones cada vez más sofisticadas habilitadas por IA—. Estos últimos representan una amenaza significativa en los ataques de ingeniería social. Se pueden utilizar para hacerse pasar por personas de manera convincente, lo que podría conducir a un acceso no autorizado a información o sistemas confidenciales (Amper, 2024).

De hecho, unas semanas antes de la entrevista con Ricardo, Incode recibió uno de estos ataques: suplantaron la imagen, la voz y el video de Ricardo para engañar a su director de finanzas por medio de un video de Zoom en el que supuestamente le indicaba que hiciera una transferencia para comprar unas empresas. Afortunadamente no cayeron, pero les sorprendió la similitud que tenía este intento de fraude, con la realidad de cómo se ve y escucha Ricardo en persona. Ante esto, Ricardo agrega: "Dentro de unos meses, no vas a poder confiar ni con quién estás hablando por teléfono o por

Zoom, no falta mucho para que tengamos que validar la identidad de las personas y nuestra tecnología es la más relevante, en los siguientes cinco años veremos una crisis de confianza".

En México la seguridad y la confianza en el uso de la IA generan preocupación y cierto temor. Según una encuesta realizada por el Centro de Opinión Pública de la Universidad Tecnológica de México, cuatro de cada 10 personas confían poco y dos de cada 10 no confían en el manejo de datos por parte de compañías y gobierno. Además, 84% cree que la IA puede suplantar identidades, 85% piensa que puede generar noticias falsas y 75% teme su uso en campañas electorales (Infochannel High Tech Editores, 2024). Hoy, las redes sociales están inundadas sobre los trabajos que pueden ser reemplazados y la conversación está generando desconfianza.

En ese sentido, Ricardo considera que el rol de Incode es asegurarse de que no existan fraudes ni delitos en los desarrollos que utilicen la IA. De hecho, en marzo de 2024, durante la entrevista que tuve con él, al tocar el tema de las elecciones digitales versus las análogas, como las tenemos en México, me compartió información confidencial y exclusiva para los lectores: las elecciones de Estados Unidos en 2022 en el estado de Nevada utilizaron por primera vez tecnología de identidad digital para verificar votos, y esta fue la desarrollada por Incode. De hecho, tuvieron un rol clave en dicho proceso electoral porque cuando había dudas respecto a los votos que se mandaban físicamente y las firmas no coincidían, Incode mandaba un vínculo al votante con el cual validaban su identidad y le pedían que confirmara su decisión. Esos votos fueron determinantes en la composición de la Cámara de Representantes en la Cámara de Diputados de Estados Unidos. Para ellos, como empresa mexicana, con fuerte ADN mexicano, fue un gran orgullo.

Creérnoslo

Hoy en día Incode es el proveedor líder de soluciones de identidad de categoría mundial que está reinventando la forma en que los seres humanos autentican y verifican sus identidades en línea para impulsar un mundo de confianza digital. Todos estamos dejando una huella digital. Incode es la historia perfecta porque resuelve un problema que tenemos encima e irá creciendo de manera progresiva día con día.

Las revolucionarias soluciones de identidad de Incode están liberando el potencial empresarial de industrias universales, incluidas las mayores instituciones financieras, gobiernos, retail, organizaciones de hospitalidad y establecimientos de juego del mundo, reduciendo el fraude y, en última instancia, transformando las interacciones humanas con datos, productos y servicios. Trabaja con grandes empresas como HSBC, Banregio, Banorte, Santander, Konfío, Clip, Stori, Nu, Ualá, la Cámara de Diputados, Amazon; algunos de los hoteles más grandes del mundo como Jumeirah en Dubai y Singapur; la cadena de rentas de coches SIXT, Citi y próximamente tendrán a Airbnb.

De hecho, es posible que hayas utilizado algunos de sus servicios sin saber que es tecnología de Incode. Por ejemplo, verificación de la edad, verificación de identidad por datos biométricos, detección de fraudes, Incode Trust Network, pruebas de vida. Sin embargo, su producto principal es Incode Omnilife, el cual brinda experiencias digitales sin fricciones en una revolucionaria plataforma de identidad basada en IA.

En particular, Incode Trust Network no es solo un avance tecnológico, es un paso fundamental hacia la reconstrucción de la confianza entre empresas, gobiernos y ciudadanos. Esta es la piedra angular para crear sociedades civiles seguras, económicamente inclusivas y prósperas. El viaje de Incode es un movimiento hacia una sociedad más confiable, inclusiva y empoderada. Al adoptar identidades digitales, abren las puertas a un mundo donde la confianza es la norma y cada individuo tiene la oportunidad de prosperar en una economía digital conectada (Incode, 2024).

A Ricardo le costó trabajo asimilar el éxito de Incode. Desde su punto de vista se debe a que sufrimos el complejo de los *conquistados*, el cual nos hacer creer que no podemos, nos hace preferir los retos en países más pequeños en lugar de apostar por los más grandes. "Me ha costado mucho trabajo creérmela". De hecho, cabría preguntarnos por qué Incode es un unicornio mexicano si tiene sus *headquarters* en San Francisco. La respuesta que me dio Ricardo hacia esa pregunta fue: "Yo soy el principal fundador y soy mexicano y el primer mercado que atacamos fue México". E hizo hincapié en que los unicornios no solo deben crearse dentro del territorio para ser mexicanos, sino que los mexicanos pueden crear unicornios globales. "Mi objetivo es ser líder mundial de verificación de identidad a nivel global y esto solo se puede conseguir con un gran equipo".

La entrevista terminó con la reflexión de que uno puede llegar hasta donde quiera, pero también debe decidir hasta dónde puede aguantar. Es un tema de realismo, de sacrificio, de estar siempre dispuesto a pagar el precio por alcanzar lo que sueñas, pues hoy más que nunca en México las condiciones permiten que quien tenga una buena idea pueda hacerla en grande en nuestro país y fuera de él también. "El límite, tu límite, es una decisión".

Top de aprendizajes con Ricardo Amper

- Nunca olvides de dónde vienes y hacia dónde vas.
- La familia, los valores, la ética y la humildad son importantes para las bases de un emprendimiento sólido.
- Nunca te quedes en un lugar en donde no seas feliz ni sientas una pasión por lo que haces.
- Los mexicanos podemos lograr cualquier cosa que nos propongamos. Mucho de lo que no se hace es producto de nuestra propia autolimitación.
- Tenemos que comenzar a quitarnos el pensamiento que predomina en Latinoamérica de vernos inferiores ante el mundo.
- El proceso puede ser lento, pero al final encontrarás los resultados que buscas.

CONCLUSIONES

A finales de 2020, México anunció su primer unicornio: Kavak. La palabra *unicornio* apenas pisaba terreno en nuestro país, los medios de comunicación verdaderamente se volvían locos y fue un momento de celebración para el ecosistema de emprendimiento y creación de startups. La mayoría de las operaciones de capital de riesgo que implicaron a empresas o fondos de inversión mexicanos fue de naturaleza transfronteriza. Es decir, un fondo de inversión mexicano buscó oportunidades en mercados extranjeros o un fondo extranjero tomó la decisión de invertir en una empresa con base en México.

Hoy muchas cosas han cambiado. Nuestro país ha sido testigo de conocer a otros más que se sumaron después a esta prestigiosa lista: Bitso, Clip, Konfío, Merama, Incode, Clara, Nowports y Stori. Su ascenso también ha captado la atención global y ha generado incontables debates en los círculos del emprendimiento. Estas compañías han actuado como catalizadores, impulsando un renovado interés y confianza en el potencial del emprendimiento en México. Sin embargo, su crecimiento vertiginoso no ha estado exento de controversias y desafíos.

El tema de las valuaciones es controversial, por ejemplo, el valor de Kavak es de 8 700 millones de dólares, supera el valor de mercado de empresas destacadas en la Bolsa Mexicana de Valores, tales como Gruma, el principal fabricante de harina de maíz y tortillas en México, valuado en 6 040 millones de dólares, y también a

Industrias Peñoles, una importante empresa minera de oro y plata, cuyo valor se estima en 4 850 millones de dólares (*El Economista*, 2023). Pero cabe preguntarnos, ¿qué es lo que realmente está diciéndonos este dato? Esos números gigantescos no llegaron solo con capital privado y arte de magia, influyen muchos factores.

Incluso, se dice que las valuaciones que estos unicornios tienen hoy en día no son reales, que han sido infladas. Tenemos que aceptar que puede ser que las valuaciones que vimos en los nacimientos de estos unicornios ya no coincidan con el mercado y la situación actual de la economía, la cual experimenta el incremento en las tasas de interés dictadas por los bancos centrales, los conflictos bélicos desplegados en las regiones de Europa del Este y Medio Oriente, y las expectativas en torno a los próximos procesos electorales tanto en México como en Estados Unidos.

También en más de una ocasión escuché algunos comentarios como: "pero ya ni siquiera han de ser unicornios", refiriéndose a que las últimas valuaciones sucedieron alrededor de 2022 y que quizá, las mismas de algunos unicornios puedan ser menores, con lo que perderían dicho estatus. Puede ser posible, no lo niego, es una realidad. Pero si ya acordamos que los unicornios son más que su valuación, ¿vamos a dejar que un número de mil millones de dólares defina todos los cimientos que están formándose alrededor de estos? La verdad es que no debería de ser un punto de discusión.

A pesar de las críticas y los ataques que enfrentan día a día, no podemos deshacer el hecho de que los unicornios que nacieron en México en los años pasados han hecho historia. Sin el primero, el segundo o el tercero, no existiría un cuarto, ni un quinto.

Además, seamos honestos, son empresas que tienen encima las miradas de todos sobre ellos. Imaginen lo difícil que es fundar una *startup*. Ahora piensen en crecer, recaudar capital, crear alianzas, valer un millón de dólares o más y que los ojos de un país, el mundo entero, estén puestos sobre ti y tu empresa. Debe de ser difícil, ¿no lo creen?

Por más que nos vendan titulares como: "5 pasos para convertirse en un unicornio" en LinkedIn y otras redes sociales, no existe una fórmula secreta. Las historias de cada unicornio están hechas completamente a la medida, de manera artesanal y jamás podrán ser replicadas por ninguna otra *startup* o compañía.

No nos olvidemos de que a estas startups se les llama "de alto impacto" o "empresas emergentes", no solo por sus valuaciones, sino también por la capacidad de crear valor a gran escala. Pensemos en los empleos que están creando; cada una tiene cientos y algunas alcanzarán los miles. Veamos cómo alientan la innovación en sectores económicos enquistados en México. Valoremos el círculo virtuoso de efecto multiplicador que deriva en nuevos emprendedores, nuevas tecnologías, nuevos programas e iniciativas. Destaquemos la importancia de las soluciones que han dado a los mexicanos que, independientemente de facilitar productos y servicios, contribuyen a mejorar el acceso a autos particulares, la inclusión financiera, el financiamiento en las pymes, democratizar y aumentar la confianza en la tecnología, simplificar la logística, crecer otras empresas... Todo ello trae implícito el crecimiento de nuestra economía y el desarrollo de nuestra sociedad.

Por último, me gustaría destacar que se trata de empresas que siguen aprendiendo. Como todas, han pasado por momentos difíciles y retos enormes, tan grandes como sus valuaciones. También su naturaleza les permite hacer movimientos rápidos, pivotar, analizar y ejecutar cambios, algo que no sucede con tanta facilidad en emprendimientos tradicionales. Un ejemplo claro es que ya aprendieron que la valuación no lo es todo. Ser unicornio es un orgullo para la mayoría de los fundadores, pero no es la definición total del *éxito*, como nos lo han querido vender. La realidad es que ninguno de ellos estaba buscando convertirse en un unicornio para poder gritarlo a los siete vientos. Fueron momentos de claridad para acercarse a la primera meta. Su mentalidad ya no está enfocada solo en crecer compañías valuadas en miles de millones de dólares, sino en conseguir compañías rentables y de impacto social. No es como unicornios como realmente quieren ser recordados, quieren y están dispuestos a demostrar y hacer más.

Así que la próxima vez que escuches que tal o cual empresa mexicana alcanza el estatus de unicornio celebremos, ya que les ha costado llegar hasta ahí. Un mexicano debería celebrar el logro de otro mexicano, porque si hay algo que nos distingue como cultura son esas ganas de querer salir adelante. Más aún cuando su esfuerzo nos trae beneficios para todos.

Creando unicornios se escribió en un lapso aproximado de un año. Envié más de 150 correos y mensajes a través de LinkedIn desde mi cuenta desde el día uno. A veces para llegar a un solo CEO tuve que hablar y convencer a un equipo de más de cinco personas en el camino para llegar a ellos y conversar; tuve que dar pasos arriesgados como pedir públicamente en mis redes sociales apoyo para contactar a los fundadores de unicornios; entrevisté a más de 50 personas clave del emprendimiento en México y llegué a establecer conversación con más de 100 personas que me brindaron amplio conocimiento y herramientas... Sin embargo, conforme avanzaba, más información surgía en el camino, nuevos estudios, nuevos levantamientos de capital e incluso nuevas noticias de los mismos unicornios. Traté de abarcar lo más que pude hasta el día del cierre de esta edición.

Pero es que la historia de los unicornios en México se está escribiendo y, más allá de las rondas que se concreten o los unicornios que surjan o caigan entre ahora que escribo estas líneas y cuando ustedes las lean, me gustaría que nos quedáramos con los aprendizajes que vienen de las reflexiones profundas. Lo que sí podemos y debemos hacer es analizar, estudiar y cuestionarnos; siempre será la mejor vía para entender mejor este o cualquier otro ecosistema. ¿Fue suerte? ¿Fueron sus relaciones y contactos la clave del crecimiento? ¿Las prestigiosas universidades a las que muchos acudieron? ¿Fue una cuestión del momento? ¿Fue acaso una demanda de atención dentro de un sector en específico? ¿Fueron sus conocimientos previos dentro de otras empresas? ¿Son empresas rentables? ¿Generan empleos? ¿Están cambiando la forma en la que se emprende en el país? ¿Qué lograron ellos que ayudará a otros más a seguir un camino más sencillo al emprender? ¿Qué aprendizajes podemos adquirir para no repetir la misma historia? Considero que esas son las respuestas que deberíamos de estar buscando.

A lo largo de la elaboración de este libro fui descubriendo las personalidades, los estudios, pero sobre todo las habilidades blandas de los fundadores y la visión que tienen para el futuro de sus proyectos. Estas habilidades son un detonador para los inversionistas al momento de decidir si invierten en sus proyectos o no, según me contaron diversos inversionistas. "Invertir en la persona, más que en el proyecto", llegué a escuchar en más de una ocasión.

Y con todo, esas figuras tan aparentemente inalcanzables también tienen historias de valor y de humildad. Todos enfatizan algo muy valioso: la mayoría de ellos mencionó fuentes de apoyo y redes de soporte. La realidad es que no lo han logrado solos, han tenido que pasar por diferentes fases, tanto personales, como profesionales, que han sido catalizadores o impulsores para que las cosas salieran de cierta manera. Todos hablan en plural y consideran sus equipos como parte fundamental de su trayectoria.

Al iniciar este proyecto sentía cierto temor respecto a su título e incluso la línea editorial que sigue, pues la mirada de miles de mexicanos y latinoamericanos está constantemente sobre estas empresas. Unos esperando que crezcan más y amplíen nuevos horizontes, otros añorando su fracaso para poder decir ante redes sociales o canales digitales un "yo se los dije". Sin embargo, conforme fui desarrollando cada capítulo, el temor al *qué dirán* se fue diluyendo, pues pude entender a profundidad las finas relaciones dentro del ecosistema emprendedor mexicano y lo que con base en esto seguirá para los próximos años y futuras generaciones. Muchas personas del ecosistema emprendedor cuando supieron acerca de este proyecto no dudaron en tenderme la mano y en apoyarme de muchas maneras. Con ello volví a reafirmar que el ecosistema es mágico.

Cuando hablo de crear unicornios sí me refiero a crear compañías que alcancen el estatus, porque al final de cuentas el término que acuñó Aileen Lee hace 10 años no ha cambiado y al parecer se quedará para siempre. Pero yo agregaría a su significado ese espíritu de un animal mitológico que no existe, pero en el que creen muchos mexicanos que están por emprender. Para mí, la magia que se desprende del ecosistema emprendedor en nuestro país nace en aquellos que llegaron a abrir caminos y comenzar sin cimientos, y aquellos que en la actualidad siguen colocándolos para aquellos que llegarán después. Y también muchas cosas más.

Crear unicornios es poner en el foco el camino solitario que recorren miles de emprendedores en nuestro país. Es decirles que son escuchados, vistos y tienen nuestro apoyo, sin importar lo que estén creando hoy en día, ya sea chico, mediano o grande. Es sacar la magia del unicornio de la dinámica del mundo tecnológico y abrazar con ella a todas aquellas pequeñas y medianas empresas que están naciendo día con día en el país para impulsarlas a conseguir lo inalcanzable.

Crear unicornios es para darnos cuenta de una vez por todas de que los mexicanos somos capaces de las cosas más increíbles que nos podemos imaginar. Es impregnar a un país que está acostumbrado a que le digan que "las cosas no son posibles" o que "no se atrevan a soñar en grande". Por el simple hecho de ser mexicanos conocemos todas las barreras que hacen parecer que nuestros sueños son imposibles de alcanzar, pero no lo son. A pesar de que nos han arrebatado muchas cosas, siempre salimos adelante, incluso cuando no queda ni una chispa de intención en seguir creando, innovando y escalando lo hacemos.

Crear unicornios es darnos cuenta de que el futuro del emprendimiento está en México. Se los debemos a las generaciones de nuestros abuelos, de nuestros padres, que a pesar de tener limitaciones, muchos de ellos han logrado cosas maravillosas y han puesto en alto el nombre de México. Se los debemos a los mexicanos que construimos el ecosistema hoy en día y a las nuevas generaciones por venir.

Cuando empecé a escribir pensé que el valor de este libro estaba en reunir la información clave para pintar un panorama del ecosistema emprendedor mexicano que incluyera las historias de los unicornios. Tras este difícil recorrido me he dado cuenta de que lo más importante que he querido transmitir no son los datos duros, sino las emociones de cada uno de los actores de este ecosistema para así humanizarlo. Esas mismas emociones las sentí en las entrevistas, me acompañaron a lo largo de todo este camino y me esforcé en plasmarlas en cada una de las palabras escritas. Porque el emprendimiento se contagia, y espero que estas historias impulsen a quienes tienen las ganas de entenderlo e intentarlo, a lanzarse a este mundo. Porque el futuro del emprendimiento está en nuestras manos; el futuro del emprendimiento está en México.

AGRADECIMIENTOS

Durante el desarrollo de este libro mantuve conversaciones con más de 50 personas. Gracias a la tecnología por medio de videollamadas, encuentros presenciales, reuniones casuales, llamadas telefónicas y hasta notas de voz por WhatsApp, he aprendido y recogido frases, conocimientos y experiencias. Mi más profundo agradecimiento se extiende a todos aquellos que, de maneras diversas, aceptaron sumarse a este libro y contribuir con su valioso aporte. En este camino uno no logra las cosas solo, necesitas una red de soporte, personas que hacen lo mismo que tú y que están constantemente abrazando el cambio.

Gracias a los fundadores de estas empresas que generosamente aceptaron ceder unos minutos de su tiempo para contar sus historias y sus caminos recorridos o brindarme información al responder mis preguntas. A las destacadas personalidades del ecosistema de emprendimiento y *startups* en México y América Latina, mi gratitud infinita; sus valiosas conversaciones, información y experiencias han sido piezas vitales que han dado forma a esta historia. Ahora, sus vivencias, aprendizajes y palabras se entrelazan en la narrativa de este libro. Por último, nada de este libro sería posible sin las conversaciones ni el respaldo de instituciones y entidades dedicadas íntegramente al fomento del emprendimiento en nuestro país; su contribución ha sido esencial para dar vida a estas páginas.

A mis colegas, a mis amigos emprendedores e incluso me atrevería a decir "desconocidos de internet", quienes se han convertido en piezas esenciales del rompecabezas, cuya colaboración ha sido fundamental durante este trayecto. Su disposición para compartir datos, estudios, informes, recomendaciones de libros, así como su sabio consejo, ha sido fundamental. Gracias por trazar mapas que me han llevado hacia los influyentes tomadores de decisiones en el ecosistema del emprendimiento en México.

Quiero reconocer especialmente a los equipos de comunicación y relaciones públicas de las empresas unicornio mexicanas. Su rápida acción al transmitir mis palabras ya fuera a través de una primera comunicación por LinkedIn, tuits o correos electrónicos permitió que mis mensajes alcanzaran a las personas y mentes que deseaba consultar. También a aquellos que funcionaron como un vínculo y conexión para que las entrevistas sucedieran.

Durante el proceso de desarrollo y creación de este libro experimenté una profunda sensación de compañía por parte de aquellos que están forjando nuevos caminos, derribando barreras y demostrando, con firmeza, que en nuestro país todo es posible. Son quienes, ante la ausencia de oportunidades, deciden crearlas por sí mismos, y en donde muchos se toparon con un NO ellos lograron un sí; son aquellos que comparten sin reservas, para quienes no temen a la competencia, sino que, por el contrario, construyen alianzas y se enriquecen aprendiendo de otros. Agradezco a todos y todas las que, con sus historias, resonaron en mi memoria y corazón a lo largo del tiempo, y me inspiraron en todo momento.

FUENTES

Agência Nacional de Transportes Aquaviários (2021, 12 de mayo). "Sistema Eletrônico de Informações (SEI)". Agência Nacional de Transportes Aquaviários (ANTAQ). https://www.gov.br/antaq/pt-br/servicos-1/sistema-eletronico-de-informacoes-sei/sistema-eletronico-de-informacoes.

Ábrego, M. (2023, 3 de octubre). "Clara se alista para el boom de inversiones". ABC Noticias. https://abcnoticias.mx/negocios/2023/10/3/clara-se-alista-para-el-boom-de-inversiones-199381.html.

Aguilar, Diego (2024, 20 de febrero). "Pitazo inicial: acciones del Club América ya operan en la BMV y se disparan en el arranque". *Forbes México*. https://www.forbes.com.mx/pitazo-inicial-acciones-del-club-america-ya-operan-en-la-bmv-y-se-disparan-en-el-arranque/.

Alfaro, Yanin (2023, 28 de julio). "Casai: análisis de la startup que truncó su sueño de ser unicornio". *Contxto*. https://contxto.com/es/en-profundidad/casai-startup-unicornio-fracaso-quiebra/.

——— (2022, 22 de junio). "Merama tiene dos claves ante la crisis: Crecimiento orgánico y planeación rigurosa". Bloomberg Línea. https://www.bloomberglinea.com/2022/06/22/merama-tiene-dos-claves-ante-la-crisis-crecimiento-organico-y-planeacion-rigurosa/.

Alvarado, Liliana (2023, 21 de abril). "Las grandes empresas en México sí que hacen la diferencia". *El Economista*. https://www.

eleconomista.com.mx/opinion/Las-grandes-empresas-en-Mexico-si-que-hacen-la-diferencia-20230421-0038.html.

Álvarez, J. L. (2019, 21 de junio). "La desaparición del Inadem casi es un hecho. ¿Cuáles son los pros y los contras?". *El Contribuyente*. https://www.elcontribuyente.mx/2019/06/la-desaparicion-del-inadem-casi-es-un-hecho-cuales-son-los-pros-y-los-contras/.

Álvarez, Samantha (2018). "Kavak es el Emprendedor del Año de Expansión". *Expansión*. https://expansion.mx/kavak-emprendedor-del-a%C3%B1o-de-expansion.

Amazon (2018). "Amazon and Ring Close Acquisition-Now Working Together to Empower Neighbors with Affordable Ways to Monitor their Homes and Reduce Crime in Neighborhoods". Press Center. https://press.aboutamazon.com/2018/4/amazon-and-ring-close-acquisition-now-working-together-to-empower-neighbors-with-affordable-ways-to-monitor-their-homes-and-reduce-crime-in-neighborhoods.

Amper, Ricardo (2024, 15 de febrero). "El desafío de gobiernos y empresas es generar confianza en la era digital". *Newsweek en español*. https://newsweekespanol.com/2024/02/15/desafio-confianza-era-digital/.

Anyoha, Rockwell (2020, 23 de abril). "The History of Artificial Intelligence - Science in the News". *Science Harvard*. https://sitn.hms.harvard.edu/flash/2017/history-artificial-intelligence/.

Aparicio Rodríguez, Cristina (2021, 20 de abril). "Emprendiendo en emprendimiento: evolución, tendencias y consejos". Actualidad Nebrija. https://www.nebrija.com/medios/actualidadnebrija/2021/04/20/emprendiendo-en-emprendimiento-evolucion-tendencias-y-consejos/.

Apple (2022). "Apple informa los resultados del cuarto trimestre". Apple Newsroom (México). https://www.apple.com/mx/newsroom/2022/10/apple-reports-fourth-quarter-results/.

Armenta, M. H. (2021, 13 de octubre). "Kavak. La historia detrás del unicornio". *Forbes México*. https://www.forbes.com.mx/nuestra-revista-kavak-la-historia-detras-del-unicornio/.

Arner, D. W. *et al.* (2016). "The Evolution of Fintech: A New Post-Crisis Paradigm?". *Georgetown Journal of International Law*, 1271-1319.

Arreola-Rosales, Javier (2017, 11 de mayo). "Ley Fintech en México: ¿Cómo vamos?". World Economic Forum. https://es.weforum.org/agenda/2017/05/ley-fintech-en-mexico-como-vamos/.

———— (2024, 12 de febrero). "Radiografía del emprendimiento en México 2023". https://drive.google.com/file/d/1GyLED hqBPhshy5t3zk8bIRXTFrUxt8gR/view.

———— (2023, 10 de noviembre). Investigación. https://asem.mx/investigacion/.

ASEM - Asociación de Emprendedores de México Blog (2023, 11 de septiembre). "Tipos de emprendimiento en México". https://asem.mx/blog_asem/tipos-de-emprendimiento-en-mexico/.

Asenjo Tejedor, Fernando, y Alberto Colino Fernández (2012). "Análisis comparativo entre la burbuja dotcom y la burbuja 2.0 a través del papel del venture capital en la nueva economía". Universidad Pontificia Comillas. https://repositorio.comillas.edu/rest/bitstreams/6540/retrieve.

Ashford, K. (2024, 26 de enero). "What Is an ipo?". *Forbes Advisor*. https://www.forbes.com/advisor/investing/initial-public-offering-ipo/.

Asociación Mexicana de Venta Online (2020, 5 de noviembre). Reporte 4.0 Impacto COVID-19 en Venta Online México. https://www.amvo.org.mx/estudios/reporte-4-0-impacto-covid-19-en-venta-online-mexico/.

Atkins, J. (2019, 15 de octubre). "Softbank confirma próxima inversión para plataforma de autos usados, Kavak". *Contxto*. https://contxto.com/es/fondeo/softbank-confirma-proxima-inversion-para-plataforma-de-autos-usados-kavak/.

Ávila, Ana (2022, 9 de agosto). "25 años de ecosistema emprendedor en España: la burbuja de las 'puntocom', el invierno nuclear y las startups que sobrevivieron a la criba". *Business Insider España*. https://www.businessinsider.es/burbuja-puntocom-invierno-nuclear-startups-sobrevivieron-1103035.

Azevedo, M. A. (2021, 22 de septiembre). "Mexico's Kavak drives away with $700M in new funding, doubling its valuation to $8.7B". TechCrunch. https://techcrunch.com/2021/09/21/mexicos-kavak-raises-700m-for-its-used-car-marketplace-doubling-its-valuation-to-8-7b/.

Baker Tilly M & A Global Deal Advisory (s. f.). "Private Equity vs Venture Capital - 5 diferencias". https://bakertillygda.com/diccionario/private-equity-vs-venture-capital/.

Banco Mundial (2022, 29 de marzo). Inclusión financiera. https://www.bancomundial.org/es/topic/financialinclusion/overview.

Banerjee, Anik, y Arbaz Sayed (2024, 15 de marzo). 2 List of 112 Unicorn Startups in India and Counting | 2024 Updated. "StartupTalky". https://startuptalky.com/top-unicorn-startups-india/.

Barawid, Nico (2023, 27 de julio). "Casai, inspired by Mexico and Brazil". https://www.linkedin.com/pulse/casai-inspired-mexico-brazil-nico-barawid/?trackingId=f8OdxIUoQiuavOrHc0tloA%3D%3D.

Barrera, P. et al. (2021, octubre). "Análisis del emprendimiento en México a través de datos". Panel. https://investigacion.fca.unam.mx/docs/memorias/2021/7.02.pdf.

Barrios, K. (2020, 14 de diciembre). "Airbnb, de tres colchones inflables a Startup unicornio". Kleber Barrios. https://www.kleberbarrios.com/airbnb-historia-colchones-inflables-startup/.

BBVA Communications (2019, 14 de enero). "¿Qué son las 'scaleups' y en qué se diferencian de las 'startups'?". BBVA. https://www.bbva.com/es/innovacion/que-son-las-scaleups-y-en-que-se-diferencian-de-las-startups/.

BBVA Spark (2023, 16 de mayo). "El 'Corporate Venture Capital' se afianza en América Latina". https://www.bbvaspark.com/contenido/es/noticias/estado-corporate-venture-capital-america-latina/.

BBVA (2021, 19 de octubre). "¿Por qué varía tanto el precio de las criptomonedas?". https://www.bbva.com/es/innovacion/por-que-varia-tanto-el-precio-de-las-criptomonedas/.

——— (2018, 6 de febrero). "¿Qué es un 'business angel'?". https://www.bbva.com/es/que-es-un-business-angel/.

Becerra Silva, X. (2022, 23 de diciembre). "El dominio de Brasil y México en el desarrollo del mercado fintech en América Latina". *La República.* https://www.larepublica.co/especiales/anuario-ripe-2023/el-dominio-de-brasil-y-mexico-en-el-desarrollo-del-mercado-fintech-en-america-latina-3515216.

Bivens, B. (2020, 17 de febrero). "The world's first unicorn - Venture Desktop". *Medium.* https://medium.com/venture-desktop/the-world-s-first-unicorn-3e009ea26a69.

Blank, S., y B. Dorf (2012). "The startup Owner's manual: The Step-By-Step Guide for Building a Great Company". John Wiley & Sons.

Bloomberg Línea. (2023, 2 de agosto). "Lo que salió mal en Casai, según su CEO". *Bloomberg Línea.* https://www.bloomberglinea.com/2023/08/03/lo-que-salio-mal-en-casai-segun-su-ceo/.

Bloomberg (2023, 13 de marzo). "El dinero llega justo después de que Goldman Sachs extendiera en agosto una línea de crédito de US$150 millones para la empresa". *La República.* https://www.larepublica.co/finanzas/plataforma-mexicana-clara-levanta-hasta-us-90-millones-para-expansion-en-colombia-3567020#:~:text=Clara%20entr%C3%B3a%20a%20Colombia%20Fintech,su%20segunda%20sucursal%20en%20Medell%C3%ADn.

Cámara de Diputados del H. Congreso de la Unión (s. f.). Ley para el Desarrollo de la Competitividad de la Micro, Pequeña y Mediana Empresa. https://www.diputados.gob.mx/LeyesBiblio/pdf/LDCMPME.pdf.

Carrasquero, R. (2023, 4 de junio). "Competencia de Kavak México | Ventajas, historia y orígenes". Kavak. https://www.kavak.com/mx/blog/competencia-de-kavak-mexico.

Carrasquero, R. (2023, 5 de junio). Aplicación para compra y venta de autos | Conoce la App Kavak. Kavak. https://www.kavak.com/mx/blog/aplicacion-para-compra-y-venta-de-autos.

Castellanos, Alfredo (2023, 27 de febrero). "Venture capital y Growth Equity en Latinoamérica: ¿Cómo fue la evolución en 2022 y hacia dónde va?". Endeavor México. https://mexico.endeavor.org/venture-capital-y-growth-equity-en-latinoamerica-como-fue-la-evolucion-en-2022-y-hacia-donde-va/.

CB Insights (2021, 3 de agosto). "The top 12 reasons Startups fail". CB Insights Research. https://www.cbinsights.com/research/report/startup-failure-reasons-top/.

CB Insights en Endeavor. Unicorn Tracker (2022). https://endeavor.org/catalyst/unicorn-tracker/.

CB Insights. The complete list of unicorn companies. (s. f.-b). https://www.cbinsights.com/research-unicorn-companies.

Cervantes, M. (2021, 10 de marzo). "Clara Launches Credit Card and Business Spend Management Solution for Mexican Business Sector". Clara. https://clara.prezly.com/clara-launches-credit-card-and-business-spend-management-solution-for-mexican-business-sector.

Cervantes, M. (2023, 13 de marzo). "Clara recibe financiamiento de Accial Capital y Skandia por hasta 90 millones de dólares para fortalecer su presencia en Colombia". Clara. https://clara.prezly.com/clara-recibe-financiamiento-de-accial-capital-y-skandia-por-hasta-90-millones-de-dolares-para-fortalecer-su-presencia-en-colombia.

Cervantes, M. (2023, 23 de julio). "Clara anuncia financiamiento adicional por US$5 millones para expandir su negocio de tarjeta de crédito empresarial en México". Latam Fintech Hub. https://www.latamfintech.co/articles/clara-anuncia-financiamiento-adicional-por-5mdd-de-fundadores-de-unicornios-para-expandir-su-negocio-de-tarjeta-de-credito-empresarial-en-mexico.

——— (2021, 26 de mayo). "Clara Raises $30m Series A from partners of DST Global Partners, Monashees, Kaszek and others". Clara. https://clara.prezly.com/clara-raises-30m-series-a-from-partners-of-dst-global-partners-monashees-kaszek-and-others.

Chi, M. (2023, 11 de octubre). "Discriminación al emprender, la realidad de las pymes". Wortev Aceleradora. https://wortev.com/noticias/discriminacion-al-emprender/#:~:text=De%20acuerdo%20con%20el%20Estudio,El%20nivel%20educativo%2062%25.

Clara y Tukan (2023). "Clara Reporte: Financiamiento de las empresas en México. Ciudad de México: Un reporte de Clara".

Clara Report_Financiamiento de las empresas en mexico.pdf. (2023, abril). Google Docs. https://drive.google.com/file/d/1fH7ILzIRyCL

8v-UZh4jAfc31vCdGIU5B/view?submissionGuid=1a42328e-b8af-4eb2-96ad-06ea0c488112.

Clara (2021, 15 de diciembre). "¿Qué es una empresa unicornio y qué representa esta transformación?". Clara Blog. https://www.clara.com/es-mx/blog/empresas-unicornio.

——— (2021, 28 de septiembre). "Clara anuncia nuevo modelo de financiamiento flexible para empresas". Clara. https://clara.prezly.com/clara-anuncia-nuevo-modelo-de-financiamiento-flexible-para-empresas.

Clip (2023, 30 de enero). "Clip is featured as the most valuable fintech brand in Mexico". Payclip. https://www.payclip.com/press-releases-list/clip-is-featured-as-the-most-valuable-fintech-brand-in-mexico.

——— (s. f.). "¿Qué es un agregador de pagos y cuáles son sus beneficios?". Clip. https://blog.clip.mx/articulo/que-es-agregador-de-pagos-beneficios.

Clip (s. f.). "¿Qué es una TPV y para qué sirve? Costos y Beneficios". Clip. https://blog.clip.mx/articulo/que-es-tpv-terminal-punto-de-venta.

CMF Educa (s. f.). "La historia de la Crisis Subprime". CMF Educa Comisión Para el Mercado Financiero. https://www.cmfchile.cl/educa/621/w3-article-27142.html.

Comisión Nacional Bancaria y de Valores (2022). "Panorama anual de inclusión financiera 2022". Ciudad de México.

——— (2020). "Impactos de la inclusión financiera". Ciudad de México: Estudios de Inclusión Financiera.

——— (2016, 25 de agosto). "Sociedades Financieras de Objeto Múltiple (Sofomes)". Gobierno de México. https://www.gob.mx/cnbv/acciones-y-programas/sociedades-financieras-de-objeto-multiple-sofomes.

——— (s. f.). Comisión Nacional Bancaria y de Valores. Gobierno de México. https://www.gob.mx/cnbv.

Confessore, Nicholas (2018, 14 de noviembre). "Cambridge Analytica and Facebook: The Scandal and the Fallout So Far". *The New York Times*. https://www.nytimes.com/2018/04/04/us/politics/cambridge-analytica-scandal-fallout.html.

Contxto (2021, 22 de septiembre). "Kavak recibe Serie E de $700 mdd y duplica su valuación". Contxto. https://contxto.com/es/mexico-es/kavak-recibe-serie-e-de-700-mdd-y-duplica-su-valuacion/.

Coru (2019). "3 tarjetas para pymes y negocios en México". https://coru.com/blog/tarjetas-de-credito/tarjetas-de-credito-corporativas/3-tarjetas-para-pymes-y-negocios-en-mexico/.

Crunchbase News (2023). "The Crunchbase Unicorn Board". Crunch base. https://news.crunchbase.com/unicorn-company-list/.

Crunchbase (2021). "Glossary of Funding Types". Crunchbase. https://support.crunchbase.com/hc/en-us/articles/115010458467-Glossary-of-Funding-Types.

Cuantico (2024, 1° de febrero). "Reporte de venture capital de Latin America en 2023 por Cuantico". Startuplinks. https://startuplinks.world/reportes/reporte-de-venture-capital-de-latin-america-en-2023-por-cuantico#:~:text=An%C3%A1lisis%3A,2021%20y%2065%25%20VS%202022.

Cuofano, W. I. G. (2024, 16 de febrero). "¿Uber es rentable? Rentabilidad Uber 2016-2023". FourWeekMBA. https://fourweekmba.com/es/es-s%C3%BAper-rentable/.

Deloitte (2020, 23 de octubre). "'Unicornios' en México: El fantástico ascenso de las 'startups'". Deloitte. https://www2.deloitte.com/mx/es/pages/dnoticias/articles/unicornios-en-mexico-ascenso-de-startups.html.

Diamandis, Steven, y Peter H. Kotler (2012). "Abundance. The future is better than you think". Free Press.

DocuSign (2023, 15 de marzo). "¿Cuántas pymes hay en México y qué datos relevantes sobre estas debemos considerar?". DocuSign. https://www.docusign.com/es-mx/blog/cuantas-pymes-hay-en-mexico#:~:text=Seg%C3%BAn%20datos%20del%20Instituto%20Nacional,de%20PYMES%20en%20el%20pa%C3%ADs.

Duggan, Wayne (2018, 9 de agosto). "This Day in Market History: The Netscape IPO". Yahoo Finance. https://finance.yahoo.com/news/day-market-history-netscape-ipo-165511339.html.

E. P. (2020b) "El emprendimiento en América Latina: un análisis de su etimología, tipología y proceso". Redalyc. https://www.redalyc.org/journal/5885/588563773004/.

El Economista (2023, 16 de octubre). "Valor de unicornios mexicanos supera al de empresas cotizadas en la BVM". *El Economista.* https://www.americaeconomia.com/negocios-e-industrias/valor-de-unicornios-mexicanos-supera-al-de-empresas-cotizadas-en-la-bvm.

———— (2021, 16 de mayo). "Crean tarjeta de crédito corporativa inteligente para pymes y emprendedores". *El Economista.* https://www.eleconomista.com.mx/el-empresario/Crean-tarjeta-de-credito-corporativa-inteligente-para-pymes-y-emprendedores-20210316-0163.html.

———— (2018, 1° de agosto). "Falabella compra Linio por 138 millones de dólares". *El Economista.* https://www.eleconomista.com.mx/empresas/Falabella-compra-Linio-por-138-millones-de-dolares-20180801-0066.html.

El Financiero (2021, 6 de diciembre). "Clara se convierte en el unicornio mexicano de más rápido crecimiento en Latinoamérica; ahora va por Brasil". *El Financiero.* https://www.elfinanciero.com.mx/opinion/de-jefes/2021/12/06/clara-se-convierte-en-el-unicornio-mexicano-de-mas-rapido-crecimiento-en-latinoamerica-ahora-va-por-brasil/.

El Universal Redacción (2020, 21 de febrero). "Quiubas Mobile convierte los mensajes de texto en un negocio". *El Universal.* https://www.eluniversal.com.mx/techbit/quiubas-mobile-convierte-los-mensajes-de-texto-en-un-negocio/.

Emprendedor (2023, 4 de diciembre). "Con tecnología para triplicar las ventas de las Pymes, Leadsales hizo click en *Shark Tank México*". Emprendedor. https://emprendedor.com/con-tecnologia-para-triplicar-las-ventas-de-las-pymes-leadsales-hizo-click-en-shark-tank-mexico/.

Endeavor (12 de junio de 2023). "'Welcome to Mexico!': Abrir puertas a emprendedores del mundo es abrir puertas al país". *Wired.* https://es.wired.com/articulos/welcome-to-mexico-abrir-puertas-a-emprendedores-del-mundo-es-abrir-puertas-a-mexico#:~:text=De%20acuerdo%20con%20el%20Review,de%20d%C3%B3lares%20de%20capital%20al.

Endeavor Insights (2023, 13 de noviembre). "Where do unicorns come from?". Endeavor. https://endeavor.org/knowledge-center-events/research-report/unicorn-founder-pathways/.

Endeavor (2019). "Termometro fintech: Los retos de la regulación". Ciudad de México. Santander.

Estrada, Sebastián (2024, 26 de febrero). "Nu llega a los 5 millones de usuarios en México". *El Economista*. https://www.eleconomista. com.mx/sectorfinanciero/Nu-llega-a-los-5-millones-de-usuarios-en-Mexico-20240226-0092.html.

———— (2022, 8 de agosto). "El unicornio Clara recibe 150 millones de dólares de Goldman Sachs". *El Economista.* https://www. eleconomista.com.mx/sectorfinanciero/Clara-obtiene-una-linea-de-credito-de-150-millones-de-dolares-de-Goldman-Sachs-20220808-0033.html.

Estudio Gato Negro. (s. f.). "Mala sangre - John Carreyrou - trenINSOM-NE". http://www.treninsomne.com.ar/rs-malasangre-GZ.html.

Expok (2018, 12 de marzo). "Ejemplo de intraemprendimiento". ExpokNews. https://www.expoknews.com/ejemplo-de-intraem prendimiento/.

EY (s. f.). "Hernán Kazah". https://www.ey.com/es_uy/weoy/judges/hernan-kazah.

Faria, F. (2022, 28 de junio). "A letter from the CaSAI CEO: Announcement of $48M Series A funding". Conocer By Casai. https:// blog.casai.com/blog/a-letter-from-the-casai-ceo-announcement-of-48m-series-a-funding/.

FasterCapital (2023, 22 de diciembre). "La verdad sobre el bootstrap-ping y como funciona". FasterCapital. https://fastercapital.com/ es/contenido/La-verdad-sobre-el-bootstrapping-y-como-funciona. html#-Qu--es-el-bootstrapping-.

Fen Ventures (2024, 15 de marzo). Fen Ventures on LinkedIn: #start-ups #unicornios #mujer #mujeresemprendedoras #innovación. https://www.linkedin.com/posts/fen-ventures_startups-unicornios-mujer-activity-7174396852547551232-bOmG/?originalSubdoma in=es.

Fernández, R. (2023, 18 de abril). "Ranking de las 20 empresas uni-cornio más grandes por valor del mercado en febrero de 2023".

Statista. https://es.statista.com/estadisticas/1258738/unicornios-mas-valiosos-a-nivel-mundial/#:~:text=Una%20empresa%20unicornio%20se%20define,aproximadamente%20140.000%20millones%20de%20d%C3%B3lares.

Fernández, Rosa (2023, 24 de febrero). "Número de empleados de Apple en el mundo 2005-2022 | Statista". Statista. https://es.statista.com/estadisticas/552868/numero-de-empleados-de-apple-a-nivel-mundial/.

Financial Stability Board (2023, 4 de diciembre). "Fintech". https://www.fsb.org/work-of-the-fsb/finan- cial-innovation-and-structural-change/Fintech/.

Financial Times (s. f.). "WeWork: How the Ultimate Unicorn Lost its Billions". *Financial Times*. https://www.ft.com/content/7938752a-52a7-11ea-90ad-25e377c0ee1f.

Finnovista (s. f.). "Quiénes somos". Finnovista. https://www.finnovista.com/quienes-somos/.

Finnovista, Banco Interamericano de Desarrollo, BID Invest (2022). Fintech en América Latina y el Caribe: un ecosistema consolidado para la recuperación. Washington, D. C.

FinTech México (2023). "Reporte anual fintech México 2023". Fin-Tech México y NTT Data.

FinTech Radar Mexico (2023, 26 de enero). "Finnovista FinTech Radar México 2023". Finnovista. https://www.finnovista.com/radar/fintech-radar-mexico-2023/.

Forbes Staff (2018, 1° de agosto). "Falabella adquiere Linio por 138 mdd y aumentará capital por 800 mdd". *Forbes México*. https://www.forbes.com.mx/falabella-adquiere-linio-por-138-mdd-y-aumentara-capital-por-800-mdd/.

Forbes (2024, 19 de marzo). "Estas son las 30 promesas de los negocios 2024". *Forbes México*. https://www.forbes.com.mx/estas-son-las-30-promesas-de-los-negocios-2024/.

Forbes (2021, 21 de diciembre). "Cerca de 1.6 millones de negocios cerraron en México por la pandemia: INEGI". *Forbes México*. https://www.forbes.com.mx/cerca-de-1-6-millones-de-negocios-cerraron-en-mexico-por-la-pandemia-inegi/#:~:text=%2D%20

Un%20estimado%20de%201%2C6,Estad%C3%ADstica%20 y%20Geograf%C3%ADa%20(Inegi).

Founderio (s. f.). Founderio. https://www.founderio.com/.

France 24 (2023, 5 de septiembre). "Las 'fintech' brasileñas asientan su dominio en América Latina". *France 24.* https://www.france24. com/es/minuto-a-minuto/20230905-las-fintech-brasile%C3% B1as-asientan-su-dominio-en-am%C3%A9rica-latina.

Freddier (2015, 23 de febrero). "Platzi es parte de Y Combinator". Platzi. https://platzi.com/blog/platzi-y-combinator/.

Fredes, Cristóbal (2022, 21 de septiembre). "RappiPay, fintech de Rappi, recibe crédito de US$112 millones". Contxto. https:// contxto.com/noticias/rappipay-fintech-de-rappi-recibe-credito- de-us112-millones/.

Generamas (2020, 16 de septiembre). "Kubo.financiero". Generamas. https://generamas.com/finanzas/negocios/kubo-financiero/.

Gobierno de México (2013). "Crea el presidente Enrique Peña Nieto el Instituto Nacional del Emprendedor". gob.mx. https:// www.gob.mx/epn/prensa/crea-el-presidente-enrique-pena- nieto-el-instituto-nacional-del-emprendedor.

———— (s. f.). "Conoce el proceso de atención gratuito de la Con- dusef". Gobierno de México. https://www.condusef.gob.mx/? p=contenido&idc=433&idcat=1.

Gobierno de México (s. f.). "¿Cuántos usuarios de internet somos en México?". Secretaría de Comunicaciones y Transportes https:// www.gob.mx/sct/articulos/cuantos-usuarios-de-internet-somos- en-mexico.

Gobierno de Nuevo León (2023, 4 de abril). "Exportaciones de Nue- vo León registran un crecimiento de 23.3% en 2022". Gobierno de Nuevo León. https://www.nl.gob.mx/boletines-comunicados- y-avisos/exportaciones-de-nuevo-leon-registran-un-crecimiento- de-233-en-2022.

González, Alejandro (2023, 8 de abril). "Modelos de negocio: B2B, B2C, B2B2C, B2G y P2P". Glosario Startuplinks. https://startup links.world/glosario/modelos-de-negocio.

Graham, Paul (2012, septiembre). Startup = growth. http://www. paulgraham.com/growth.html.

Granados González, Hernán (2021, 22 de marzo). "¿Cuántos emprendedores hay en México?". Certeza Aseguradora. https://certezaaseguradora.com/blog/cu%C3%A1ntos-emprendedores-hay-en-m%C3%A9xico#:~:text=En%20M%C3%A9xico%20existen%20m%C3%A1s%20de,mil%20negocios%20a%20 20nivel%20nacional.

Gupta, Vinayak (2021). "What are the key differences between Private Equity and venture Capital?". Quora. https://www.quora.com/What-are-the-key-differences-between-Private-Equity-and-venture-Capital.

Hello Safe (2023, 26 de junio). "São Paulo, Ciudad de México y Bogotá: las 3 mejores ciudades para startups en 2024". Hello Safe. https://hellosafe.com.mx/credito-empresarial/ciudades-startups.

Hernán Kazah (s. f.). https://www.ey.com/es_uy/weoy/judges/hernan-kazah.

Hernández, E. (2022, 16 de agosto). "La falta de liquidez quebró a 35% de las pymes". *Forbes México*. https://www.forbes.com.mx/la-falta-de-liquidez-quebro-a-35-de-las-pymes/.

Hernández, V. (2023, 4 de octubre). "Kavak: una historia de éxito y perseverancia". *El Economista*. https://www.eleconomista.com.mx/empresas/Kavak-una-historia-de-exito-y-perseverancia-2023 1004-0033.html.

Herrera, M. (2023, 21 de octubre). "Unicornios de Latinoamérica: fintech ganan protagonismo". Valora Analitik. https://www.valoraanalitik.com/2023/10/21/unicornios-latinoamerica-insurtech-fintech-ganan-protagonismo/.

HPCA Archives Virtual Vault (2021, 22 de abril). "Fred Terman: Father of Silicon Valley". HP History. https://www.hewlettpackardhistory.com/item/the-father-of-silicon-valley/.

Hurun (2023). "2023 Hurun Global Unicorn Index". Hurun. https://www.hurun.net/en-US/Rank/HsRankDetails?pagetype=unicorn.

Imco (2009, 18 de diciembre). "Desarrollando las pymes que requiere México". Instituto Mexicano para la Competitividad. https://imco.org.mx/pymes_que_requiere_mexico_2009/.

Impact Hub-Meta (2023). "(Des)Ventajas al emprender". Impact Hub. https://mexicocity.impacthub.net/desventajasalemprender/.

Incode (2024, 6 de marzo). "Incode Identity Network changes the digital identity landscape". ITWeb. https://www.itweb.co.za/article/incode-identity-network-changes-the-digital-identity-landscape/kLgB17ezX3WM59N4.

Inegi (2021). Encuesta Nacional de Financiamiento de las Empresas (Enafin) 2021. inegi. https://www.inegi.org.mx/contenidos/saladeprensa/boletines/2022/enafin/Enafin2021_Nal.pdf.

Infochannel High Tech Editores (2024, 12 de enero). "Inteligencia Artificial en México: Entre la Dependencia y la Desconfianza". Infochannel. https://infochannel.info/noticias/al-dia/inteligencia-artificial-en-mexico-entre-la-dependencia-y-la-desconfianza/.

International Finance Corporation (2017, 10 de octubre). "Konfío recauda $10 millones de dólares en ronda de financiamiento liderada por IFC". IFC. https://pressroom.ifc.org/all/pages/PressDetail.aspx?ID=18260.

iProUP (2023, 12 de julio). "¿Startups en problemas?: Un estudio aseguró que solo sobrevive una de cada diez". iProUP. https://www.iproup.com/finanzas/41435-estudio-revela-que-solo-una-startup-de-cada-diez-sobrevive.

Isaac, Mike, Kevin Roose y Cade Metz (2023, 20 de noviembre). "Microsoft hires Sam Altman hours after OpenAI rejects his return". The New York Times. https://www.nytimes.com/2023/11/20/business/openai-altman-ceo-not-returning.html.

Ittelson, B. (2023, 7 de abril). "Un relato de agilidad e innovación: Informe de conclusiones del impacto de las videocomunicaciones durante la pandemia de COVID-19". Zoom Blog. https://blog.zoom.us/es/findings-from-the-impact-of-video-communications-during-covid-19-report/.

Juárez, Edgar (2023, 22 de diciembre). "Al alza, Terminales Punto de Venta; son impulsadas por agregadores". El Economista. https://www.eleconomista.com.mx/sectorfinanciero/Al-alza-Terminales-Punto-de-Venta-son-impulsadas-por-agregadores-20231222-0009.html.

Kantis, Hugo, Víctor Caicedo y Sabrina Ibarra (s. f.). "Unicornios y ecosistemas en América Latina: ¿del boom al final de fiesta?". Prodem. https://prodem.ungs.edu.ar/publicaciones_prodem/

unicornios-y-ecosistemas-en-america-latina-del-boom-al-final-de-fiesta/.

Katis, Hugo, *et al.* (2023). "Unicornios y ecosistemas en Latam: ¿del boom al final de fiesta? – Prodem". Prodem. https://prodem. ungs.edu.ar/unicornios-en-latam-del-boom-al-final-de-fiesta/.

Knight, Will, y Steven Levy (2023, 20 de noviembre). "95% de los empleados amenazan con abandonar OpenAI si Altman no regresa y el consejo no renuncia". *Wired*. https://es.wired.com/articulos/500-empleados-amenazan-con-abandonar-openai-si-altman-no-regresa.

Konfío, E. (2023, 21 de julio). "El impulso de las startups en México". Konfío. https://konfio.mx/tips/en-konfio/el-impulso-de-las-startups-en-mexico/.

Konfío (s. f.). "¿Qué es Konfío y cómo impulsa negocios en México?". Konfío. https://konfio.mx/tips/soluciones-financieras/creditos/que-es-konfio-y-como-impulsa-negocios-en-mexico/.

Kotashev, K. (2022, 14 de diciembre). "Startup failure rate: How many startups fail and why in 2023?". Failory.com. https://www.failory.com/blog/startup-failure-rate.

La República (2023, 28 de mayo). "Cerca de 40% de startups de Latinoamérica despidió personal durante el año pasado". *La República*. https://www.larepublica.co/globoeconomia/40-de-las-startups-de-latinoamerica-despidieron-a-diferente-personal-durante-2022-3624496#:~:text=Seg%C3%BAn%20este%20estudio%2C%2040%25%20de,ciclo%20de%20p%C3%A9rdida%20de%20valor.

Lankenau, René (2023, 29 de septiembre). "Kavak: una radiografía a su modelo de negocio". *Whitepaper*. https://www.whitepaper.mx/p/kavak-una-radiografia-a-su-modelo.

——— (2023, 11 de agosto). "Private Equity en México". *Whitepaper*. https://www.whitepaper.mx/p/private-equity-en-mexico.

——— (2023, 16 de junio). "Kavak: una actualización". *Whitepaper*. https://www.whitepaper.mx/p/kavak-una-actualizacion.

——— (2021, 13 de abril). "¿Cómo es que Kavak puede valer $4 mil millones de dólares?". *Whitepaper*. https://www.whitepaper.mx/p/como-es-que-kavak-puede-valer-4-mil#footnote-3-35074149.

Latitud (2023). "The LatAm Tech Report: A look into LatAm's tech future from the eyes of its builders". Latitud Ventures. https:// 7938844.fs1.hubspotusercontent-na1.net/hubfs/7938844/ The%20LatAm%20Tech%20Report/The%20LatAm%20 Tech%20Report%202023.pdf.

LAVCA (2024, 15 de febrero). "2024 LAVCA Trends in Tech". lavca. https://www.lavca.org/research/2024-lavca-trends-in-tech/.

———. (2021, 21 de junio). "Uber acquires Chilean grocery delivery CornerShop for ~USD3b+". LAVCA. https://www.lavca.org/uber-acquires-chilean-grocery-delivery-cornershop-for-usd3b.

——— (2020, 26 de abril). "Mountain Nazca Exits Kavak Through a Sale to SoftBank and General Atlantic (en español)". LAVCA. https://www.lavca.org/mountain-nazca-exits-kavak-through-a-sale-to-softbank-and-general-atlantic-en-espanol/.

——— (2019, 12 de diciembre). "Dila Capital Leads a US$10m Investment in Incode". LAVCA. https://www.lavca.org/dila-capital-leads-a-us10m-investment-in-incode/.

——— (2016, 7 de diciembre). "Mountain Nazca Leads US$3m Investment in Kavak (en español)". LAVCA. https://www.lavca.org/mountain-nazca-leads-us3m-investment-in-kavak-en-espanol/.

Lee, Aileen (2024, 18 de enero). "Welcome back to the Unicorn Club, 10 years later". TechCrunch. https://techcrunch.com/2024/01/18/welcome-back-to-the-unicorn-club-10-years-later/.

——— (2013a, 2 de noviembre). "Learning from Billons-Dolars Start ups". TechCrunch. https://tech-crunch.com/2013/11/02/welcome-to-the-unicorn-club/.

——— (2013b, 2 de noviembre). "Welcome to the Unicorn Club: Learning from Billion- Dollar Startuk". TechCrunch. https://tech crunch.com/2013/11/02/welcome-to-the-unicorn-club/ ?guccounter=1&guce_referrer=aHR0cHM6Ly93d3cuZ29vZ2x lLmNvbS8&guce_referrer_sig=AQAAAJiLk2eV5UpWPRWnF-jrmUywpd8db6pDbHi16fgxkcKmocG0JcEOqj_ma7OOOhI QfWT5frJ0WHlMEM5tdKDnyQMlRzAjRR5Uf6n WVh1fKQpDxkpGHlxs-T0dIlhhJzigiOFmzqyLyzYxQCGdc HJmHvfJQJN8VJQCRXPTu4o00wY-.

Madry, K. (2023, 9 de noviembre). "After Peru and Colombia exit, used-car startup Kavak refocuses on Mexico, exec says". *Reuters*. https://www.reuters.com/business/autos-transportation/after-peru-colombia-exit-used-car-startup-kavak-refocuses-mexico-exec-says-2023-11-09/.

Mallaby, Sebastian (2022). "The Power Law: Venture Capital and the Making of the New Future".

Maloney, T. (2021, 21 de octubre). "WeWork's Adam Neumann is walking away with a $2.3 billion fortune". Bloomberg News. https://www.bloomberg.com/news/articles/2021-10-21/what-is-adam-neumann-s-net-worth-wework-founder-has-2-3-billion-fortune.

Martínez, Marcos (2022). "Valor de autos seminuevos: fenómenos nunca vistos". *El Economista*. https://www.eleconomista.com.mx/autos/Valor-de-autos-seminuevos-Fenomenos-nunca-vistos-20221008-0007.html.

McCarthy, M. (2021, 7 de abril). "Mexican unicorn Kavak raises a $485M Series D at a $4B valuation". TechCrunch. https://techcrunch.com/2021/04/07/mexican-unicorn-kavak-raises-a-485m-series-d-at-a-4b-valuation/.

Melo, María Florencia (2023, 26 de abril). "Los seis unicornios IA". Statista Daily Data. https://es.statista.com/grafico/29861/esta-infografia-muestra-la-valoracion-de-las-seis-empresas-de-ia-generativa-con-estatus-de-unicornio/.

Mena Roa, M. M. (2023, 3 de noviembre). "Los unicornios de mayor valor". Statista Daily Data. https://es.statista.com/grafico/19333/startups-con-mayor-valor-de-mercado-en-el-mundo/.

Mendoza Escamilla, Viridiana (2021, 30 de septiembre). "Nowports logra inversión por 32 mdd e inicia operaciones en Brasil". *Forbes*. https://www.forbes.com.mx/negocios-emprendedores-nowports-brasil-inversion/.

Mercado Libre (s. f.). "Historia de mercado libre: nuestros primeros pasos, nuestro recorrido". Mercado Libre. https://www.mercadolibre.com.mx/institucional/somos/historia-de-mercado-libre#:~:text=As%C3%AD%2C%20en%201999%2C%20mientras%20estudiaba,a%20trav%C3%A9s%20de%20la%20tecnolog%C3%ADa.

Meza Rodríguez, Elizabeth. (2023, 12 de septiembre). "Pymes contarán con créditos simplificados durante el 2024". *El Economista.* https://www.eleconomista.com.mx/el-empresario/Pymes-contaran-con-creditos-simplificados-durante-el-2024-20230911-0089.html.

———— (2023, 5 de septiembre). "Nafin y Bancomext apoyarán a pymes a integrarse al nearshoring con crédito para modernizar maquinaria". *El Economista.* https://www.eleconomista.com.mx/el-empresario/Nafin-y-Bancomext-apoyaran-a-pymes-a-integrarse-al-nearshoring-con-credito-para-modernizar-maquinaria-20230904-0096.html.

———— (2023, 4 de mayo). "8 de cada 10 pymes consideran que no hay apoyo federal para el desarrollo de sus negocios". *El Economista.* https://www.eleconomista.com.mx/el-empresario/8-de-cada-10-pymes-consideran-que-no-hay-apoyo-federal-para-el-desarrollo-de-sus-negocios-20230503-0091.html.

MFG (2021, 27 de abril). "El fracaso de las Startups en México". MFG Advertising. https://www.mfgadvertising.com/single-post/el-fracaso-de-las-startups-en-m%C3%A9xico.

MinnaLearn (s. f.). "Startup history". https://courses.minnalearn.com/en/courses/startingup/introduction/startup-history/.

Molina, J. A. (2023, 3 de julio). "Día de las Micro, Pequeñas y Medianas Empresas. ¿Cuál es la importancia de celebrarlas?". *El Economista.* https://www.eleconomista.com.mx/el-empresario/Dia-de-las-Micro-Pequenas-y-Medianas-Empresas-Cual-es-la-importancia-de-celebrarlas-20230626-0125.html.

Morales, Manuel (2022, 29 de diciembre). "La palabra del año son dos: inteligencia artificial según la FundéuRAE". *El País.* https://elpais.com/cultura/2022-12-29/la-palabra-del-ano-son-dos-inteligencia-artificial-segun-la-fundeurae.html.

Nacionales, D. (2023, 6 de julio). Comunicado de prensa núm. 395/23 6 de julio De 2023. Estadísticas a propósito del Día Mundial de la Población. INEGI. https://www.inegi.org.mx/contenidos/saladeprensa/aproposito/2023/EAP_DMPO23.pdf.

Naciones Unidas (2020, agosto). "Los efectos del COVID-19 en el comercio internacional y la logística". Naciones Unidas. https://

www.cepal.org/es/publicaciones/45877-efectos-covid-19-comercio-internacional-la-logistica#:~:text=En%20esta%20coyuntura%2C%20en%20mayo,Jap%C3%B3n%20y%20la%20Uni%C3%B3n%20Europea.

Nader Hayaux y Goebel (2023). Reporte anual Fintech México 2023. Fintech México y NTT Data. https://mexico.nttdata.com/insights/fintech-mx.

Nafin (s. f.). "Finanzas para Pymes". Nafin. https://www.nafin.com/portalnf/content/financiamiento/garantias_fianzas.html.

——— (s. f.). "Acerca de Nacional Financiera". https://www.nafin.com/portalnf/content/home/home.html

Navarrete, F. (2023, 24 de abril). "¿Quieres comprar un auto? Te decimos por qué es momento de volver a pensar en un seminuevo". *El Financiero*. https://www.elfinanciero.com.mx/empresas/2023/04/24/quieres-compartir-un-auto-te-decimos-por-que-es-momento-de-volver-a-pensar-en-un-seminuevo/.

News Center Microsoft Latinoamérica (2023, 24 de enero). "Microsoft y OpenAI amplían su asociación". News Center Latinoamérica. https://news.microsoft.com/es-xl/microsoft-y-openai-amplian-su-asociacion/.

Noguez, Roberto (2022, 20 de septiembre). "Kavak obtiene 810 MDD de HSBC, Goldman Sachs y Santander". *Forbes México*. https://www.forbes.com.mx/kavak-obtiene-810-mdd-de-hsbc-goldman-sachs-y-santander/.

——— (2021, 7 de diciembre). "Pandemia da un empujón a fintech en México, número de empresas crece 21% en 2021". *Forbes México*. https://www.forbes.com.mx/negocios-pandemia-empujon-fintech-mexico-numero-empresas-crece-21-2021/.

Novet, Jordan, y Lora Kolodny (2018, 21 de febrero). "Elon Musk, who has sounded the alarm on AI, leaves the organization he co-founded to make it safer". CNBC. https://www.cnbc.com/2018/02/21/elon-musk-is-leaving-the-board-of-openai.html.

Nowports (2022, 19 de enero). "Nowports cruza a Panamá". Nowports. https://blog.nowports.com/es/nowports-panama.

Nu CEPAL (2020, agosto). "Los efectos del COVID-19 en el comercio internacional y la logística". CEPAL. https://www.cepal.org/es/

publicaciones/45877-efectos-covid-19-comercio-internacional-la-logistica#:~:text=En%20esta%20coyuntura%2C%20en%20mayo,Jap%C3%B3n%20y%20la%20Uni%C3%B3n%20Europea.

Nu (2023, 10 de noviembre). "¿Nu cotiza en la Bolsa de Valores?". Blog Nu México. https://blog.nu.com.mx/nu-cotiza-en-la-bolsa-de-valores/.

Nuñez, A. (s. f.). "Nowports arranca en Brasil". Nowports. https://blog.nowports.com/es/nowports-freight/nowports-arranca-en-brasil-bc6a1a7d013a#:~:text=El%20puerto%20de%20Santos%20encabez%C3%B3,primeros%20seis%20meses%20(ANTAQ).

O'Boyle, M. (2022, 20 de septiembre). "HSBC, Goldman, Santander Ink $810 Million in Financing for Kavak". *Bloomberg.* https://www.bloomberg.com/news/articles/2022-09-20/kavak-signs-810-million-financing-deals-with-global-banks?embedded-checkout=true.

Ojeaga, Paul (2015). "Do Specific Growth Drivers Exist For Firms? A Regional Analysis of Start-ups and Industrial Growth". Global Economic Observer. https://www.researchgate.net/publication/284009554_Do_Specific_Growth_Drivers_Exist_For_Firms_A_Regional_Analysis_of_Start-ups_and_industrial_Growth.

Paz, O. (2016, 10 de enero). "¿Conoces la historia del término intra-emprendedor?". *Magazine Community of Insurance.* https://communityofinsurance.com/2016/01/10/conoces-la-historia-del-termino-intraemprendedor/

Peña, S. M. (2023, 28 de junio). "La importancia de las mipymes en la economía mexicana". *Expansión.* https://expansion.mx/opinion/2023/06/28/la-importancia-de-las-mipymes-en-la-economia-mexicana.

Peón, É. R. H. (2020, 12 de noviembre). "Llega Kavak a Monterrey e invierte 365 MDP para fortalecer sector automotriz". *El Financiero.* https://www.elfinanciero.com.mx/monterrey/llega-kavak-a-monterrey-e-invierte-365-mdp-para-fortalecer-sector-automotriz/.

Pierson, D., y T. Lien (2018, 1° de marzo). "Adquirida por Amazon, la start-up Ring pasó del rechazo en 'Shark Tank' al éxito en la escena tecnológica angelina". *Los Angeles Times en Español*. https://www.latimes.com/espanol/deportes/la-es-adquirida-por-amazon-la-start-up-ring-paso-del-rechazo-en-shark-tank-al-exito-en-la-escena-tecnologi-20180228-story.html.

Pigna, A. (2023, 25 de julio). "¿Qué pasó en Kavak? El ascenso imparable del gigante del comercio de autos usados". Kavak. https://www.kavak.com/mx/blog/que-paso-en-kavak.

—— (2022, 15 de septiembre). "Nuestra historia Kavak: de unicornio a pegaso mexicano". Kavak. https://www.kavak.com/mx/blog/historia-kavak.

Pineda, Angélica (2019, 22 de mayo). "¿Necesitas 500,000 dólares para tu start-up? Acude a una family office". *Expansión*. https://expansion.mx/emprendedores/2019/05/22/necesitas-500-000-dolares-para-tu-start-up-acude-a-una-family-office.

—— (2019, 21 de febrero). "PayPal y Konfío se unen para ofrecer créditos de hasta 2 mdp". *Expansión*. https://expansion.mx/emprendedores/2019/02/20/paypal-y-konfio-van-por-mercado-de-162-000-mdd-en-credito-a-mipymes.

PNC Insights (2023, 3 de abril). "Deuda frente a capital: Las ventajas y desventajas". PNC Insights. https://www.pnc.com/insights/es/small-business/manage-business-finances/debt-vs-equity-financing.html.

PR Newswire (2023, 23 de abril). "National Report: 88 Israeli-Founded Unicorns Now Have U.S. Headquarters". PR Newswire. https://www.prnewswire.com/news-releases/national-report-88-israeli-founded-unicorns-now-have-us-headquarters-301808161.html.

Proyectos México (2022, 17 de enero). "Ubicación ideal para los negocios". https://www.proyectosmexico.gob.mx/por-que-invertir-en-mexico/ubicacion-ideal/.

Quilici, S. (2023, 12 de junio). "Unicornios en América Latina: oportunidades y desafíos en un mercado en evolución". *Forbes Argentina*. https://www.forbesargentina.com/negocios/unicornios-america-latina-oportunidades-desafios-mercado-evolucion-n35221#:~:text=Sin%20embargo%2C%20solo%20seis%20 pa%C3%ADses,%2C%20Chile%2C%20M%C3%A9xico%20y%20Uruguay.

Quinio (2022, 19 de diciembre). "¿Agregadores en Latinoamérica? Te decimos qué son en 1, 2, 3". Quinio. https://quinio.io/agregadores-en-latinoamerica-te-decimos-que-es/.

Quintero, Nedelka (2023, 14 de septiembre). "Panamá: un caudal de servicios, sectores y oportunidades". TMF Group. https://www.tmf-group.com/es-co/noticias-perspectivas/articulos/hacer-negocios-en/panama-servicios-sectores-oportunidades/.

Ramírez, Isabela (2022, 23 de octubre). "26% de emprendimientos en México son negocios 100% digitales". Real Estate Market & Lifestyle. https://realestatemarket.com.mx/noticias/economia-y-politica/39356-26-de-emprendimientos-en-mexico-son-negocios-100-digitales.

Ray, S. (2023, 13 de diciembre). "SpaceX reportedly valued at $180 billion in planned secondary market share sale". *Forbes.* https://www.forbes.com/sites/siladityaray/2023/12/13/spacex-reportedly-valued-at-180-billion-in-planned-secondary-market-share-sale/#:~:text=The%20%24180%20billion%20valuation%20makes,the%20company%20at%20%20%24268%20billion.

Reyes, Eduardo, *et al.* (2021). Ecosistema de startups en México. PwC. https://www.strategyand.pwc.com/mx/es/ecosistemas-de-startups-en-mexico.html.

Ries, Eric (2011). "The lean startup: How Today's Entrepreneurs Use Continuous Innovation to Create Radically Successful Business". Currency.

Riquelme, R. (2022, 11 de abril). "México es el país más atractivo para la expansión de startups en América Latina". *El Economista.* https://www.eleconomista.com.mx/tecnologia/Mexico-es-el-pais-mas-atractivo-para-la-expansion-de-startups-en-America-Latina-20220408-0061.html.

——— (2021, 8 de febrero). "Venture Capital en México cayó 37% en 2020, pero transacciones aumentaron". *El Economista.* https://www.eleconomista.com.mx/tecnologia/Venture-Capital-en-Mexico-cayo-37-en-2020-pero-transacciones-aumentaron-20210208-0062.html.

——— (2020, 29 de abril). "Mountain Nazca multiplicó la inversión que hizo en Kavak y Creze tras venta a Softbank y Polygon". *El Economista.* https://www.eleconomista.com.mx/tecnologia/ Mountain-Nazca-multiplico-la-inversion-que-hizo-en-Kavak-y-Creze-tras-venta-a-Softbank-y-Polygon-20200429-0060.html.

RoboForex Ltd. (2023, 16 de agosto). "Análisis de acciones de PayPal: por qué cayó el precio y si existe potencial de crecimiento". R Blog ES - RoboForex. https://blog.roboforex.com/es/blog/2023/08/16/ analisis-de-acciones-de-paypal-por-que-cayo-el-precio-y-si-existe-potencial-de-crecimiento/#:~:text=financiamiento%20de%20 compras.-,PayPal%20Holdings%20Inc.,de%20d%C3%B3 lares%20en%20ese%20momento.

Rockstart (2023). "¿Por qué fracasan las startups en Latinoamérica? Estudio del fracaso". Rockstart. https://rockstart.com/wp-content/ uploads/2023/01/Estudio-del-fracaso.pdf.

Rodríguez, Andrés (2020, 8 de abril). "El intraemprendimiento, innovación para empresas latinas". *Medium.* https://medium.com/@ AndresRLaguna/el-intraemprendimiento-innovaci%C3% B3n-para-empresas-latinas-22b90c0a5bfb.

Rodriguez, I. (2022, 24 de noviembre). "Kavak enfrenta las quejas de clientes en México mientras crece en otros mercados". *Expansión.* https://expansion.mx/empresas/2022/11/24/kavak-quejas-reclamos-mexico.

Romero, E. (2024, 12 de enero). "Ángel y Jesús Cisneros, Quiubas. Cómo vender millones con poquitos empleados". Startupeable. https://startupeable.com/quiubas/.

Rubio, Jordan (2024, 1° de marzo). "Unicorn companies tracker". Pitchbook. https://pitchbook.com/news/articles/unicorn-star-tups-list-trends?sourceType=NEWSLETTER.

Ruiz, A. (2023, 17 de abril). "AngelHub: Los inversionistas ángeles de México y latinoamérica". Pronetwork. https://www.pronetwork. mx/angelhub-los-inversionistas-angeles-de-mexico-y-latinoa merica/.

Salazar, H. S. (2020). "El impacto de COVID-19 en el capital de riesgo en México". Egade. https://egade.tec.mx/es/egade-ideas/ opinion/el-impacto-de-covid-19-en-el-capital-de-riesgo-en-mexico.

Sandoval, Ricardo (2015). "Block by Block". Stanford Social Innovation Review. https://ssir.org/articles/entry/block_by_block.

Santander (s. f.). "¿Qué es el Nasdaq?". Banco Santander. https://www.bancosantander.es/glosario/nasdaq.

Secretaría de Economía 2020, 31 de marzo. "Unidad de Desarrollo Productivo". https://www.gob.mx/se/acciones-y-programas/unidad-de-desarrollo-productivo.

Segal, T. (2023, 17 de agosto). "Silicon Valley: definition, where it is, and what it's famous for". Investopedia. https://www.investopedia.com/terms/s/siliconvalley.asp.

Seitz, Patrick (2023, 20 de noviembre). "Microsoft hires displaced OpenAI executives, securing key AI talent". Investor's Business Daily. https://www.investors.com/news/technology/microsoft-stock-software-giant-hires-openai-executives/#:~:text=Microsoft%20owns%2049%25%20of%20OpenAI,%2413%20billion%20in%20the%20venture.

Sevilla Arias, Andrés (2020, 1° de marzo). "Burbuja de las punto-com". Economipedia. https://economipedia.com/definiciones/burbuja-de-las-punto-com.html.

Silicon Valley Bank (2021, 16 de septiembre). "What is venture capital?". Silicon Valley Bank. https://www.svb.com/startup-insights/vc-relations/what-is-venture-capital/#:~:text=Venture%20capital%20definition,or%20even%20larger%20venture%20funds.

Silva, Aarón (2018). "La evolución del sector fintech, modelos de negocio, regulación y retos". Research Gate. https://www.researchgate.net/publication/322498080_LA_EVOLUCION_DEL_SECTOR_FINTECH_MODELOS_DE_NEGOCIO_REGULACION_Y_RETOS.

Silva, X. B. (2022, 23 de diciembre). "El dominio de Brasil y México en el desarrollo del mercado fintech en América Latina". *La Republica*. https://www.larepublica.co/especiales/anuario-ripe-2023/el-dominio-de-brasil-y-mexico-en-el-desarrollo-del-mercado-fintech-en-america-latina-3515216.

SoftBank Investment Advisers (s.f.). "SoftBank Vision Fund". SoftBank. https://visionfund.com/.

SoftBank Latin America Fund (s. f.). "Insight, innovation, and technology have no boundaries". SoftBank Latin America Fund. https://www.latinamericafund.com/.

Softbank (s. f.). "SoftBank Group History". SoftBank. https://group.softbank/en/philosophy/history.

Solomon, D. B. (2020, octubre). "SoftBank-backed used-car startup Kavak becomes first Mexican unicorn". *Reuters*. https://www.reuters.com/article/idUSKBN26M6XA/.

Startupeable (2023, 13 de julio). "¿Qué es una startup?: Guía introductoria". Startupeable. https://startupeable.com/startups/#Que_es_una_startup.

—— (2023, 9 de junio). Valuación. Startupeable. https://startupeable.com/glosario/valuacion/.

—— (2023, 9 de junio). "Mafia (Startups)". https://startupeable.com/glosario/mafia-startups/#:~:text=Un%20total%20de%2015%20compa%C3%B1%C3%ADas,que%20han%20desarrollado%20alguna%20mafia.

—— (2021, 4 de diciembre). "Ciclo de financiamiento de una Startup". Startupeable. https://startupeable.com/financiamiento-startups/.

Startups Latam (2023, 30 de noviembre). "Estudio revela que Brasil y México concentran un mayor número de fintechs con enfoque en pyme". Startups Latam. https://startupslatam.com/estudio-revela-que-brasil-y-mexico-concentran-un-mayor-numero-de-fintechs-con-enfoque-en-pymes/.

Statista Research Department (2024, 4 de enero). "Unicornios en América Latina. Estadísticas y datos". Statista. https://es.statista.com/temas/8261/unicornios-en-america-latina/#topic Overview.

—— (2023, 7 de diciembre). "Distribución porcentual de las startups de fintech en América Latina en 2022, por país". Statista. https://es.statista.com/estadisticas/1291981/ranking-de-paises-con-mayor-numero-de-startups-fintech-america-latina/#:~:text=Am%C3%A9rica%20Latina%3A%20ranking%20de%20pa%C3%ADses,startups%20de%20fintech%20en%202021

&text=Con%20aproximadamente%20el%2031%25%2C% 20Brasil,centrales%20de%20startups%20de%20fintech.

────── (2023, diciembre). "Número de usuarios de pagos digitales en México de 2017 a 2027, por tipo de pago (en millones)". Statista. https://es.statista.com/previsiones/1186718/usuarios-pagos-digitales-mexico-tipo.

────── (2023, 15 de octubre). "Porcentaje de compradores online México 2017-2027". Statista. https://es.statista.com/previsiones/ 703404/tasa-penetracion-comercio-electronico-mexico.

Subira Rodríguez, Telmo (2019, 15 de abril). "What exactly is a start-up?". *Medium*. https://medium.com/swlh/what-exactly-is-a-startup-5ba629d7a0f7.

Sun, K. (17 de noviembre de 2011). "In and Around Language: What's Up with 'Startup'?". *The magazine of The Harvard Crimson*. https:// www.thecrimson.com/article/2011/11/17/startup-language-idea/.

Team, E. (2023, 25 de agosto). "8 lessons from Unicorn Startups | Embroker". Embroker. https://www.embroker.com/blog/unicorn-startups/.

The Editors of Encyclopaedia Britannica (2023, 29 de agosto). "Unicorn. Legend, History, & Facts". *Encyclopedia Britannica*. https:// www.britannica.com/topic/unicorn.

Thiong'o, Eddy (2023, 14 de febrero). "The Y- Combinator SAFE". LinkedIn. https://www.linkedin.com/pulse/y-combinator-safe-eddy-thiong-o-/.

Thompson, C. (2023, 5 de septiembre). "Decacorn: Everything You Need to Know". Investopedia. https://www.investopedia.com/ what-is-decacorn-7500821.

Thomson Reuters México (s. f.). "Nearshoring: la solución actual para el comercio exterior. Thomson Reuters México". https://www. thomsonreutersmexico.com/es-mx/soluciones-de-comercio-exterior/blog-comercio-exterior/nearshoring-la-solucion-actual-para-el-comercio-exteior.

Tincello, K. (2020, 11 de septiembre). "Kavak acquires Checkars to launch into Argentina". LatamList. https://latamlist.com/kavak-acquires-checkars-to-launch-into-argentina/.

Toro, J. D. (2022, 30 de marzo). "Term Sheet: introducción y consejos para negociar sus cláusulas". Angels Capital. https://www.angels capital.es/term-sheet-introduccion-y-consejos-para-negociar-sus-clausulas/.

Török, L., *et al.* (2020). "Evaluation and Network Analysis of the Mexico City Tech Sector". Endeavor.org. https://endeavor.org/wp-content/uploads/2021/09/Evaluation-and-Network-Analysis-of-the-Mexico-City-Tech-Sector.pdf.

Torres, Octavio (2022, 2 de agosto). "55% de los mexicanos quiere emprender, pero gobierno y bancos no los dejan". *Expansión.* https://expansion.mx/finanzas-personales/2022/08/02/55-mexicanos-piensa-emprender-estos-obstaculos-detienen.

Torrijos, Alberto (2023). "¿Nuevos o usados?: los autos que busca el consumidor en México". Deloitte México. https://www2.deloitte.com/mx/es/pages/consumer-business/articles/autos-que-busca-el-consumidor-mexico.html.

Trava, Oso (2024, 17 de marzo). "Make your day". TikTok. https://www.tiktok.com/@osotrava/video/7347356052402343173?_r=1&_t=8kltjSrfvFu.

Tun, Z. T. (2024). "Theranos: A Fallen Unicorn". Investopedia. https://www.investopedia.com/articles/investing/020116/theranos-fallen-unicorn.asp.

UNAM (2021). "Pandemia acelera 10 años el uso de tecnologías digitales". UNAM. https://www.dgcs.unam.mx/boletin/bdboletin/2021_419.html.

Unicef (2017). "Niños en un mundo digital. New York : Estado Mundial de la Infancia 2017".

Uresty, V. (2024, 29 de enero). "Inversión de impacto, ¿Por qué es importante?". Wortev Capital. https://wortev.capital/impacto-social/inversion-de-impacto-por-que-es-importante/#:~:text=La%20inversi%C3%B3n%20de%20impacto%20o,medioambiente%20y%20con%20responsabilidad%20social.

Villarreal, P. (2021, 1° de diciembre). "Kavak hace dos movimientos estratégicos antes de finalizar el 2021". *Contxto.* https://contxto.com/es/noticias/kavak-garaj-sepeti-patrocinio-seleccion-mexico/.

Vlastelica, Byryan (2023, 30 de junio). "Apple just made history by becoming the first company with a $3 trillion market value—'all powered by a device people look at 4 hours a day'". *Fortune.* https://fortune.com/2023/06/30/apple-history-3-trillion-market-value/.

Walden, S., y M. Strohm (2021, 24 de junio). "What Is A Neobank?". Forbes Advisor. https://www.forbes.com/advisor/banking/what-is-a-neobank/.

WeWorK (s. f.). "WeWork takes strategic action to significantly strengthen balance sheet and further streamline real estate footprint". https://investors.wework.com/news-and-events/press-releases/financial-releases-details/2023/WeWork-Takes-Strategic-Action-to-Significantly-Strengthen-Balance-Sheet-and-Further-Streamline-Real-Estate-Footprint/default.aspx.

——— (s. f.). "How the Ultimate Unicorn Lost its billions". *Financial Times.* https://www.ft.com/content/7938752a-52a7-11ea-90ad-25e377c0ee1f.

Whitepaper (2023, diciembre). "Cybersecurity Futures 2030: New Foundations". World Economic Forum. https://www.weforum.org/publications/cybersecurity-futures-2030-new-foundations/.

——— (2022, 27 de mayo). "Kavak: rápidos y furiosos". *Whitepaper.* https://www.whitepaper.mx/p/kavak-rapidos-y-furiosos.

Y Combinator (s. f.). "Stages of Startups: YC Startup Job Guide". https://www.ycombinator.com/library/Ek-stages-of-startups#seed.

——— (s. f.) "The YC Startup Directory". Y Combinator. https://www.ycombinator.com/companies?regions=Mexico.

——— (s. f.). "What Happens at YC". Y Combinator. https://www.ycombinator.com/about.

——— (s. f.). "Y Combinator Co Founder Matching". Y Combinator. https://www.ycombinator.com/cofounder-matching.

Yale Jackson School of Global Affairs (s. f.). "Ernesto Zedillo". Yale Jackson School of Global Affairs. https://jackson.yale.edu/person/ernesto-zedillo/

Yarema, Oleg, y Pavlo Tarasenko (2017, enero). "Startups in the it field. Their signs and stages, Ukrainian and foreign experience".

Research Gate. https://www.researchgate.net/publication/347955
751_STARTUPS_IN_THE_IT_FIELD_THEIR_SIGNS_AND_
STAGES_UKRAINIAN_AND_FOREIGN_EXPERIENCE

Zamarrón, Israel (2022, 23 de junio). "Brecha de género: solo 5% de las startups en Latam son fundadas por mujeres". *Forbes Colombia*. https://forbes.co/2022/06/23/emprendedores/brecha-de-g%C3%A9nero-solo-5-de-las-startups-en-latam-son-fundadas-por-mujeres

Entrevistas

Adolfo Babatz, CEO y fundador de Clip.

Alfonso de los Ríos, CEO y cofundador de Nowports.

Anatalia Trujillo, *general manager* de REDi Guadalajara (Red de Centros de Innovación y Emprendimiento).

Ángel Blanco, exsubdirector de Emprendimiento Social y Ambiental y Retos en Inadem y actualmente director de Contenidos en Talent Network.

Annalí Ruiz, exdirectora de PRO Network, actual cofundadora y CEO de Casa Xpats.

Arturo Villarreal, fundador de PRO Network.

Bernardo Cordero, cofundador de Linio y presidente y cofundador de la Asociación Mexicana de Venta Online (AMVO), actualmente cofundador de Flat.mx.

Brian Requarth, cofundador de Latitud Ventures.

Carlos Salinas, CEO y cofundador de Mayorea.

Carlos Saucedo, *general manager* de Peak Nuevo León (PeakNL).

Christan Reich, fundador de Kindorse.

Claudio Schlegel, ángel inversionista y mentor.

Cristóbal Perdomo, cofundador y *general partner* en Wollef Capital (antes Jaguar Ventures).

Cristy Noyola, VP of Marketing en Nowports.

Daniel Vogel, CEO y cofundador de Bitso.

Daniela Primera, *fundraising manager*, experta en estructurar procesos de *fundraising*.

David Arana, CEO y fundador de Konfío.

Eduardo de la Garza, fundador y CEO de Data Rebels.

Enzo Cavalie, fundador de Startupeable e inversionista de Venture Capital.

Equipo de comunicación de Biva (Bolsa Institucional de Valores).

Fabrice Serfati, fundador, *managing director* y *general partner* de Ignia Capital.

Federico Alatorre, fundador de Empowermind.

Felipe Delgado, CFO y presidente de Merama.

Felipe Santamaría, cofundador en Rockstart Latam.

Francisco Macedo, cofundador y CEO de Kolonus.

Gabriela Pino, socia de Invomex.com.

Gerardo Sordo, fundador y CEO de BrandMe.

Gerry Giacomán, CEO y cofundador de Clara.

Helle Jepson, cofundadora y CEO de Scape.

Ignacio Álvarez, cofundador y CEO de Moneypool.

Israel García, cofundador y CEO de Startuplinks.

Iván Guzmán, socio en Blackbox Startup Law.

Javier Elizondo, creador de su propio fondo de inversión y profesor del Tecnológico de Monterrey.

Javier Larragoiti, fundador de Creative Food Labs.

Javier Morodo, fundador y *partner* GOAT *capital*, CEO en Revolución de la Riqueza.

Jesús Martínez, fundador y CEO de EnviaFlores.com.

Jimena Pardo, cofundadora y *managing partner* en Hi Ventures, antes ALLVP.

Karina Derbez, cofundadora y CTO de Monto.

Lorena Sánchez García, COO de Erudit y *Mexico director* en Founder Institute, fundadora y *managing partner* en Billioneurons.

María Ariza, CEO de Biva (Bolsa Institucional de Valores).

Mariano González Vasconcelos, *general partner* de MGV Capital.

Mario García Dávila, cofundador y *managing partner* en Angel Hub Ventures.

Marlene Garayzar, cofundadora de Stori.

Mauricio Muñoz, director general en MTY Digital Hub.

Óscar González, *venture partner* en Lotux VC y cofundador de Evervolve.

Paula Enei, cofundadora y *partner* en Platanus Ventures.

René Lomelí, *partner* en 500 Global, antes 500 Startups.

Ricardo Amper, CEO y fundador de Incode Technologies.

Roberto Riverol, cofundador de Yaydoo.

Roberto Peñacastro, cofundador y CEO de LeadSales.

Rogelio de los Santos, socio fundador y director en Dalus Capital, presidente de incMTY.

Tomás Iglesias, fundador de Zubia.

Valeria García, PR *& comms manager*, Angel Ventures.

Valeria Rangel, cofundadora de The Face.

Vicente Plata, ex-Microsoft y creador de software.

Víctor Melgarejo, director de hub de emprendimiento e innovación en la Universidad de Monterrey (UDEM) y director de Met Conecta.

Vincent Speranza, director general de Endeavor México.

Walter Mata, cofundador y CEO de WasCo.

Esta obra se terminó de imprimir
en el mes de julio de 2024,
en los talleres de Grafimex Impresores S.A. de C.V.,
Ciudad de México.